T0209635

SAMMLUNG METZLER

1682

SAMMLUNG
METZLER

REALIEN ZUR LITERATUR
ABT. D:
LITERATURGESCHICHTE

FRANK-RUTGER HAUSMANN

François Rabelais

MCMLXXIX
J. B. METZLERSCHE VERLAGSBUCHHANDLUNG
STUTTGART

Für Denise

CIP-Kurztitelaufnahme der Deutschen Bibliothek

Hausmann, Frank-Rutger:
François Rabelais / Frank-Rutger Hausmann. –
Stuttgart: Metzler, 1979.
  (Sammlung Metzler; M 176: Abt. D,
  Literaturgeschichte)
  ISBN 978-3-476-10176-1

ISBN 978-3-476-10176-1
ISBN 978-3-476-03882-1 (eBook)
DOI 10.1007/978-3-476-03882-1

M 176

INHALTSVERZEICHNIS

Deutsche Einführungen in Werk und Leben Rabelais' sind nicht gerade zahlreich; eine entsprechende selbständige Studie gibt es im Augenblick unseres Wissens nicht. Das trotz seiner Einseitigkeit im großen und ganzen verdienstvolle Büchlein von Heintze (B. 213) ist vergriffen und war in der Bundesrepublik stets nur schwer erhältlich. Es versteht sich zudem (S. 211) als fortschrittliche demokratische Bemühung um Rabelais und klammert die Ergebnisse der jüngeren Rabelais-Forschung aus. Buck (B. 141) und Stackelberg (B. 359) bieten zwar gute Einführungen in Rabelais' Werk, aber ihre Darlegungen sind Teile von Sammelbänden und der Natur der Sache nach relativ knapp. Für Militz (B. 277), ebenfalls Teil eines Sammelbandes, gilt ähnliches wie für Heintze. Substantiell ist Bucks Einleitung in den Rabelais-Band der Reihe »Wege der Forschung« (B. 53), aber sie stellt nur einen knappen Forschungsbericht dar. Distelbarth (B. 179) beschränkt sich auf den erzähltechnischen Aspekt, Radtke (B. 306) auf den Stil; beide Arbeiten sind im übrigen im Handel nicht erhältliche Dissertationen.

So soll das vorliegende Büchlein, das sich in erster Linie als Realienband versteht, einem Leser nicht nur Informationen über den Autor Rabelais und sein Werk vermitteln, sondern auch die Schwierigkeiten aufzeigen, die eine Rabelais-Lektüre bietet. Zugleich will es die wichtigsten Ergebnisse der Rabelais-Forschung mitteilen. Die Kenntnis des Inhalts der fünf Bücher *Gargantua et Pantagruel* (im folgenden die »Pentalogie« genannt), wird dabei stillschweigend vorausgesetzt; eilige Leser können Einzelheiten in Hatzfelds Inhaltsangabe (B. 211) nachschlagen; auch auf die einschlägigen deutschen Übersetzungen sei verwiesen (B. 74–79).

Rabelais wird im Original nach der von Jourda erstellten zweibändigen Garnier-Ausgabe (B. 64) zitiert, die einzelnen Bücher der Pentalogie im fortlaufenden Text mit *G.* (= Gargantua), *P.* (= Pantagruel), *T. L.* (= Tiers Livre), *Q. L.* (= Quart Livre), *C. L.* (= Cinquiesme Livre), im Zitat mit I, II, III, IV, V plus Kapitelangabe und Seitenzahl der Garnier-Ausgabe abgekürzt. Wir bieten als Lesehilfe, wenn nicht ausdrücklich anders vermerkt, die deutsche Übersetzung von Widmer und Horst (B. 79), die dem heutigen Sprachstand angemessener ist als die in ihrer Zeit bahnbrechende Übersetzung von Regis (B. 74; 75). Auch hier sei auf gleichwertige andere Ausgaben ver-

wiesen (Pléiade, B. 62; TLF, B. 67–69; 71; 72) oder die wohl-
feile Intégrale (B. 66), die zudem den Vorteil einer neufranzö-
sischen Übersetzung neben dem mittelfranzösischen Original
bietet. Die im Lauf unserer Darlegungen zitierten lateinischen
Autoren (Erasmus, Calvin, Du Puy-Herbault u. a.) werden sogleich in eigener deutscher Übersetzung geboten.

Als Abschluß eines jeden Kapitels findet sich eine thematische Bibliographie, die auf eine fortlaufend numerierte Ge-
samtbibliographie am Ende des Bandes verweist (B.), und zwar
mit dem Autornamen und der Nummer der Bibliographie. Dementsprechend wird auch im Lauf der Untersuchung zitiert.
Diese Bibliographie ist eine Auswahlbibliographie, die nur
wichtige und aktuelle Titel nennt, die fast alle in die Untersuchung einbezogen wurden.

Zum Schluß noch eine methodische Vorbemerkung: Die Rabelais-Forschung hat in den letzten Jahren erneut einen großen
Aufschwung genommen. Seit dem letzten umfassenden Forschungsbericht von Schrader (B. 87) sind laut Klapp ca. 800
neue Titel zu Rabelais erschienen. Es ist unmöglich, sie alle zu
rezipieren oder gar miteinander zu versöhnen, zumal die Rabelais-Forschung in zwei divergierende Richtungen zerfällt. Defaux (B. 164) spricht in seiner lesenswerten Einleitung von einer »querelle des anciens et des modernes«. Wer sich mit Rabelais beschäftigt, muß in diesem Streit Stellung beziehen. Die
»anciens«, vertreten durch Forscher wie Defaux, Françon,
Krailsheimer, Larmat, Marichal, Saulnier, Screech u. a. gehen
davon aus, daß man Rabelais' Werk nicht verstehen könne,
»sans la replacer dans son temps«. Die »modernes« wie Beaujour, Glauser, Keller, Paris, Tetel u. a. wollen sich nicht mit hi-
storisch-eruditem Ballast befrachten, sondern heben in erster
Linie auf den erzähltechnischen und komischen Eigenwert der
Pentalogie ab.

Wir bekennen uns eher zum Lager der »anciens«, sind jedoch
der Meinung, daß sich beide Sehweisen miteinander ohne weiteres vereinbaren lassen, da eine allzu einseitige Betrachtung
dem Kunstwollen Rabelais' nicht gerecht würde. Schon Spitzer (B. 356) war der Auffassung, daß das Reale bei Rabelais
Sprungbrett des Irrealen sei. Auch eine marxistische Deutung,
wie sie Lefebvre (B. 251) bereits 1956 vorschlug, die Forscher
wie Beaujour (B. 124) und Paris (B. 290) fortführen, scheint
uns eher der Wunschvorstellung ihrer Verfechter als der Realität, d. h. dem Werk und Denken Rabelais', zu entspringen.
Diese Exegeten sehen in Rabelais den Zerstörer des Mittelal-

ters, »qui vise à étendre les ravages à toutes les catégories de la culture« (*Paris*, B. 290, 213) und eine neue Zukunft vom Dynamismus der Wissenschaften und der Aktivierung der Bürger und Bauern erhoffe.

Rabelais ist jedoch ein eher konservativer Autor, der gegen Habsburg, Luther, das Rittertum, den Kolonialismus, Partikularismus, Kapitalismus usw. eingestellt ist und einer bäuerlich-patriarchalischen Sozialordnung zuneigt. Dem widerspricht auch nicht die Tatsache, daß Rabelais Humanist ist bzw. im Lauf seines Lebens und damit auch im Lauf seines schriftstellerischen Schaffens seinen Standpunkt modifiziert hat. Der Humanismus geht von einer Wiedererweckung der Antike mit allen ihren Lebensbereichen aus, ist seiner Tendenz nach also restaurativ. Die mustergültigen Erkenntnisse der Antike und Spätantike, soweit sie Philosophie, Recht, Literatur, Kunst, Architektur, Staatswesen usw. betreffen, sind nach Meinung der Humanisten im Mittelalter entweder vergessen oder doch falsch verstanden worden. Es gilt, sie von diesen Verkrustungen zu befreien und sie in ihrer ursprünglichen Gestalt wiedererstehen zu lassen. Dieses Gedankengut hat sich Rabelais teilweise zu eigen gemacht. Seine spezifische Leistung ist es, es in ein volkssprachliches Werk integriert zu haben, das den Meisterwerken der Antike wie auch den theologisch-philosophischen Traktaten seiner Zeit ebenbürtig an die Seite treten kann.

Freiburg, im Juli 1978   F.-R. H.

1. Rabelais und seine Zeit

1.1. Die politischen Verhältnisse

Die von der Forschung inzwischen allgemein akzeptierten Lebensdaten Rabelais' (1494–1553) umspannen eine Epoche, die ungefähr mit der Entdeckung Amerikas durch Christoph Columbus (1492) und dem ersten Italienfeldzug Karls VIII. (1494) beginnt und mit dem Frieden von Cateau Cambrésis (1559) und den Anfängen der Religionskriege in Frankreich (1562) endet. Schon diese Eckdaten belegen, welche einschneidenden politischen, religiösen, wirtschaftlichen und gesamtgesellschaftlichen Neuerungen zu Lebzeiten Rabelais' Platz griffen und Lebensformen umgestalteten, die sich jahrhundertelang bewährt hatten; und die in diesen Zeitraum fallenden Ereignisse sind nicht minder aufwühlend. Zu Recht spricht man deshalb gemeinhin von einem Wendepunkt, der den Übergang vom Mittelalter zur Neuzeit markiert.

Konnte man im Mittelalter noch von einer »Respublica christiana«, einer Gesamtheit aller Gläubigen, sprechen, die an der Universalmonarchie und der Einheit der Kirche orientiert war, so verlieren jetzt die Institutionen »Kaisertum« und »Papsttum« immer mehr von ihrer Autorität. Der nationalstaatliche Gedanke gewinnt an Raum und damit auch, insbesondere in Frankreich, der Gedanke einer Nationalkirche (»Gallikanismus«). Die Gründe für diese Entwicklung sind recht vielschichtig und können hier nicht alle analysiert werden, doch scheinen die demographischen und ökonomischen Veränderungen besonders bedeutsam zu sein.

Um 1500 hatte die Erdbevölkerung mit 60–70 Mill. Einwohnern wieder den Stand vom Jahr 1300 erreicht; eine demographische Lücke, die durch Pest, Klimaveränderungen und Mißernten bedingt war, hatte sich geschlossen. Durch den Bevölkerungsrückgang im 14. und frühen 15. Jhdt. war der Feudaladel in eine prekäre Situation geraten. Er hatte wegen Menschenmangel seine personalintensive Güterbewirtschaftung aufgeben müssen und war an die Hofzentren geströmt, um dort an den Früchten der beginnenden Zentralisierung zu partizipieren. Als die Bevölkerungszahl wieder stieg und dieser Vorgang mit einer Kapitalintensivierung zusammenfiel, erfolgte die landwirtschaftliche Erschließung fortan nicht mehr im Rahmen des Lehnssystems, sondern durch Kapitalinvestitionen. Zahlreiche Bauern nützten dies, um sich aus der Leibeigenschaft zu befreien.

1

Unter dem Einfluß der Entdeckungen und der damit verbundenen technischen und kommerziellen Innovationen entstehen neue Gewerbe und verarbeitende Industrien; das Handelsvolumen wächst. Dadurch wiederum gestalten sich die Beziehungen zwischen Arbeitgebern und Arbeitnehmern neu, denn es bilden sich erste Assoziationen von Lohnarbeitern, die nicht mehr einer Zunft angehören. Außerdem engagiert sich der Staat erstmalig wirtschaftlich und bringt allmählich die Zünfte unter seine Kontrolle. Infolge der Kolonialisierung fließen immer größere Mengen von Edelmetallen nach Europa, was zu einer Steigerung der Münzproduktion führt. Erstmalig werden auch bargeldlose Zahlungsweisen angewandt. Die Warenproduktion kann damit auf die Dauer nicht Schritt halten. Die Preise steigen (seit 1480) ständig stärker als die Löhne; es kommt zu einer stetigen Inflation, die wiederum soziale Umschichtungen zur Folge hat. Dieser Wandel in Gewerbe und Handel läßt auch eine neue kaufmännische Mentalität entstehen bzw. hat diese bereits zur Voraussetzung, die bei erhöhtem Wagemut das Risiko genau kalkuliert. Neue bankarische Mechanismen werden entwickelt, was die Mobilität und Internationalität des Handels befördert.

Die Ablösung des »Personenverbandsstaates« des hohen Mittelalters und seiner Ersetzung durch den »institutionellen Flächenstaat« der Neuzeit schreitet voran. Die territoriale, finanzielle und militärische Macht der regierenden Fürsten wächst; sie können freier politisch agieren und sind nicht mehr an die feudalen Institutionen des Lehnswesens gebunden, auf denen früher ihre Macht fast ausschließlich beruhte. Dies bewirkt eine weitere schwere Krise des Feudalismus. Söldner ersetzen die adeligen Ritterheere und machen die Aristokratie überflüssig. Die theoretische Begründung des Antifeudalismus, des Zentralismus und des Absolutismus liefert insbesondere Niccolò Machiavelli (1469–1527), der erstmalig den Gedanken der »Staatsraison« formuliert. Dies führt dazu, daß in den religiösen und politischen Auseinandersetzungen des 16. Jhdts. die Parteien die Bündnispartner wechseln, ohne Rücksicht auf nationale oder konfessionelle Gemeinsamkeiten zu nehmen.

Während der steigende Frühkapitalismus den regierenden Fürsten und den mit ihnen verbundenen Bürgern und Bauern Vorteile bringt, schwächt er den Adel und indirekt auch die Kirche, die seit dem Investiturstreit mit der politischen Macht des Staates konkurriert. Sie bietet ein Bild moralischer Dekadenz und Verweltlichung, denn ein Großteil ihrer Energien wird von mammonistischen Interessen absorbiert. So schallt schon bald der Ruf nach Reform dieser weltverflochtenen Kirche immer lauter, die sich von den politischen und territorialen wieder ihren wahren geistigen Aufgaben zuwenden soll. Der Ewigkeitswert der Heilswahrheiten wird aber dadurch eingeschränkt, daß sich seit dem 14. Jhdt. und verstärkt im 15. Jhdt. in Italien eine geistige Bewegung herausbildet, der Humanismus, der unter Berufung auf das Erbe der griechischen und römischen Antike dem Menschen die Fähigkeit zuspricht, sich aus eigener Kraft zu bilden und zu vervollkommnen, sich selber zur Richtschnur seines Handelns zu machen. Diese Bewegung, die ursprünglich rein philologisch ausgerichtet ist, ergreift wenig später alle Lebensbereiche, so daß man von einer Renaissance aller Künste und Wissenschaften sprechen kann. Einen ersten Beweis für die neu begründete Autonomie des Menschen treten die europäischen Nationen im Zeitalter der Entdeckungen an, als sie den Globus bis in die letzten Winkel auskundschaften und dabei zwar ihre Fähigkeiten üben, aber auch ihre Grenzen erkennen und die Position der Erde als Mittelpunkt des Kosmos zu relativieren beginnen.

Eine Folge dieser kolonialen Ausbreitung ist die Verlagerung des politischen Schwergewichts von den mediterranen auf die atlantischen Anliegerstaaten: Italien, Sitz des Papsttums und Wiege des Humanismus, wird fortan zum Spielball der Großmächte – der habsburgischen Dynastie, die ein riesiges Territorium von Erblanden zusammengebracht hat (Österreich, Ungarn, Böhmen, Burgund, Spanien) und dieses noch vergrößern möchte, und des erstarkenden Frankreich, das in Konkurrenz zu Habsburg tritt, um sich als Großmacht zu behaupten. Beide Länder vergeuden ihre Kräfte im Kampf um die europäische Hegemonie, während das insulare England bereits langsam als die Großmacht der Zukunft am Horizont aufsteigt. Die Veränderung der Welt, die Ausweitung der Horizonte, ist aber nur dadurch möglich, daß sich das technische Wissen der Menschen vergrößert und Erfindungen erstmals planvoll gemacht werden. Zahlreiche Neuerungen wie Buchdruck, Kompaß, Feuerwaffen usw. kommen in dieser Epoche auf.

Was hier nur sehr gerafft skizziert worden ist, ist natürlich nicht von heute auf morgen über Europa und die Welt hereingebrochen, sondern reicht bis ins Mittelalter zurück. Die angedeuteten Tendenzen streben aber seit Ende des 15. Jhdts. mit immer größerer Dynamik einer Umgestaltung des Kosmos zu.

Die Stärkung der französischen Monarchie im 15. und 16. Jhdt. ist zweifellos ein Ergebnis der bisher beschriebenen gesamteuropäischen Vorgänge, die durch die spezifischen Machtkonstellationen begünstigt wurde. Schon unter Philipp II. August, und verstärkt unter Philipp dem Schönen, war im 12. und 13. Jhdt. eine Zentraladministration gebildet worden; parallel dazu erfolgte der Ausbau auch einer lokalen Verwaltung. Die Grundlage der Monarchie bildete ab jetzt nicht mehr der Domänenbesitz, sondern ein ausgeklügeltes Steuersystem. Den Hundertjährigen Krieg, das gewaltige Ringen mit England (1337–1453), hatte Frankreich schließlich siegreich für sich entscheiden können. Ludwig XI. (1461–1483), eine der farbigsten Herrscherpersönlichkeiten auf dem französischen Thron überhaupt, schaltete den Feudaladel aus und paktierte mit den Bürgern. Er zerschlug die »Ligue du Bien Public« (1465), die es auf die öffentlichen Einkünfte abgesehen hatte. Er hatte auch das Glück, daß eine Reihe von Herzogsfamilien königlichen Geblüts ausstarb, darunter die burgundische. Zwar konnte er sich nur in den Besitz des Herzogtums Burgund setzen, große Teile des Erbes fielen an Habsburg, aber die stärkste Bedrohung seiner Macht war doch durch den Tod Karls des Kühnen (1477) beseitigt. Im Jahr 1480 erbte Ludwig XI. das Anjou, 1481 auch noch die Provence. Unter seinen Nachfolgern Karl VIII. (1483–1498) und Ludwig XII. (1498–1515) dauerten die Zentralisierungstendenzen fort. Im Jahr 1488 wurde eine erneute Adelsrebellion, die »Guerre folle«, unterdrückt; 1491 heiratete Karl Anne de Bretagne und bereitete so die Vereinigung der Bretagne mit der Krone vor, die 1514 durch die Heirat des späteren Königs Franz I. mit Claude de France endgültig vollzogen wurde. Allerdings bedeuteten die unter Karls VIII. Herrschaft einsetzenden Italienkriege eine schwere Belastung für das ganze Land. Franz I. (1515–1547) aus dem Haus Angoulême war ein König nach dem Muster Ludwigs XI. und setzte den Kampf um die Festigung der Monarchie nach innen und außen erfolgreich fort. Ohne sein Wirken wäre der spätere Absolutismus undenkbar. Während sich seine Vorgänger auf die Ausschaltung des Adels konzentriert hatten, beseitigte er die Privilegien der Städte, da von den großen Magnaten des Königreichs nur noch der Connétable Charles de Bourbon (1490–1527) ein potentieller Rivale war, der aber nach seinem Prozeß 1521 außer Landes ging und mit Karl V. paktierte.

Bibl.: Teil I und II, B. 1–37.

1.2. Rabelais' Leben und Werk

Rabelais hat dies alles sehr bewußt miterlebt. Er entstammte einer Familie des provinziellen Mittelstandes, die noch stark in bäuerlichen Verhältnissen wurzelte, aber dank günstiger ökonomischer Bedingungen bereits in den Stand der »robins«, der juristischen Beamtenschaft, aufgestiegen war. Seine Heimat ist der kleine Handelsort Chinon in der Touraine, der fruchtbaren Landschaft an der Loire. Allerdings ist Rabelais wohl nicht in der Stadt selber, sondern auf dem väterlichen Landgut La Devinière zur Welt gekommen. Als Drittgeborener wurde er, wie es damals üblich war, um der Zersplitterung des Erbes vorzubeugen, für die geistliche Laufbahn bestimmt und verbrachte fast sechzehn Jahre seines Lebens bei den Franziskanern, später bei den dem Humanismus eher zugewandten Benediktinern. Hier erhielt er eine gründliche theologisch-scholastische Ausbildung, machte aber auch die Bekanntschaft mit der neuen humanistischen literarisch-philologischen Kultur, die im Gefolge der Italienfeldzüge in Frankreich Einzug gehalten hatte. Der Neuplatonismus mit dem Zentralgedanken der Mittlerstellung des Menschen im Universum und die antiasketische unzeremonielle Frömmigkeit in der Tradition der »Devotio moderna« und des Erasmus müssen ihn besonders tief beeinflußt haben. Während der Klosterzeit konnte er durch Vermittlung eines Freundes aber auch Beziehungen zu mächtigen Vertretern des Beamtenbürgertums anknüpfen und die Denkweise der damaligen Juristen sowie die Problematik der zeitgenössischen Rechtsprechung kennenlernen. Noch als Benediktiner gehörte er zum Kreis um den Abt und Bischof Geoffroy d'Estissac, einen Mäzen humanistischer Gesinnung, in dessen Umgebung er auch seine literarische Kultur vervollkommnen konnte. Nach dem Austritt aus dem Kloster wurde Rabelais Weltpriester, studierte gleichzeitig Medizin und Naturwissenschaften. Den Beruf des Arztes hat er später jahrelang ausgeübt. Es begann eine lebenslange Wanderschaft, die nur wenige Ruhepunkte kannte und ihn durch Frankreich und halb Europa führte. Dreimal war er als Leibarzt im Gefolge des Kardinals Jean Du Bellay in Rom, dem Zentrum der Kirche und des Humanismus. Die Diplomatie und die Welt der hohen Politik taten sich ihm ebenfalls auf: 1538 nahm er sogar in Aigues-Mortes an der Zusammenkunft zwischen König Franz I. und Kaiser Karl V. teil. Durch seinen Werdegang lernte er somit die wichtigsten Bereiche von Staat und Kirche, den neuesten Stand der Geistes- und Naturwissenschaften sowie die Städte Lyon, Paris, Montpellier, Rom, Turin, Venedig und Metz aus eigener Anschauung kennen, die als Zentrum und Schnittpunkte dieser Kräfte gelten konnten.

Er selber bildet sich zum »uomo universale« heran und veröffentlichte im Lauf seines Lebens medizinische, juristische, archäologische, astrologische und militärtechnische Abhandlungen und Textausgaben, wurde jedoch bekannt durch seine Romane: 1532/33 erschien der *Pantagruel*, 1534/36 der *Gargantua* (*Defaux*, B. 165; *Françon*, B. 193; *Screech*, B. 347; 348), der die Vorgeschichte des *Pantagruel* nachliefert, denn Gargantua ist der Vater Pantagruels, 1546 der *Tiers Livre*, 1552 der *Quart Livre* (*Marichal*, B. 269) und postum 1562/64 der *Cinquiesme Livre*, über dessen eindeutige Zuweisung an Rabelais bis heute keine einhellige Meinung erzielt werden konnte (cf. 4.2.). Rabelais' Universalität des Wissens und der Erfahrung, gepaart mit kreativer Originalität, haben allerdings einen Romanzyklus entstehen lassen, der zu den schwierigsten Werken der französischen Literatur gehört. Das hat nicht verhindert, oder ist vielmehr gerade die Ursache dafür, daß es auch eines der meistgelesenen und interpretierten Werke ist, welches Generationen von Exegeten auf den Plan gerufen hat, die alle den Schleier lüften wollten, den der Autor selber darüber gebreitet hat (cf. 4.3.) oder hoffen, eine Interpretation zu bieten, die weitere Interpretationen überflüssig macht. Dabei wird übersehen, daß die Hoffnung, eine definitive Deutung zu finden, trügerisch bleiben muß: eine solche Lösung widerspräche dem ambivalenten Wesen fiktionaler Literatur schlechthin!

Bibl.: Buck, B. 141; *Carpentier*, B. 150; *Coleman*, B. 159; *Diéguez*, B. 178; *Heintze*, B. 213; *Lesellier*, B. 256; 257; *Lote*, B. 260; *Marichal*, B. 263; 265; *Militz*, B. 277; *Plattard*, B. 298–301; *Radtke*, B. 306; *Saulnier*, B. 326; *Stackelberg*, B. 359; *Stapfer*, B. 360.

2. Rabelais-Rezeption und Stand der Rabelais-Forschung

2.1. Vorbemerkung

Die Rezeptionsgeschichte der Pentalogie ist, soweit sie das Werkverständnis der Zeitgenossen und späterer Kritiker, Nachahmer, Übersetzer, Editoren und Kommentatoren angeht, von Boulenger (B. 134) und Sainéan (B. 321) bereits nachgezeichnet worden. Beide Autoren waren Mitarbeiter von Abel Lefranc und haben auch an der kritischen Rabelais-Gesamtausgabe mitgewirkt. Vor allem Sainéans gut belegten faktenreichen Darlegungen, die auch das Verhältnis der anderen Kulturnationen zu Rabelais' Werk mit einbeziehen, läßt sich wenig Neues hinzufügen. Ohne auf Einzelheiten in diesem Zusammenhang eingehen zu können, sollen die wichtigsten Leitlinien der Rabelais-Rezeption herausgearbeitet werden (*Schneegans*, B. 82; *Rackow*, B. 84; *Plattard*, B. 83). Dem schließt sich ein kurzer Forschungsbericht über einige zentrale Tendenzen der Rabelais-Forschung seit 1930 an, der sich auf die einschlägigen Arbeiten von Bezzola (B. 85), Saulnier (B. 86), Schrader (B. 87), Cordié (B. 88), Screech (B. 89), Tetel (B. 90) und Buck (B. 53) stützt und von uns auf den neuesten Stand gebracht wird.

2.2. Das Urteil der Zeitgenossen

Zu Lebzeiten kannte das Werk Rabelais' vermutlich drei Arten von Lesern: die der in seine »Botschaft« Eingeweihten (cf. 4.3.), der verständnisvollen Freunde und Gleichgesinnten, und die der anderen, die das Werk als Quelle der Heiterkeit betrachteten, ohne nach tieferem Sinn zu forschen. Von einer dritten Gruppe, den Zensoren der Sorbonne und anderen Kritikern, wollen wir schweigen. Die »mittlere« Lesergemeinde, die aus den durchschnittlichen Lesern bestand, ist zahlenmäßig wohl die umfangreichste, aber in einer Zeit des allgemeinen Illetrismus auch die am schwersten zu beschreibende. Eine mindestens durchschnittliche Bildung, die über reine Lesekenntnisse hinausreichte, war auch damals sicherlich schon Grundvoraussetzung für eine sinnvolle Lektüre der Pentalogie. Käufer und Leser des Buches sind jedoch nicht unbedingt identisch! Während der *P.*, der sich bewußt in die Klasse der Ritterromane und Volksbücher einordnet (cf. 4.1.), »n'est qu'une facétie, tout juste bonne à dérider la populace« (*De Grève*, B. 170, S. 171), hat Rabelais dem *G.* den bekannten Prolog vorangestellt, in welchem er seinem Werk eine »substantificque mouelle« zuschreibt (cf. 4.5.). Vielleicht hatte er den *P.* geschrieben, um zu

7

Geld zu kommen. Diese Rechnung dürfte auch aufgegangen sein! Sein eigentlicher schriftstellerischer Ruhm wurde aber erst durch den *G.* begründet. Dessen Tiefsinn und die Möglichkeit einer allegorischen Lektüre machten das Werk zu einer Lektüre vorwiegend für Intellektuelle.

Genaueres über die Auflagenhöhe, den Umfang und die Beschaffenheit der rabelaisischen Leserschaft sagen zu wollen, ist angesichts fehlender Materialien ein hoffnungsloses Unterfangen. Legt man aber nur die durchschnittliche Auflagenhöhe der Inkunabelzeit von ca. 300 Exemplaren zugrunde, erhält man für die 19 zu Rabelais' Lebzeiten erschienenen *P.*-Ausgaben eine Verbreitung von fast 6000 Exemplaren, für die je 8 Ausgaben des *G., T. L.* und *Q. L.* immerhin ca. 2500. Man wird deshalb De Grève recht geben dürfen, der diese Frage ganz generell beantwortet:

»Il n'y a donc pas à douter que dès la publication de *Gargantua*, en 1534, les deux premiers livres de Rabelais aient été acceptés par les milieux lettrés du temps, aussi bien parmi les adversaires que parmi les partisans de la Réforme, comme exprimant des idées profondes, cachées sous ou accompagnant les facéties burlesques et bouffonnes qui en constituent la trame« (B. 170, S. 182).

De Grève stützt sich dabei allerdings auf drei recht dürftige Zeugnisse: einen Dizain von Rabelais' Freund Hugues Salel (1504–1553) in der *P.*-Ausgabe von 1534, F. Juste, Lyon, der auf den »profit avec douceur« abhebt, die man aus dem Werk ziehen könne; weiterhin auf ein Epigramm des Neulateiners Jean Visagier (i. e. Vulteius, † 1542) von 1536, der Rabelais verteidigt; drittens auf die Tatsache, daß der Dichter Nicolas Bourbon (1503–1550), der Rabelais nach der Veröffentlichung des *P.* noch der Frivolität und Obszönität gescholten hatte, ihn 1538 in Ruhe läßt, so als ob er seine Ernsthaftigkeit endlich erkannt hätte. Das Schweigen der meisten Zeitgenossen, »le bizarre silence des amis«, deutet De Grève als »affirmation(s) d'un intérêt grandissant pour le roman de Rabelais en particulier parmi les ouvriers, célèbres ou obscurs, de la Réforme ou de la Renaissance« (B. 170, S. 183).

Wenn dem wirklich so war, dann änderte sich dies schon bald. Ronsard ließ 1554 in *Le Bocage* (*Œuvres complètes*, éd. Pléiade II, 784) ein Epitaph auf Rabelais erscheinen, das in ihm den unermüdlichen Trunkenbold sieht, und legte damit den Grundstein zu einer verzerrenden Legende. Diese kreuzte sich mit den gehässigen Verurteilungen eines Gabriel Du Puy-Herbault und Calvin (cf. 6.4.), die in Rabelais den Atheisten sahen, womit für lange Zeit das Bild unseres Autors fest-

sten seines Werkes, Frère Jean und Panurge zumal, so als ob gelegt war. Zudem identifizierte man ihn mit den Protagonideren Erlebnisse und Streiche von Rabelais selber begangen worden seien. Anekdoten freier Erfindung kamen hinzu, die noch in den Biographien des 19. Jhdts. nachzulesen sind. Am bekanntesten ist die Antwort, die Rabelais dem Pagen Du Bellays gegeben haben soll, der sich kurz vor seinem Tod nach seiner Gesundheit erkundigte: »Je m'en vais chercher un grand peut-être . . . Tirez le rideau, la farce est jouée.«

Im Zuge der Gegenreformation und der beginnenden Normierungstendenzen der Klassik galt Rabelais auch schon bald als schlechter Schriftsteller, dessen Tiefendimension verkannt wurde. Man braucht nur an Montaigne zu denken, für den die Pentalogie ein »livre simplement plaisant« (*Essai* II, 10, éd. Pléiade, S. 389) war.

Bibl.: Boulenger, B. 134; *De Grève,* B. 170–172; *Margolin,* B. 272; *Sainéan,* B. 321.

2.3. Kommentatoren

Die Kommentierung der Werke Rabelais' begann schon zu seinen Lebzeiten (1552) mit einer dem Q. L. beigegebenen *Briefve Declaration d'aucunes dictions plus obscures contenues on quatriesme livre* (B. 64, S. 249), die wegen der in diesem Buch auftauchenden zahlreichen Neologismen und Provinzialismen auch sinnvoll und nötig war. Zumeist schreibt man diesen aus 124 Lemmata bestehenden Wortkommentar Rabelais selber zu (contra: *Tournon,* B. 375). Er ist der erste Kommentar überhaupt, der erhalten ist.

Übergehen wir verlorene Kommentare und Kommentarfragmente und sprechen wir von dem ersten modernen Rabelais-Kommentator, dessen Leistung auch in der Neuzeit noch Beachtung findet: es ist Jacques Le Duchat (1628–1735), ein Réfugié, der nach der Revokation des Edikts von Nantes (1685) seit 1700 in Berlin lebte, wo er sich fast ausschließlich der Interpretation der Werke Rabelais' widmete. Im Jahr 1711 erschienen die sechs Bände seiner kommentierten Rabelais-Ausgabe (B. 57; erweitert postum 1741). In einem Brief an Pierre Bayle (Berlin, 3. Juni 1702) definiert Le Duchat selber die Ziele seines Kommentars: er wolle einen philologischen

Textkommentar mit historischen Erläuterungen unter Ausschluß der Allegorie bieten (*Œuvres diverses IV*, Den Haag 1731, Nr. CCLXXXI, 818–820). Le Duchat besticht durch genaue Kenntnis der französischen Literatur des 15. und 16. Jhdts. und diverser französischer Patois (Lothringen, seiner Heimat, aber auch Touraine, Anjou, Poitou). Dies ist besonders wichtig, weil dialektologische Aufzeichnungen aus dieser Zeit, in der das Interesse für diesen Kenntniszweig noch völlig fehlte, besonders selten sind, Rabelais wiederum manches Wort aus französischen Dialekten entlehnte. Le Duchat ist jedoch oft zu unkritisch, treibt auch seine etymologischen Spielereien zu weit, aber bis heute gilt sein Kommentar als einer der umfassendsten und grundlegendsten in französischer Sprache.

Ein anderer Emigrant, Pierre-Antoine Le Motteux (1663–1718), der in England lebte, veröffentlichte 1693 aus dem Nachlaß des Schotten Urquhart die unpublizierte englische Übersetzung des *T. L.* und versah sie mit Entschlüsselungsversuchen. Ein Jahr später ließ er *Q. L.* und *C. L.* in eigener Übersetzung nachfolgen. Le Motteux darf neben einem gewissen Abbé de Marsy als erster Vertreter der sog. allegorisierenden Schule gelten, die ihren Höhepunkt in der 1823 unter Leitung der Bibliophilen und Altertumsforscher Eloi Johanneau (1770–1851) und Charles-François-Hyacinthe Esmangart (1736–1837) erschienenen Rabelais-Ausgabe fand (B. 58). Diese Ausgabe vereinigt die Kommentare von Le Duchat, Bernier, Le Motteux, Abbé de Marsy, Voltaire, Ginguené etc. Johanneaus Deutungsversuche scheinen zwar oft an den Haaren herbeigezogen zu sein, aber den Positivisten der SER hätte ein wenig ihrer Inspiration bisweilen gutgetan! Im übrigen unterscheiden sich ihre Spekulationen oft nicht von den »philologischen« Rekonstruktionsversuchen der Späteren.

Zu den bedeutenden Kommentatoren der »vorwissenschaftlichen«Epoche gehört auch der deutsche Privatgelehrte Gottlob Regis (1791–1854), der Rabelais viele Jahre seines Lebens widmete, nachdem er zuvor Machiavelli, Shakespeare und Swift übersetzt hatte. Im Jahr 1832 erschien seine kongeniale Übersetzung des Gesamtwerks (B. 74; 75; Berlin ³1923), der man allenfalls vorwerfen kann, sie sei zu sehr an Fischarts (cf. 2.4.) Straßburgerdeutsch orientiert und deshalb für den modernen Leser nur mit Hilfe eines Spezialglossars genießbar, was demnach eine doppelte Mühe bedeutet. In den Jahren 1832–41 folgte sein Kommentar zur Pentalogie, der ca. 1500 Seiten umfaßt.

Regis ist der Typ des gründlichen deutschen Gelehrten des 19. Jhdts., der sich sein Wissen allerdings im Selbststudium erwarb. Er faßt, eine Anregung Jean Pauls aufgreifend (*Vorschule der Ästhetik* I, 8 § 36), Le Duchat (ed. Amsterdam 1741) zusammen, referiert die Ergebnisse der allegorisierenden Schule, übersetzt die Anmerkungen von Stanislas de l'Aulnaye (B. 55, Nr. 373) in dessen Ausgabe von 1820 und fügt eine eigene Lebensbeschreibung Rabelais' bei, die immerhin 233 Seiten lang ist. Der Nutzen seines Kommentars liegt in der Auswertung antiker und neulateinischer Autoren und dem Vergleich mit der englischen Literatur, mit Swift und Sterne (*Wickler*, B. 382). Wegen der Sprachbarriere ist der hochgelehrte Kommentar in Frankreich fast unbekannt, so daß Sainéan (B. 321, S. 53) schreiben kann, »mais le terrain de Régis reste à peu près vierge et tient en réserve toutes sortes de surprises«. Dies gilt bis heute.

Vor der Erstellung der »Edition critique« durch die SER unter Lefranc sind noch zwei Ausgaben zu nennen, die sich durch ihr hohes wissenschaftliches Niveau auszeichnen: die des Patoisforschers, Übersetzers und Philologen Jean-Henri Burgaud des Marets (1806–1873) vom Jahr 1857/58 (B. 59; Nachdrucke 1870, 1920), die sehr abgewogene und kritische Anmerkungen enthält, sowie die sechsbändige von Charles-Joseph Marty-Laveaux (1823–1899), die solide kommentiert ist, aber nicht gerade durch Originalität besticht (B. 60). Die Kenntnisse der Vorgänger sind jedoch gut aufgearbeitet.

Als im Jahr 1903 Abel Lefranc (1863–1952), Jacques Boulenger (1879–1944) und Henri Clouzot (1865–1940) die SER begründeten, wurde für die Rabelais-Forschung eine neue Ära eingeleitet. Die eigens gegründete Zeitschrift RER (B. 47), die von 1903–12 fortgeführt wurde, legte die Grundlagen für die textkritische und reich kommentierte Gesamtausgabe, deren erster Band (*G.*, Kap. 1–22) 1912 erschien (B. 61). Die folgenden Bände kamen z. T. in weiten Abständen ans Licht: *G.*, Kap. 23–58 1913; *P.*, Kap. 1–11 1922; *P.*, Kap. 12–34 1922; *T. L.* insgesamt 1931; *Q. L.*, Kap. 1–17 1955, bis die Ausgabe steckenblieb. Ihre Editionsprinzipien mögen heute vielfach umstritten sein, ihre »méthode de recherche réaliste« überzogen, an ihrem Stellenwert für die Editionsgeschichte Rabelais' kann jedoch nicht der geringste Zweifel begründet werden.

Man kann fünf Grundprinzipien herausstellen: 1. Edition und Kommentar sollen der Renaissance-Kultur Rechnung tragen, die der Roman getreulich und umfassend widerspiegele. 2. Dies gilt auch für den Humanismus, der es erlaube, die intellektuelle Bedeutung des Autors zu erfassen. 3. Weiterhin soll die volkstümliche Überlieferung als eine der Hauptquellen für Rabelais' Ideen Berücksichtigung finden. 4. Nicht minder die mittelalterliche Literatur Frankreichs, die im Werk viele Spuren hinterlassen habe. 5. Die Renaissance-Philologie und die moderne Dialektologie sollen eingesetzt werden, um schwierige und archaische Wörter zu erklären.

Es liegt auf der Hand, daß dieser Kommentar allem Spekulativ-Allegorischen abhold ist und an die Vorarbeiten Le Duchats anknüpft. Noch viele Jahre später hatten die Vertreter der Lefranc-Schule (Verdun-Louis Saulnier, geb. 1917; Pierre Jean Jourda, geb. 1898; Robert Marichal, geb. 1904 u. a.) im französischen Universitätssystem wichtige Stellungen inne. Die späteren Rabelais-Ausgaben (B. 62–65) stützen sich großenteils auf die Ergebnisse der Lefranc-Schule. Die Editionen der TLF (B. 67–69; 71–72), insbesondere die von dem in London lehrenden neuen Rabelais-»Papst« Michael Andrew Screech (geb. 1926) betreuten Bände, tragen besonders den Erkenntnissen der letzten Jahre Rechnung und stellen einen weiteren Fortschritt in der Editionsgeschichte dar. Man darf aber feststellen, daß das letzte Wort immer noch nicht gesprochen ist, d. h. ein kanonischer Text nicht zur Verfügung steht. Die Texte der TLF geben den Wortlaut der Erstausgaben wieder, die Lefranc-Ausgabe bietet den der Ausgabe letzter Hand. Die Editionen Jourdas (B. 64), Plattards (B. 63) und Boulenger-Schélers (B. 62) können jedoch nach wie vor mit Nutzen herangezogen werden.

Bibl.: Brown, B. 139; *Fraser*, B. 195; *Levi della Vida*, B. 258; *Roe*, B. 313; *Sareil*, B. 322; *Tournon*, B. 375.

2.4. Übersetzer

Das 16. Jhdt. ist ein Jahrhundert der wissenschaftlich fundierten Übersetzung gewesen, die nötig war, um im Zeitalter der Reformation die Bibel in den protestantischen Ländern breiten Leserschichten zugänglich zu machen, aber auch um die Quellen der griechischen und lateinischen Literatur der Antike einem interessierten Laienpublikum zu erschließen. Etienne Dolet (1509–46) legte 1540 seinen Traktat *Maniere de bien traduire d'une langue en autre* vor; Joachim Du Bellay 1549 die *Deffence et illustration de la langue françoise*, beides Werke, die wichtige Maximen für das Übersetzen beinhalten.

Auch außerhalb Frankreichs wurde eifrig übersetzt – in Deutschland war Martin Luther mit dem *Sendbrief vom Dol-*

metschen (1530) das Vorbild –, und schon bald fand Rabelais, allerdings nur der *Gargantua* – in dem Straßburger Humanisten und Dichter Johann Fischart gen. Mentzer (1546–1590) einen Übersetzer. Erstmalig 1575 veröffentlichte er seinen deutschen *Gargantua*, dessen von ihm gewählten »Riesentitel« man im allgemeinen abkürzt und nur von der *Geschichtsklitterung* (B. 104; 105) spricht.

Fischart ist ein protestantischer Satiriker und Polemiker, der die Verirrungen seiner Zeit aus der Sicht des calvinistisch-bürgerlichen Ethos und aus erzieherischer Verantwortung heraus anprangert und bekämpft. Die *Geschichtsklitterung* ist zugleich einer der Höhepunkte der »grobianischen« Literatur. Unter Grobianismus versteht man eine Sonderform des »ironischen Enkomiums« (cf. 8.3.). Grobianisches Verhalten (Übers. des lat. rusticus) wird gepriesen, um das Gegenteil zu bewirken, nämlich die Laster zu bekämpfen. So wandelt sich die feine Ironie Rabelais' in derbe Moralsatire, was eine Verkehrung seiner Absichten ins genaue Gegenteil bedeutet. Fischart, der den Umfang des *G*. auf das Dreifache anschwellen ließ, verändert Rabelais' Parodie der spätmittelalterlichen Ritterromane in eine Geißelung der Freß- und Trunksucht sowie bestehender Modetorheiten. Er bleibt bei den Übertreibungen stehen, so daß man ihm vorgeworfen hat, keinen eigenen Standpunkt zu beziehen. Wenn seine lehrhaften Tendenzen im Unterschied zu anderen seiner Werke einmal nicht aufdringlich wirken, ist dies positiv zu bewerten. Wer die ironisch-enkomiastische Literatur des 16. Jhdts. kennt, wird schon die rechten Schlüsse ziehen können. Es sei auch noch angemerkt, daß Fischarts Übersetzung von großer Bedeutung für die neuhochdeutsche Sprach- und Literaturgeschichte ist. Der Fischart'sche Manierismus, der sich im wirren Konglomerat der Wortlisten spiegelt – vielfach handelt es sich um Neuschöpfungen, die nur noch Fragment des Realen sind, ist Ausdruck eines Krisenbewußtseins, ist Flucht in »eine zwanghaft-neurotische sprachliche ›Zwischenwelt‹, die weitab liegt vom klassischen ›Realismus‹ der Renaissance und dem ins Metaphysische drängenden barocken Idealismus« (*Mühlemann*, B. 280, S. 130). – Anders akzentuiert Seitz (B. 349), der in der Manipulation der Sprache (S. 156 f.; 236) den Ausdruck reiner Potenz erblickt, die frühkapitalistische ungehemmte Verfügung über ein fast unbegrenztes Stoffreservoir. Der darin zum Ausdruck kommende Optimismus ist für Seitz nicht nur ein Produkt der Vorurteilslosigkeit, wie es bürgerlich-pragmatischem Handelskapitalismus entspräche, sondern zugleich auch Zeichen der Bedrohung. Fischart sieht sein politisches Programm der städtischen Freiheit durch die monarchisch-absolutistische Bewegung in Frage gestellt. Seine Sprachexuberanz und der Grobianismus sind Ersatz für schwindende politische Freiheit. Diese Deutung läßt sich vielleicht auch *mutatis mutandis* auf Rabelais' Intentionen übertragen! – Fischart, der so gut wie keinerlei lexikalische Hilfsmittel zur Verfügung hatte, paraphrasiert Rabelais, schafft so zwar ein eigenes Kunstwerk, übersetzt ihn aber nicht wirklich und macht ihn damit kaum dem deutschen Publikum zugänglich.

Dies blieb Gottlob Regis überlassen, der zwar genialisch übersetzt, aber zu viele Fischart'sche Wortprägungen übernimmt (B. 74; 75). Hinter Regis fallen die Übersetzungen von Gelbcke (B. 76; 77) und Hegaur (= Wilhelm Engelbert Oeftering)/Dr. Owlglaß (= Hans Erich Blaich) (B. 78), was Originalität und Genauigkeit angeht, ab. Lesbar und doch originell ist die Übersetzung von Widmer und Horst (B. 79), deren wir uns bedienen.

Auch in England fand Rabelais schon bald eine angemessene Übertragung durch den Schotten Thomas Urquhart (1611–1660), Arzt und Universalgenie wie Rabelais selber (*Roe*, B. 313). Im Jahr 1653 erschienen der *G.* und *P.*, der *T. L.* 1694 postum aus dem Nachlaß durch Le Motteux. Er setzte im gleichen Jahr das Werk Urquharts fort und schloß es ab. Auch Urquhart war noch nicht an einer wörtlichen Übersetzung interessiert, sondern ließ sich oft von seinem eigenen kreativen Schwung mitreißen. Er bemühte sich aber um stilistische Adäquatheit, so daß seine Übersetzung noch heute Anerkennung findet. Grundlage seiner Arbeit war das *Dictionnaire of the French and English Tongues* (1611) des Engländers Randle Cotgrave († 1634), eines der frühesten modernen Lexikographen überhaupt. Von ihm übernahm Urquhart ganze Artikel, und wo Cotgrave schweigt, schweigt auch er. Die Urquhart-Le Motteux'sche Übersetzung wurde 1708, 1738, 1750, 1784 und von 1807–1900 noch neunmal nachgedruckt (B. 55, Nr. 423–426; 430).

In katholischen Ländern dauerte es bis in dieses Jahrhundert, ehe man den der Ketzerei und Freigeisterei höchst verdächtigen Rabelais übersetzte, der zudem noch höchst obszön war. Als Beispiel möge Italien dienen, wo Gennaro Perfetto 1886/87 und erneut 1919/24 die ersten drei Bücher übersetzte und erst 1925/30 in den »Classici del Ridere« Gildo Passini eine sechsbändige Gesamtübersetzung erstellte.

Bibl.: Kocks, B. 227; *Mühlemann*, B. 280; *Roe*, B. 313; *Seitz*, B. 349; *Spengler*, B. 354; *Tetel*, B. 369.

2.5. Lexikographen

Der erste französische Lexikograph von Rang ist Robert Estienne (1503–1559), der 1532 einen *Thesaurus Linguae Latinae* mit französischen Erklärungen druckte, ein Nachschlagewerk der lateinischen Sprache, welches bis in unsere Zeit hinein seinen Platz behalten hat. Sieben Jahre später legte er auch ein auf dem *Thesaurus* aufbauendes *Dictionnaire françois-latin* (1539) vor, das den ersten Meilenstein auf dem Weg der französischen Lexikographie bildet. Diese Auflage wurde 1549 erweitert und erheblich verbessert und enthält »autant de mots que tu (sc. le lecteur) trouueras ès Rommans & bons Autheurs Francois, lesquelz aurions omis (sc. dans la première impression)«. Wie einige Belege bezeugen, hat Estienne auch Rabelais ausgewertet und medizinische Termini von ihm übernommen.

Der bedeutendste Lexikograph des 17. Jhdts. ist jedoch der vorerwähnte Cotgrave, der gesprochene und geschriebene Sprache einbezieht. Für das gesprochene Französisch kann er auf Jean Nicots (ca. 1530–1600) *Thrésor de la langue française, tant ancienne que moderne* (1606) zurückgreifen; für das literarische Französisch hat er selber reiches Quellenmaterial exzerpiert und Idiotismen, Redewendungen und Sprichwörter aufgenommen. Das Verb »faire« umfaßt allein sieben Spalten *in folio*! Eine seiner literarischen Hauptquellen ist Rabelais, und seine Erläuterungen zu dessen Wortmaterial haben alle späteren Exegeten und Kommentatoren mit großem Profit konsultiert. Aber so haben sich natürlich auch die Fehler perpetuiert, die sich bei Cotgrave finden, da die späteren Lexikographen sein Werk »ausgeschlachtet« haben, z. B. Antoine Oudin, *Dictionnaire François-Italien* (1640) und Philibert le Roux, *Dictionnaire comique, critique, burlesque, libre et proverbial* (Amsterdam, 1718 u. ö.). Das Akademiewörterbuch berücksichtigt Rabelais bezeichnenderweise nicht, Furetière in seinem *Dictionnaire universel* (1690) und das Jesuitenwörterbuch von Trévoux (1704) beziehen die Pentalogie mit ein. Littré wertet später nur die Studien des Altertumswissenschaftlers La Curne de Sainte-Palaye aus (postum 1875/82), in denen Rabelais oft falsch zitiert wird. Das modernste, wegen einiger falscher Übersetzungen jedoch mit Vorsicht zu benutzende Wörterbuch zur Lektüre Rabelais' ist das von Edmond Huguet betreute *Dictionnaire de la langue française du XVIe siècle*, 7 Bde., 1925–1967.

2.6. Biographen

Die älteren Biographen wie Antoine le Roy, *Floretum philosophicum* (1649) und Jean Bernier, *Jugement et nouvelles observations sur les œuvres grecques, latines, toscanes et françaises de Maître Fr. Rabelais, ou le véritable Rabelais réformé* (1697) darf man getrost außer acht lassen, da ihre Werke kaum zugänglich sind und keine heute mehr verwertbaren Ergebnisse enthalten. Der erste um Objektivität bemühte Biograph ist der Barnabiterabt Jean-Pierre Nicéron (1685–1738), der ab 1729 seine *Mémoires pour servir à l'histoire des hommes illustres dans la république des lettres, avec le catalogue raisonné de leurs ouvrages* vorlegte, von der bis 1745 (durch Abbé Goujet fortgeführt) insgesamt 43 Bände erschienen waren. Im 32. Band (1735), S. 337–408, findet sich ein langes Porträt Rabelais', das endlich mit der Identifikation des Autors mit seinen Schelmengestalten Schluß macht und sich auch um Verständnis für den Geist der Renaissance bemüht, um Obszönität und Ausgelassenheit zu erklären und sogar zu entschuldigen. Die Legende vom Rabelais »bouffon, grand railleur« und »biberon« hielt sich aber noch bis zum Beginn des 20. Jhdts.

Die großen Literaturkritiker des 19. Jhdts. ahnten zwar, daß dieses Bild falsch sei, aber ihnen fehlten noch Kenntnisse und methodisches Rüstzeug, um es zu korrigieren. Charles-Augustin Sainte-Beuve (1804–1869) resümiert in seinem *Tableau de la poésie française du XVIe siècle* (1828) Rabelais' Leben in einem Halbsatz, »la vie et le caractère de celui qui la composa [sc. l'œuvre] ne sont pas une moindre énigme que l'œuvre elle-même« (ed. J. Troubat, Paris 1876, S. 6). Jules Michelet (1798–1874) schreibt um 1855 in seiner *Histoire de France* (cf. 2.7.), »plût au ciel que l'on pût faire une vie de Rabelais. Cela est impossible«. Die 2. Hälfte des 19. Jhdts. brachte allerdings schon Neues, was die Biographie anbelangt. Zu nennen sind Stapfers Studie (B. 360), die prächtige Arbeit Heulhards (B. 214) zu den Italienaufenthalten und der Tätigkeit in Metz, und auch die 1902 von Petit de Juleville (1841–1900) dem 5. Band der Marty-Laveaux'schen Ausgabe (B. 60) beigefügte *Notice biographique* enthält bereits alle wichtigen Daten aus Rabelais' Leben.

Aber die große Synthese fehlte noch. Diese erfolgte nach 1903, dem Gründungsjahr der SER, die eine wahre Rabelais-Renaissance einleitete und eine beachtliche Zahl französischer wie internationaler Gelehrter zu ihren Mitgliedern zählte. Rabelais hatte es nicht nötig, wie die Dichter der Pléiade aus dem Schutt der Vergangenheit ausgegraben zu werden. Sein Werk war zu allen Zeiten präsent, wenn man es auch wohl falsch verstand oder die Texte verstümmelte. Die Klassik und die Aufklärung konnten sich aus verschiedenen Gründen zwar nicht sonderlich für Rabelais begeistern, aber am Ende des 18. Jhdts. begann eine Wiedergeburt, die in der Romantik fortdauerte. Der Wunsch, die Widersprüche, die Werk und Leben umgaben, zu erhellen, ist deshalb nur allzu verständlich. Die SER sammelte in den zehn Jahrgängen der RER (B. 47) die Ergebnisse der Einzelforschung und gliederte dieser Zeitschrift ab 1913

16

eine neue mit erweitertem Programm an, die Revue du 16e siècle (B. 48), die ebenfalls viel dazu beitrug, die Rabelais-Studien zu fördern. Auch die kritischen Ausgaben (ab 1912) mit ihren gelehrten Einleitungen festigten die Kenntnisse über Rabelais. Neben Lefranc wirkte Boulenger für den kritischen Text, Clouzot für topographische, folkloristische und archäologische Fragen, Paul Dorveaux für medizinische, pharmakologische und naturwissenschaftliche Probleme, Sainéan für lexikographische und philologische Fragen und Plattard für die Bezüge zur Bibel, antiken, mittelalterlichen und modernen Schriftstellern.

Aus dem Kreis dieser Mitarbeiter entstand dann die bis heute maßgebliche Rabelais-Biographie, die Plattard (B. 299) 1928 vorlegte. In diesem stattlichen Quartband von 264 Seiten, der mit zahlreichen Abbildungen dokumentiert ist, beschränkt sich Plattard vorwiegend auf das Leben unseres Autors, zieht die damals bekannten authentischen Zeugnisse hinzu und wertet vorsichtig die einschlägigen Forschungsergebnisse aus. Plattard erzielt eine Revision zahlreicher Details, die Rabelais' Leben betreffen. Spätere Forscher wie Lote (B. 260) u. a. gehen über das von Plattard Zusammengetragene kaum hinaus; allein die erwähnten Aufsätze Leselliers (B. 256; 257), Marichals (B. 263; 265) und Thomas' (B. 371) machen eine Ausnahme. Zu erwähnen sind noch Diéguez (B. 178) und Krailsheimer (B. 233), die die Dokumente selber sprechen lassen. Einige neuere Arbeiten behandeln biographische Einzelaspekte.

Bibl.: Bourrilly, B. 135; *Busson*, B. 143; 144; *Carpentier*, B. 150; *Heulhard*, B. 214; *Kline*, B. 226; *Krailsheimer*, B. 233; *Lesellier*, B. 256; 257; *Lote*, B. 260; *Margolin*, B. 272; *Marichal*, B. 263; 265; *Perrat*, B. 292; *Plattard*, B. 299; *Stapfer*, B. 360; *Thomas*, B. 371.

2.7. Literaturkritiker

Michelet ist einer der ersten Historiker, die die Renaissance in ihrer Bedeutung für die Moderne erkannten: der Mensch habe seine Dimensionen nach außen (Zeitalter der Entdeckungen, der beginnenden Naturwissenschaften, der Erfindungen) und nach innen (Wiederbelebung der Antike und ihres Bildungsguts, Reformation, Neuplatonismus) erweitert. Wenn Michelet Rabelais zusammen mit Luther, Calvin, Montaigne, Shakespeare und Cervantes zu den großen Geistern der Zeit zählt, die dem modernen Menschen den Weg der Selbstfindung gewiesen hätten (*Histoire de France au seizième siècle,* Renaissance, Paris 1855, Introduction II f.), so folgte er damit eher seiner Intuition, als daß er sich auf entsprechende Vorstudien hätte stützen können.

Während Rabelais' Zeitgenossen noch ein gewisses Gespür für seine Absichten aufbrachten, nahmen die Kritiker des 17. Jhdts. Anstoß an der formalen wie inhaltlichen Exuberanz und scheinbaren Disziplinlosigkeit des Werkes. Bezeichnend ist das Urteil La Bruyères in den *Caractères* (1690):

> »Marot et Rabelais sont inexcusables d'avoir semé l'ordure dans leurs écrits: tous deux avoient assez de génie et de naturel pour pouvoir s'en passer, même à l'égard de ceux qui cherchent moins à admirer qu'à rire dans un auteur. Rabelais surtout est incompréhensible: son livre est une énigme, quoi qu'on veuille dire, inexplicable; c'est une chimère, c'est le visage d'une belle femme avec des pieds et une queue de serpent, ou de quelque autre bête plus difforme; c'est un monstrueux assemblage d'une morale fine et ingénieuse et d'une sale corruption. Où il est mauvais, il passe bien loin au-delà du pire, c'est le charme de la canaille; où il est bon, il va jusques à l'exquis et à l'excellent, il peut être le mets des plus délicats.« (Des Ouvrages de l'Esprit 43, éd. Pléiade S. 78).

Wenngleich La Fontaine, Molière, die Libertins um Gassendi, ja selbst Racine und Mme de Sévigné, Rabelais mit Freude lasen, kann dies die insgesamt negative Beurteilung durch die Autoren des Siècle de Louis XIV nicht mindern, denn sie gestanden ihre Freude bei der Lektüre nicht ein! Auch für das 18. Jhdt., in dem die ästhetischen Postulate der »doctrine classique« weitgehend ihre Gültigkeit behielten, war Rabelais zu grob und ordinär. Voltaire schwankte bezeichnenderweise in seinem Urteil; positiv fand er an Rabelais wie schon vor ihm Fontenelle allenfalls die kirchenfeindliche Einstellung. Der Autor blieb für ihn ein »philosophe ivre et le premier des bouffons« (*Lettres philosophiques,* 1734, in: *Œuvres,* Paris 1829, Bd. XXXVII, Mélanges I, S. 256; Lettre à Mme Du Deffand, 13. Okt. 1759, in: *Voltaire's Correspondence,* ed. Th. Besterman, Bd. XXXVII, Nr. 7806, S. 134–139; *ibid.,* Bd. XLI, Nr. 8108, S. 195).

Letztlich auf der gleichen Linie – Verkennung der formalen Seite und einseitige Würdigung des Inhalts – liegt das Urteil des aufklärerisch gesonnenen Dichters und späteren Ideologen Pierre-Louis Ginguené (1748–1816), der auf dem Höhepunkt der Französischen Revolution einen aufsehenerregenden Traktat veröffentlichte, *De l'autorité de Rabelais dans la Révolu-*

tion présente et dans la constitution civile du clergé (Reprint durch H. Martin, Paris 1879). Ginguené machte aus Rabelais einen Gegner der Kirche und des Absolutismus, einen Apostel der Moderne, tiefschürfenden Staatsreformer und Propheten der Revolution, ein Urteil, das eher dem Bereich seiner Wunschvorstellungen entsprach als der Realität, aber auch später noch Anhänger fand.

Von Ginguené übernahmen die Romantiker ihr Rabelais-Bild. Chateaubriand sagt von ihm mit seltenem Weitblick, »Rabelais a créé les lettres françaises« (*MOT*, Ed. du Centenaire par M. Levaillant, Paris 1949, I, 12, S. 504); er fühlt sich ganz in die geniale Größe dieses Autors ein. Der prüde Lamartine schmäht ihn (*Cours familier de littérature*, 1856, Entretien VIII und XVIII); La Harpe (*Lycée ou Cours de littérature ancienne et moderne*, ed. 1818, Bd. V, S. 39) und Sainte-Beuve (s. o.) perpetuieren den negativen Eindruck der Klassik. Aber Charles Nodier, Victor Hugo, Balzac, Alfred de Vigny, Flaubert, Mérimée und viele andere sind von Rabelais und seinem Werk begeistert. Sie sehen in ihm den Inbegriff des Ungeheuerlichen, der riesenhaft gesteigerten Lebenskraft, des Lachens, der endlich die Düsternis des Mittelalters beendet.

Trotz dieser positiven Meinung stehen die Kenntnisse von Rabelais' Leben und Werk noch auf schwankenden Füßen; man denke nur an die *Editio variorum* (B. 58) mit ihrer symbolisch-allegorischen Deutung. Den Schleier der Legenden, Mystifikationen und Spekulationen lüfteten erst, wie bereits mehrfach festgestellt, Lefranc und seine Jünger. Für sie ist Rabelais' Pentalogie »le miroir fidèle de la vie et de la civilisation françaises pendant les cinquante premières années du XVIe siècle« (*Lefranc*, B. 53, S. 58), wie Lefranc noch 1933 in einem Vortrag darlegte. Er nahm dabei keine Notiz von der grundlegenden Kritik Leo Spitzers (1887–1960), die dieser in seiner Kölner Antrittsvorlesung (B. 356) geübt hatte. Spitzer knüpfte dabei an das Buch seines Wiener Lehrers Heinrich Schneegans (1863–1914) an (B. 331) sowie seine eigene Dissertation von 1910 (B. 355). Dem positivistischen Nachspüren der Lefranc-Schule setzte Spitzer die Aufgabe entgegen, die dichterische Bedeutung der Pentalogie und Rabelais' ästhetisches Kunstwollen aufzuzeigen, die Spannung zwischen Realität und Irrealität deutlich zu machen. – In dem Jahrzehnt, welches diesen programmatischen Äußerungen folgte, ging die erste Phase der modernen Rabelais-Forschung zu Ende, auch wenn beide Richtungen – man kann von einer »positivistischen« und einer

»ästhetischen« sprechen – auch weiterhin ihre Anhänger behalten haben. Lefrancs Interessen verlagerten sich in seinen späteren Lebensjahren auf die englische Renaissance; der Kreis seiner Mitarbeiter wurde durch Tod und Krieg stark gelichtet. Eine neue Generation angelsächsischer Forscher trat auf den Plan.

Die Quellen Rabelais' (cf. 5.) können nahezu als erschöpfend erforscht gelten. Das Problem der Abhängigkeit Rabelais' von den volkstümlichen Chroniken und die Frage nach dem Einfluß folkloristischer Elemente auf seine Pentalogie, das nach dem Krieg noch einmal eine ganze Forschergeneration beflügelte, hat wenig mehr erbracht als den Nachweis der Beeinflussung Rabelais' und die Widerlegung der Annahme eines Plagiats (*Dontenville*, B. 180; *Françon*, B. 190; 191). Wenn Saulnier 1949 von einer Offensive der Folkloristen sprechen konnte (B. 86, S. 107), so ist diese gescheitert.

Eine andere Gruppe von Gelehrten setzte die geistesgeschichtliche Tradition fort und untersuchte eingehend die gedankliche Nähe Rabelais' zu Erasmus in religiöser, philosophischer, philologischer und pädagogischer Beziehung (*Béné*, B. 125; *Febvre*, B. 186; *Janeau*, B. 217; *Lebègue*, B. 246; *Screech*, B. 339–340; 345–346; *Telle*, B. 363; 364). Die Vorstellung Lefrancs vom Rationalismus, gar Atheismus Rabelais' wurde so schlagend widerlegt. Auch die symbolische Deutung fand wieder Anhänger (*Krailsheimer*, B. 232; *Masters*, B. 270; *Saulnier*, B. 324; 325; *Weinberg*, B. 380); diese Interpretation läuft darauf hinaus, Rabelais habe aus Furcht vor Verfolgung ab dem *T. L.* nicht mehr gewagt, seine religiösen Anschauungen offen zu äußern und seinen Evangelismus wie auch seine Kirchenkritik deshalb symbolisch verschlüsselt.

Die Forderung Spitzers, Rabelais' Erzählkunst zu analysieren, wurde lange von der französischen Forschung nicht aufgegriffen. Die Amerikaner Tetel (B. 366; 367) und Keller (B. 223; 224) studierten genauer den verbalen Spieltrieb Rabelais' und seine komischen Wirkungen bzw. seine Erzähltechnik. Glauser (B. 200) schließlich will die »subjectivité créatrice« Rabelais' nachvollziehen. Er erblickt in Rabelais selber die Hauptperson des Romans, die mit dem Wort ein burleskes Spiel treibe und die vermeintliche Totalität der Welt in spielerische Episoden auflöse. Für Glauser wird Rabelais zu einem verschwenderischen Demiurgen des Wortes.

Erst die »Entdeckung« des russischen Rabelais-Forschers Bachtin (auch Bakhtin; B. 116; 117) durch die bulgarisch-französische Literaturkritikerin Kristeva (B. 235) bewirkte sozusagen eine revolutionäre Wende in der französischen Rabelais-Forschung. Bachtins Werk ist in doppelter Hinsicht wichtig. Es enthält – wie auch seine übrigen Studien über Dostoevskij – Ansätze einer historischen Poetik des Romans bzw. eine neue Deutung des »grand rire de Rabelais«, die beide aus dem Begriff des »Karneval« abgeleitet werden. Bachtin hat eine dynamische Textkonzeption, die den Text nicht als statisches Gebilde, sondern als Prozeß betrachtet. Für ihn gibt es im dichterischen Text kein seiner Identität gewisses Subjekt mehr, das sich im Diskurs darstellt, sondern vielfältig facettierte Ich-Instanzen. Dies gilt für den Leser genau wie für den Autor. Dieser »textintern« nachzuweisenden Intersubjektivität entspricht »textextern« die Intertextualität des poetischen Diskurses. Der Text ist wie ein Mosaik von Zitaten aufgebaut, in denen eine unbegrenzte Zahl früherer oder zeitgenössischer Texte verarbeitet werden. Intern wie extern ist der Text also polyvalent und nicht mehr eindeutig deutbar. Diese Romanstruktur nennt Bachtin die »Struktur des Karneval« bzw. den »polyphonischen Roman«. Um ihn zu interpretieren, der zwar mit dem Material der Sprache arbeitet, dies aber nach übersprachlichen Prinzipien organisiert, sucht Bachtin ein translinguistisches Verfahren, das er wiederum im Karneval zu finden glaubt. Lachen und Humor, die für Rabelais so kennzeichnend sind, sind ihm in eine jahrtausendealte Tradition eingebettet, die mannigfach ihren Niederschlag gefunden hat, und zwar im antiken Mimus, der menippeischen Satire, den mittelalterlichen Fabliaux, Soties, Farces usw. Diese Tradition bedient sich einer spezifischen Formelsprache, die durch Ambivalenz und Freizügigkeit gekennzeichnet ist, keine Stiltrennung kennt und sich zu verselbständigen scheint. Dadurch wirkt sie profanierend und befreiend zugleich. Nach Bachtin ist die karnevaleske Weltsicht spielerisch und utopisch zugleich. Sie ist nicht Vorwand, um bestimmte philosophische, politische, religiöse und pädagogische Ideen vor dem Zugriff der Zensur zu bewahren, noch rein formaler Selbstzweck. Sie ist vielmehr Ausdruck einer Befreiung von Autorität und Hierarchie, ist revolutionärer Akt, Waffe der Freiheit in den Händen des Volkes. Das Groteske ist für Bachtin aber nicht bloße Vorstufe des Absurden, keine furchterregende Verfremdung der Wirklichkeit, sondern optimistische Bejahung einer zwar komplizierten, aber doch veränderbaren Wirklichkeit (*Hardt*, B. 209).

Bachtin deutet den Roman Rabelais' (wie die Werke Swifts, Dostoevskijs, Cervantes' u. a.) in seiner Subjektivität und fehlenden Schlüssigkeit als Stufe des Übergangs der Romanprosa aus dem Bereich des Symbols in den des Zeichens, d. h. des universell Gültigen in die konstante Transformation. Wenn auch Bachtin eine rein ästhetische, formalistische und zweckfreie Interpretation Rabelais' ablehnt (wie sie *Glauser*, B. 200; *Paris*, B. 290; *Beaujour*, B. 124; *Tetel*, B. 367 u. a. vorschlagen), so lehnt er doch auch die symbolisch-allegorische wie die realistische ab und folgt auch nicht dem frühen Spitzer, für den das Reale Sprungbrett zum Phantastischen und für das Phantastische ist.

Kritik an Bachtin ist genügend geübt worden, an seiner unspezifischen Verwendung des Begriffs »Volk« bzw. der Ausklammerung von Schlüsselepisoden wie der Abbaye de Thélème, dem Erziehungsbrief u. a., da sie nicht dem Geist des Karneval verpflichtet seien. Dem lassen sich weitere Argumente hinzufügen: die Forschung der letzten Jahre, die auf den Evangelismus Rabelais' abhebt, bestätigt nicht die Autonomie des Lächerlichen, sondern weist wieder in die Richtung der Verschlüsselung. Wie Aronson (B. 113), Cooper (B. 161; 162), Plaisant (B. 295; 296), Ianziti (B. 216) u. a. gezeigt haben, ist Rabelais zudem ein eher konservativer Denker, dessen politische Anschauungen nicht dafür sprechen, daß er die Position des »Volkes« gegen die Zentralgewalt stärken wollte. Weiterhin ist anzumerken, daß der Karneval selber in der Gestalt des Mardigras (IV, 41) als negatives Bild Martin Luthers im Werk vorkommt und deshalb kaum von Rabelais so positiv beurteilt wurde, wie Bachtin dies annimmt.

Die Überschätzung Bachtins in Frankreich liegt daran, daß Schneegans, Spitzer, Auerbach, wie die deutsche Forschung überhaupt, dort kaum rezipiert wurden. Diese Kritiker hatten längst auf die Autonomie des Grotesken hingewiesen. In Amerika berufen sich die Bachtinschüler auch auf Spitzer, der, jedenfalls in der Zeit vor dem Zweiten Weltkrieg, der Einseitigkeit des Positivismus entgegenhielt, die Komik müsse mehr berücksichtigt werden, aber keinesfalls eine neue Einseitigkeit postulieren wollte. – Nimmt man Bachtin ernst und liest Rabelais so, wie er anregt, dann kann man ihn jedenfalls nicht als den Vermittler des Evangelismus lesen, denn sein Text ist ja in seiner Gesamtheit akommunikativ! Wenn man gar die doppelte karnevalistische Grundstruktur ablehnt, bleibt von Bachtins Buch nur noch wenig übrig.

Die Bedeutung des Grotesken erschließt sich im Kontext leichter und nicht weniger zwingend als bei Bachtin, wenn

man sie auf das im Humanismus so verbreitete »Lob der Narrheit« zurückleitet. Dies ist eine paradoxale literarische Technik
(*Chesney*, B. 153; *Colie*, B. 160; *Kaiser*, B. 221; *Könneker*, B.
230; *Rigolot*, B. 310), die das Augenmerk auf besonders wichtige Aspekte lenkt, indem sie das, was sie im Grunde genommen ablehnt, in übersteigerter Form lobt. Aber Bachtin ver-
nachlässigt diesen humanistisch-eruditen Zug weitgehend!
Wenn sein Werk dennoch die Erkenntnis und das Verständnis
der Pentalogie wesentlich vorangebracht hat, so liegt dies einmal daran, daß Bachtin den mimetischen Realismusbegriff zer-
schlägt, was für Rabelais grundsätzlich richtig ist, wenn auch
aus anderen Erwägungen heraus als den seinen, zum anderen
viel Material zur Komik und ihrer historischen Erklärung zusammengetragen hat, um seine Thesen zu belegen.

Es soll aber noch kurz gezeigt werden, wozu eine Überspit-
zung des Bachtin'schen Ansatzes führt. Beaujour (B. 124) versteht sich als Fortsetzer Bachtins, des einzigen »vernünftigen«
modernen Rabelais-Interpreten. Für ihn ist die gesamte bisherige Rabelais-Forschung überflüssig (S. 36 ff.; u. ö.), denn die
Pentalogie »ne veut rien dire« (S. 26). Sie sei ein einziger Spaß,
Non-Sense, der die Negation aller gesellschaftlichen, literarischen und kulturellen Werte der Zeit anstrebe. Der Autor muß
sich aber vorhalten lassen – und hier steht er für viele, daß er
zu dieser Deutung nur deshalb gelangt, weil er die Ergebnisse
der bisherigen Rabelais-Forschung in ihr Gegenteil verkehrt.
Gäbe es sie nicht, könnte er wohl wenig mit Rabelais' Werk
anfangen, könnte er kaum die Abbaye de Thélème für eine Parodie auf den Feudalismus und die Ideale der Adelsgesellschaft
erklären oder im Panurge des *T. L.* den verschwenderischen
Junggesellen erblicken, der sich verpflichtet zu heiraten und
ein bürgerlich geordnetes Leben zu führen, sich also dem kapi-
talistischen System anzupassen, wofern ihm Pantagruel nur seine Schulden bezahlt. Beaujour hebt zudem seine Aussagen am
Schluß seiner Arbeit wieder auf, wenn er ängstlich fragt, »à
quoi peut nous *servir* Rabelais?« und zur Antwort gibt (S.
175), »ce livre qui secoue la culture officielle dans tous les sens
sans parvenir à s'en dégager nous dit aussi que cette culture
n'est qu'un masque rassurant jusque dans ses grimaces«.

Rabelais ist außerhalb des sozialen Kontexts seiner Zeit
nicht zu verstehen, die positivistisch orientierte Forschung so
lange vonnöten, wie nicht alle Quellen und Einflüsse geklärt
sind. Beaujours Aussage, »la lecture sérieuse de Rabelais ... est
une imbécillité qu'accrédite paradoxalement le jeu rabelaisien«

(S. 24) kann allerdings als heilsame Provokation für alle die verstanden werden, die glauben, Rabelais zu fassen und eine endgültige Deutung seines Werkes gefunden zu haben (wie Beaujour selber!), aber auch nur für sie. Rabelais zum reinen Verneiner und Unsinnsdichter abzustempeln, hieße, die Diamanten zu Kot herabzuwürdigen, um einen herzerfrischenden Vorwurf Beaujours gegen die bisherige Rabelais-Forschung umzukehren.

Bibl.: *Bachtin*, B. 116; 117; *Beaujour*, B. 124; *Colie*, B. 160; *Hardt*, B. 209; *Jüttner*, B. 220; *Kaiser*, B. 221 ; *Kristeva*, B. 235; *Rigolot*, B. 310; *Schneegans*, B. 331; *Spitzer*, B. 356.

2.8. Nachahmer

Die Zahl der literarischen Nachahmer Rabelais' in Frankreich wie im Ausland ist Legion, man lese Details bei Boulenger und Sainéan nach. Um uns nicht bei einer ermüdenden und nichtssagenden Aufzählung von Namen und Werktiteln aufzuhalten, sollen nur zwei Autoren verschiedener Epochen ausführlicher vorgestellt werden, die versucht haben, Rabelais zu aktualisieren und ihrer Zeit nahezubringen: Balzac und Barrault.

Fast gleichzeitig mit Balzacs Plan einer *Comédie Humaine* entstand das Projekt, nach Art der *Cent Nouvelles Nouvelles*, einer Novellensammlung verschiedener Verfasser des 15. Jhdts. in der Boccaccio-Nachfolge, hundert Novellen in zehn Zehnergruppen (Dixains) zu schreiben, von denen 1832–53 aber nur drei Dixains fertiggestellt und publiziert wurden. Hinzu kommen zehn weitere postume Novellen. Diese Sammlung trägt den Titel *Les Cent Contes Drôlatiques* (B. 91). Balzac war ein großer Verehrer Rabelais', dem er sich als Landsmann (er selber wurde 1799 in Tours geboren) geistesverwandt fühlte. Er sagt einmal:

»Mon admiration pour Rabelais est bien grande, mais elle ne déteint pas sur ›LA COMÉDIE HUMAINE‹; son *incertitude* ne me gagne pas. C'est le plus grand génie de la France au moyen âge, et c'est le seul poëte que nous puissions opposer à Dante. Mais j'ai *les Cent Contes Drolatiques* pour ce petit culte particulier« (zit. nach *Lécuyer*, B. 250, S. 120).

Balzac will mit den *Contes Drôlatiques* die mittelalterliche Vergangenheit der Bewohner seiner engeren Heimat, der Touraine, heraufbeschwören, so wie sie seiner Meinung nach auch

Rabelais gezeichnet hat, den er für einen mittelalterlichen Autor hält, was nicht verwundert, wenn man bedenkt, daß Begriff und Erforschung der Renaissance erst später datieren. Balzac beschränkt sich auf das erotische Leben aller Stände, und alle die Verführungen, Vergewaltigungen, Ehebrüche und die sich daraus ergebenden Folgen wirken auf die Dauer doch monoton, zumal Obszönität und Brutalität oft purer Selbstzweck sind. Balzac will aber Rabelais nicht nachahmen, sondern, wie Spitzer sagt (B. 355, S. 119), die *Contes Drôlatiques* sind »das Werk eines Archäologen, der die für die moderne Zeit tote rabelaisische Sprache erneuern möchte, ein Pastiche, das jedoch nicht irreführen und mystifizieren, sondern gerade umgekehrt zu prüfender, mit dem Original vergleichender Kritik anregen will. Als Werk eines Nichtphilologen stehen die *Contes Drôlatiques* geradezu einzigartig da«. Man sollte Balzac nicht beckmesserisch Fehler in seinem Mittelfranzösisch ankreiden, sondern anerkennen, daß er ein autonomes Kunstwerk geschaffen hat, das trotz anachronistischer Züge zu seiner Zeit wie später ein Eigenleben führte. Als vermittelndes Zwischenglied zwischen Moderne und Renaissance hat es in sprachlicher wie stofflicher Hinsicht große Bedeutung. Rabelais ist zwar nicht der einzige Gewährsmann Balzacs, aber die *Contes Drôlatiques* atmen doch vor allem anderen seinen Geist.

Am 12. 12. 1968 wurde im Elysée-Montmartre, einer ehemaligen Tanzhalle und Catchring, einer für Rabelais also durchaus würdigen Kulisse, von der Truppe Madeleine Renaud-Jean-Louis Barrault (Madeleine Renaud ist die Frau des 1910 geborenen Schauspielers und Regisseurs Barrault) *Rabelais. Jeu dramatique* (B. 92) aufgeführt. Es handelt sich um eine zweiteilige Theateradaptation der Pentalogie und erzählt in einem Epilog auch den Tod Rabelais'. Barrault sieht in Rabelais einen »urfranzösischen Autor«, der deshalb zu allen Zeiten mißverstanden worden sei. Er spielt hier auf den französischen Klassizismus an, den er für verstaubt und autoritär hält, weil er alles Originelle unterdrücke und in das Prokrustesbett der glatten Form einzwänge. Barrault hingegen unterstreicht Rabelais' Aktualität, die nicht zuletzt aus der Parallelität der Epochen resultiere (Entdeckungen; Glaubenskrise, Politisierung des Tagesgeschehens usw.). Beide Epochen hätten deshalb Frondeure nötig, um die Erstarrungen aufzubrechen, und Barrault sieht sich in seiner Arbeit durch die Unruhen vom Mai 1968 bestätigt (S. 13, Anm. 1).
Er behält, trotz schwerer Verständlichkeit für einen modernen Zuschauer, die Sprache Rabelais' in seiner Dramatisierung bei. Die Distanz, die hierdurch, aber auch durch den zeitlichen Abstand und den unterschiedlichen Bildungskosmos von Einst und Jetzt, verstärkt

wird, überbrückt er durch die Dramatisierung des Geschehens, durch raffinierte Inszenierung und Kürzung der abstrakten Passagen. So entsteht eine Art Multi-Media-Show, die viel vom japanischen No-Spiel, der Pantomime, dem Theater des Absurden und der Rockoper an sich hat. Barrault hat die wichtigsten Episoden der Pentalogie verarbeitet. Der erste Teil enthält Erlebnisse aus *G.* und *P.* (Geburt Gargantuas, Thubal Holophernes, Torchecul, picrocholinischer Krieg, Abbaye de Thélème; Geburt Pantagruels, seine Kindheit, Jugend, Studium in Paris, die Welt in Pantagruels Mund); der zweite stützt sich meistenteils auf das *Q. L.* (Heiratsdilemma Panurges, Schulden und Borgen, Orakelfahrt, Dindenault, Seesturm, Quaresmeprenant, Physis und Antisphysis, Gefrorene Worte, Läuteiland, Brummbrüder, Krellhinz und die Chats fourrés, Lanternien, Bacbuc). Wenn Barrault auch nicht alles behandelt, zeigt seine Inszenierung doch, wie intensiv er sich mit Rabelais' Pentalogie beschäftigt hat und ihm auch neuere Deutungen nicht fremd sind, so wenn er die Abtei Thélème sich in das Schiff der Orakelflotte, Thalamège, verwandeln läßt, eine eindrucksvolle Bühnenszene. Barrault gelingt totales Theater, das die Modernität Rabelais' in nicht gekannter Weise deutlich macht und so einen Zugang zu seinem Werk bietet, den die Lektüre allein nicht so leicht bewirken kann.

Bibl.: Jordan, B. 219; *Koppenfels*, B. 231; *Lamont*, B. 240; *Lécuyer*, B. 250; *Spitzer*, B. 355; *Thomas*, B. 372; *Wickler*, B. 382.

3. Die Einheit der Pentalogie

3.1. Bisherige Deutungsversuche

Zahlreich sind die Versuche, eine einheitliche Konzeption und Durchgestaltung der Pentalogie zu beweisen, so als ob Rabelais schon 1532 sein gesamtes Werk im Kopf gehabt und es dann Stück für Stück zu einem Guß zusammengefügt hätte. Einige derartige Deutungen seien kurz vorgestellt: Bachtin (B. 116; 117) sieht in der Pentalogie ein Zeugnis des revolutionären Strebens des Volkes, welches sich im Lachen manifestiere, »but Rabelais' work expressed basically the most radical interests, hopes and thoughts of the people, which had nothing to do with these relatively progressive movements of the aristocratic and bourgeois Renaissance« (S. 138); Beaujour (B. 124) argumentiert ähnlich, allerdings soll Rabelais' Werk nichts besagen, eine Negation aller gesellschaftlichen, literarischen und kulturellen Werte der Zeit sein; Bowen (B. 136) sieht die Einheitlichkeit in der überraschenden Verfremdung der Realität; Carpenter (B. 149) will in allen Büchern eine aufsteigende Linie der Spiritualisierung erkennen, den Übergang vom Konkreten zum Abstrakten, von der Praxis zur Spekulation; Febvre (B. 186) hebt Rabelais' Evangelismus und Erasmianismus hervor; Lefranc (B. 252) deutet das Werk als Hymnus auf das Zeitalter der Entdeckungen, in den geschilderten Reisen glaubt er die Ostindienroute und die Nordwestpassage wiederzuerkennen; Masters (B. 270) legt eine neuplatonische Deutung vor, die die »coincidentia oppositorum« von Mensch und Kosmos harmonisiere; Paris (B. 290) sieht Rabelais als Revolutionär, der alle Wertesysteme kultureller, sprachlicher, wissenschaftlicher Art demoliere und zu einer radikalen Neugestaltung der Welt aufrufe; Weinberg (B. 380) erblickt im Trinken, Zeichen des dichterischen Rausches, des Abendmahls und des Wissensdurstes zugleich, das einheitliche Element, mit dem das Werk beginne und ende!

Eine einheitliche Konzeption scheint bei einem dichterischen Schaffensprozeß, der sich über mindestens zwanzig Jahre hinzieht, nahezu ausgeschlossen, zumal die äußeren Umstände, unter denen Rabelais lebte, sich laufend wandelten. Sein Verhältnis zu Religion, Staat und Familie änderte sich mehrfach, und Rabelais trug dem mit seinem Werk Rechnung. Dennoch ist sein Bemühen nicht zu verkennen, beim Fortschreiben seiner Riesengeschichte einen roten Faden zu verfolgen, und im

Nachhinein eine Einheitlichkeit aufscheinen zu lassen, die *a priori* unmöglich war.

Diese ist nicht zuletzt kompositorischer Art: Helden aller Bücher sind Gargantua und, in noch stärkerem Maße, sein Sohn Pantagruel, der jedoch seine anfänglichen Dimensionen (II, 32) einbüßt und immer »menschlicher« wird. Während *G.* und *P.* in Anlehnung an die Artusromane (cf. 5.2.) Kindheit, Jugend, Erziehung und erste Waffentaten der beiden Riesen beschreiben, sind *T. L., Q. L.* und *C. L.* der »quête« der Gralsromane nachgebildet, ist die »Dive Bouteille« eine Art heiliges Gefäß, dessen Auffinden der Reise Pantagruels und seiner Gefährten ein Ende setzt.

Bibl.: Bachtin, B. 116; 117; *Baraz,* B. 121; *Beaujour,* B. 124; *Bowen,* B. 136; *Carpenter,* B. 149; *Febvre,* B. 186; *Köhler,* B. 228; *Larmat,* B. 243; *Lefranc,* B. 252; *Masters,* B. 270; *Nykrog,* B. 288; *Paris,* B. 290; *Screech,* B. 339; *Weinberg,* B. 380.

3.2. Die Genesis der Pentalogie; der ›Pantagruel‹

Die Idee zum *P.* bekam Rabelais vermutlich durch die Lektüre einer der sog. »Chroniques gargantuines« (cf. 4.1.), möglicherweise der drei Monate zuvor in Lyon, J. Moderne, erschienenen *Grandes et inestimables chroniques de l'énorme géant Gargantua* (B. 55, Nr. 249), die er im *P.*-Prolog dreimal erwähnt.

Der Rabelais des Jahres 1532 befindet sich in einem Zustand der Gärung und des Umbruchs; er ist mal ernst und tiefsinnig, mal grob und obszön; Bereiche, die nichts miteinander gemein haben, werden im *P.* laufend vermischt. Man muß aber anmerken, daß die Menschen damals weniger empfindlich waren als in späteren Zeiten. Rabelais greift die Sorbonne, die Justiz und die Verwaltung an und fordert damit ernsthaft die etablierte Ordnung heraus. Nur vordergründig ist sein Werk nämlich volkstümlich, benutzt es bekannte Figuren der Sage als Schutzschild.

Der Riese Pantagruel ist maßlos in allen Dingen, körperlich wie geistig, vor allem aber körperlich: er ist bei seiner Geburt so groß, daß er seine Mutter tötet; er trinkt als Knabe die Milch von 4600 Kühen, und er kann später mit seiner Zunge ein ganzes Heer bedecken. Selbst aus seinen Darmwinden entstehen noch Pygmäen! Sein Gefährte Panurge, der Skrupellose (cf. 8.3.6.), glaubt mit List und Verstand zu schaffen, was Pan-

tagruel mit dem Wissen um die Wahrheit erreicht: er kauft
Ablässe und bereichert sich noch daran, verheiratet alte Vet-
teln, besiegt einen der gelehrtesten Männer Englands, Thau-
mast, und wenn es schwierig wird, sucht Pantagruel sogar gele-
gentlich bei ihm Zuflucht (II, 18). Beide Gestalten sind jedoch
komplementär, und erst im *T. L.* wird Pantagruel der geistig
und moralisch in allen Punkten Überlegene, wird Panurge von
ihm abhängig. Rabelais hat mit beiden Helden Extremgestalten
entworfen, die das angreifen, was ihm selber zerstörenswert erschien. Das Heil kommt allein von seinem Vorbild Erasmus,
denn der berühmte Brief Gargantuas an seinen in Paris studie-
renden Sohn Pantagruel (II, 8) enthält ein Studienprogramm,
welches mit den von Erasmus an verschiedenen Stellen aufge-
führten Kenntnissen für eine Bibelexegese übereinstimmt. Das
Bibelstudium ist aber nicht Selbstzweck, sondern verleiht die
Kraft, ein vorbildliches Leben zu führen, das sich nicht in
mönchischer Askese und Weltflucht erschöpft, sondern in prak-
tischer Nächstenliebe seine Krönung sieht. Aber dieser Weg ist
vorerst nur angedeutet, wahrscheinlich kennt Rabelais ihn selber noch nicht genau.

Das Publikum wird seine Intentionen kaum alle verstanden
haben, trotz der Hinweise, die Rabelais selber gibt. Im Prolog
spricht er von den *Grandes Chroniques,* in denen »weit mehr
Frucht« sei »als sich die Unverständigen träumen lassen« und
die unvergleichlich und ohne Beispiel seien. Am 23. 10. 1533
verdammte die Sorbonne den *P.* (B. 55, Nr. 165), aber nicht
wegen Ketzerei, sondern wegen Obszönität, und Gründe dafür
gab es genug, man denke nur an II, 15. Bis zum Jahr 1534
wurde der *P.* jedoch mindestens achtmal aufgelegt, was ein
großer publizistischer Erfolg war. Die Sorbonne hatte dies mit
ihrem Verdikt offenkundig nicht verhindern können.

Rabelais hatte im übrigen einer Fortsetzung des *P.* bereits
den Weg bereitet, denn der *P.* (II, 34) endet mit einer Ankün-
digung weiterer Abenteuer:

»Den Rest der Geschichte sollt ihr zur kommenden Frankfurter
Messe vorliegen sehen, und daraus könnt ihr dann ersehen, wie Panurge verheiratet und schon im ersten Monat seiner Ehe gehörnt
wurde, wie Pantagruel den Stein der Weisen fand, auch Näheres
darüber, wie man ihn findet und brauchen muß; ferner, wie er das
Kaspische Gebirge überschritt, wie er das Atlantische Meer durch-
schiffte und die Kannibalen schlug und die Perlasinseln eroberte,
wie er die Tochter des Königs von Indien namens Presthan ehelich-
te; wie er gegen die Teufel stritt und fünf höllische Kammern ver-

brennen ließ, die große schwarze Stube plünderte und Proserpina ins Feuer warf und Luzifer vier Zähne einschlug und ein Horn am Arsch abbrach; desgleichen, wie er die Gebiete des Mondes bereiste, um sich zu überzeugen, ob in Wahrheit der Mond nicht voll sei, sondern daß die Weiber drei Viertel davon in ihren Köpfen hätten, dazu tausend andere kleine vergnügliche Begebenheiten, die alle wahr sind« (B. 79, II, S. 517).

Bibl.: Auerbach, B. 115; *Bambeck*, B. 119; *Baraz*, B. 121; *Bastiaensen*, B. 123; *Brault*, B. 137; *Brent*, B. 138; *Defaux*, B. 166–169; *La Charité*, B. 239; *Lebègue*, B. 245; *Telle*, B. 364; *Williams*, B. 383.

3.3. Der ›Gargantua‹

Der nächste Roman, mit dem Rabelais an die Öffentlichkeit trat, löst aber diese Versprechen keinesfalls ein; es ist der G., der zwar nach dem P. erschien, ihm aber inhaltlich vorausgeht und von dem man oft sagt, er sei Rabelais' ausgewogenstes Werk, ermüde am wenigsten, vermeide die Übertreibungen des P., sei der philosophischste Teil der Pentalogie und nach Aufbau und Stil das harmonischste Buch. Es stellt sich die Frage, ob der G. wirklich die angekündigte Fortsetzung des P. ist und man dem Dichter zugute halten muß, daß er seinen im P. mitgeteilten Plan änderte, oder ob, um mit Armitage zu sprechen (B. 112), der G. sogar nur eine Neubearbeitung des P. ist und nur die Vorgeschichte nachliefert.

Daß der G. die Fortsetzung des P. ist, scheidet aus verschiedenen Gründen aus. Das Versprechen, ein Werk fortzusetzen, gehört seit Lukians (cf. 5.4.) Zeiten zur *lex carminis* der komisch-grotesken Literatur. Weiterhin kommt Frankfurt kaum als Verlags- und Erscheinungsort eines Werkes in französischer Sprache in Frage, denn bis Anfang des 17. Jhdts. waren selbst in Straßburg, wo es immerhin eine kleine französische Kolonie gab, erst acht französische Bücher gedruckt worden; in Frankfurt entsprechend weniger. Rabelais' diesbezügliche Aussage ist demnach bewußt verdreht! Die versprochene Fortsetzung – Heirat der Tochter des indischen Priesterkönigs Johann, Mondreise, Kampf mit Luzifer usw. – ist zudem eine Parodie des *Orlando furioso*, des *Baldus* und der *Wahrhaften Geschichten* Lukians (cf. 5.3.) und deshalb ebenfalls wenig aussagekräftig. Der G. ist also keinesfalls die angekündigte Fortsetzung des P. Anders ließen sich auch eklatante Widersprüche nicht ausräumen: in II, 23 erfahren wir, Gargantua sei König von Utopien in Asien oder Afrika; im G. ist er jedoch Herr über eines der französischen Königreiche (I, 1); in II, 23 ist er ins Reich der

Feen entführt, in den anderen vier Bänden der Pentalogie wird er, ohne Aufhebens zu machen, wieder zum Leben erweckt, spielt aber für den Ablauf der Romane keine große Rolle mehr.

Stellen wir nun fest, worin sich *G.* und *P.* ähneln bzw. unterscheiden! Pantagruel wie Gargantua haben fast die gleichen körperlichen und geistigen Eigenschaften und sind wenig differenziert gezeichnet; ja, man könnte sie fast für austauschbar erklären, wenn nicht ihre unterschiedliche Ausbildung wäre! Erst ihre Gefährten, notwendige Ergänzungen ihrer Porträts, steuern die Eigenschaften geistiger und körperlicher Art bei, die ihnen wegen ihres Riesenwuchses fehlen. Pantagruel wird von Eusthenes, dem Starken, Carpalim, dem Schnellen, Episthemon, dem Gebildeten und natürlich Panurge, dem Listigen, begleitet: Gargantua von Panokrates, seinem weisen Lehrer, Eudaimon, seinem gelehrten Gefährten, Gymnastes, dem Starken und Behenden, und Bruder Jean, einem Mönch, der zwar unbeherrscht und ungebildet, dabei aber schlau und tatkräftig ist (cf. 8.3.6.). Erst im Verlauf der Pentalogie vergißt man, daß es sich bei Pantagruel und Gargantua um Riesen handelt. Beider Geburt wird geschildert, beide erhalten ihrer Beschaffenheit entsprechende Namen, beider Mütter (Badebec und Gargamelle) sterben bzw. verschwinden in der Versenkung, nachdem sie ihre Funktion als Gebärerinnen erfüllt haben. Die Welt der Pentalogie ist eine Männerwelt!

Sowohl Pantagruel als auch Gargantua studieren meistensteils in Paris und führen dort ein lustiges Liederleben. Gargantua stiehlt den Einwohnern von Paris die Glocken von Notre Dame und bindet sie seinem Maultier um (I, 18 ff.), Pantagruel hebt mit seinem kleinen Finger vor der Abreise aus Orléans eine schwere Glocke in die Luft und befestigt sie im Turm, eine Glocke, die 240 Jahre in der Erde ruhte, weil niemand sie heben konnte (II, 7). Beide werden als Studenten von ihren aufgeklärten Vätern angespornt (I, 15/16; II, 8) und auf den Weg der humanistischen Studien gewiesen, dann aber übereilt aus Paris abberufen, als die Väter in Not sind. Tyrannische Feinde sind ins Land eingefallen (II, 23; I, 29). Die Söhne bewähren sich glänzend im Kampf, schlagen mit der Keule bzw. einem ausgerissenen Baum die Feinde tot (II, 24; I, 36), nehmen zahlreiche Gefangene (II, 28; I, 46 f.). Die Anspannung der Schlacht wird durch analoge komische Episoden aufgelockert: in II, 32 erforscht der Autor selber das Innere von Pantagruels Mund; Gargantua hingegen ißt sechs Pilger im Salat mit (I, 38) und pickt sie schließlich mit einem Stocher aus den Zähnen. Die Behandlung der Besiegten wird in beiden Werken ausführlich beschrieben. Picrochole wird verjagt, sein Volk aber verschont (I, 49 f.); der Dipsodenkönig Anarche degradiert, seine Untergebenen milde und in pazifistischem Geist behandelt (II, 31 f.).

Dieser kurze Überblick läßt die Ähnlichkeiten, selbst in Details, zwischen beiden Werken aufscheinen. Im *G.* -Prolog (cf. 4.3.) macht Rabelais aber deutlich, daß der *G.* hinter seinem lustigen Gewand durchaus ernsten Inhalt verberge, der »sens literal« von einem »plus hault sens« überlagert werde. Die philosophische Botschaft, die Rabelais seinen Lesern mitteilen will, muß sich also in den Episoden verstecken, die der *G.* mehr hat als der *P.* Es sind dies einmal mehrere Kapitel über Erziehung und Unterricht (I, 14; 15; 21–24), in denen Rabelais das mittelalterliche Bildungssystem verklagt, weiterhin einige Kapitel des »picrocholinischen Krieges«, dessen Ursachen in zwei Kapiteln (I, 25/26) dargelegt werden und dessen Verlauf sehr ausgeschmückt wird (I, 29–31; 45; 50–51). Es ist drittens aber auch die Stiftung der Abbaye de Thélème (I, 52–58), einer Art »Anti-Kloster«, dessen Insassen keiner Reglementierung unterworfen sind und dem Motto des »fay ce que vouldras« leben. Sie sind eine evangelische Gemeinschaft, von der Rabelais hofft, daß sie die reformatorischen Bestrebungen der Epoche in die Tat umsetzt. Wenn Plattard meinte (B. 299, S. 127), Rabelais habe mit dem *G.* nur um des kommerziellen und publizistischen Erfolges willen, den *P.* und die *Grandes Chroniques* vorgezeichnet hätten, erneut ein Thema aus diesem Bereich aufgegriffen, so reicht dies zur Erklärung der Bedeutung und der Unterschiede zwischen *P.* und *G.* nicht aus.

Im Jahr 1534/35, als der *G.* erschien, stand Rabelais nämlich im Dienste des Kardinals Du Bellay, der großen Einfluß auf die französische Politik besaß. Der *G.* ist Du Bellays Vorstellungen konform: Picrochole ist wie Karl V. gezeichnet, der als ungerechter Tyrann ein böses Ende nehmen wird; die Riesenkönige als moralische Sieger wie die Könige aus dem Haus Valois, ohne daß Einzelheiten übereinstimmen müßten. Das antischolastische Bildungsprogramm liegt auf der Linie des Kardinals, der als proevangelisch gelten darf und auch mit Thélème einverstanden sein mußte.

Der *G.* ist ein »verbesserter« *P.*, der das ausmerzt, was von Staat, Kirche und Sorbonne als zu schroff und grob inkriminiert werden konnte. Man kann aber auch mit Guilbaud (B. 65, S. 42) sagen, der *P.* sei ein Buch, das der freche Witz des Städters auszeichne, *G.* hingegen atme die Ruhe des Landlebens, »le *P.* est une œuvre en français de la Renaissance cosmopolite, le *G.* une œuvre de la Renaissance française«. Dies bedeutet aber nicht, daß Rabelais Konzessionen macht: durch seine Bekanntschaft mit Du Bellay ist seine eigene Position gefestigt, wenn auch modifiziert.

Der gewünschte Erfolg blieb jedoch aus, die »Affaire des Placards« in der Nacht vom 17. auf den 18. Oktober 1534 entflammte den Zorn des Königs gegen alles Proevangelische. Rabelais mußte untertauchen, wurde um die Früchte seiner Arbeit gebracht: auch dieses zweite Werk wurde von der Sorbonne zensiert. Die Folgezeit zerstörte seine Träume, fegte so manche Hoffnung hinweg; die Politik entwickelte sich anders, als er gewünscht hatte. Papst Paul III. versuchte, die kranke Kirche an Haupt und Gliedern zu reformieren, die Humanisten als Träger des Fortschritts zum Zug kommen zu lassen. Für den 2. Mai 1537 rief er ein allgemeines Konzil nach Mantua ein, lud Karl V., Franz I. und die protestantischen Fürsten Deutschlands dazu. Die Kirchenspaltung war jedoch nicht mehr aufzuhalten, denn die Schmalkaldener weigerten sich aus guten Gründen, am Konzil teilzunehmen; die lutherische Kirche war bereits konstituiert. Calvin hatte ebenfalls mit Rom gebrochen, 1536 war seine *Institution chrétienne,* eine neue Dogmatik, erschienen. Die Einheit der Christenheit war für immer dahin. Rabelais mußte sich für die etablierte Kirche entscheiden, wollte er seine Mäzene nicht verlieren. Erasmus blieb zwar sein Vorbild, aber einer bestimmten Gruppe fühlte er sich nicht mehr zugehörig, er wurde Einzelkämpfer. Dies um so mehr, als es Paul III. temporär gelang, die Einheit des katholischen Europa zu restaurieren. Er konnte Mailand, den alten Zankapfel zwischen Habsburg und Valois, neutralisieren, ohne die Frage definitiv zu regeln und einen zehnjährigen Frieden zwischen Franz I. und Karl V. erwirken. Beide Fürsten trafen sich 1538 in Aigues-Mortes: Rabelais war dabei anwesend, Zeichen der hohen königlichen Gunst, die er genoß.

Der Erfolg Pauls III. bedeutete ein Scheitern der Konfliktpolitik Du Bellays, für den Karl V. der Erzfeind gewesen war, gegen den er im Namen des Königs sogar bei dem protestantischen Heinrich VIII. und den evangelischen deutschen Fürsten Hilfe gesucht hatte. Doch alles war nicht verloren, denn Franz I. behielt Norditalien wegen der ungelösten mailändischen Frage im Auge: Guillaume Du Bellay, Herr von Langey und Bruder des Kardinals, wurde 1540 Gouverneur von Piemont und Inspekteur der Alpenbefestigungen. Rabelais stand in seinem Gefolge.

In Rabelais' Denken hat sich inzwischen ein geistiger Wandel vollzogen, er ist ein gebranntes Kind. Wie das Studium der Varianten der verschiedenen Ausgaben zeigt (*De Grève*, B. 173), belegen die von Rabelais selber durchgesehenen Ausgaben sowohl des *P.* wie des *G.* vom Frühjahr 1542 (B. 55, Nr. 282, 283) eine Entschärfung der Sorbonnekritik. Jetzt heißen die Theologen nicht mehr »sorbonicoles, sorbonagres« etc., sondern schlicht »sophistes«. Damit sind alle spitzfindigen Theologen gleich welchen Lagers gemeint. Waren bis dahin Reformation und Humanismus verschiedene Ausdrücke einer Denkhaltung, so haben sich die Wege beider Gruppen jetzt getrennt. Wie Marot, Erasmus, Despériers u. a. bleibt Rabelais der Orthodoxie grundsätzlich treu (cf. 6.3), ohne ihre Fehler zu entschuldigen. Das mag nur eine Geste sein, ändert nichts im Grundsätzlichen, ist aber symptomatisch für eine Verinnerlichung.

Rabelais hatte wieder kein Glück, denn ausgerechnet sein Freund Etienne Dolet fiel ihm in den Rücken. Er veröffentlichte, ebenfalls 1542, den ursprünglichen Text von *P.* und *G.* (B. 55, Nr. 284; 285), und dies ohne Wissen und Billigung Rabelais', der noch im gleichen Jahr bei Paul de Tours eine weitere Ausgabe drucken ließ, die einen »Avis de l'Imprimeur« enthält, welcher Dolet scharf angreift. Rabelais wollte seine Meinung nur »jusqu'au feu *exclusivement*« verteidigen, was bezeichnenderweise eine Variante der Ausgabe von 1542 ist. Für Calvin und seinen Dogmatismus würde er den Scheiterhaufen nicht besteigen.

Bibl.: Armitage, B. 112; *Bambeck*, B. 120; *Benson*, B. 126; *Bourrilly*, B. 135; *Cooper*, B. 161; 162; *Defaux*, B. 163; 165; *De Grève*, B. 173; *Desonay*, B. 177; *Frautschi*, B. 194; *Larmat*, B. 242; *Marichal*, B. 269; *Mölk*, B. 278; *Screech*, B. 338; 343; 344; 347; 348; *Telle*, B. 362; 363.

3.4. Der ›Tiers Livre‹

Was Rabelais nach dem Tod G. Du Bellays (1543) bis zum Jahr 1546 gemacht hat, wissen wir nicht. Ostern 1546 erscheint der *T. L.* in Paris bei Christian Wechel (B. 55, Nr. 305). Es ist das erste Werk unter Rabelais' richtigem Namen und mit königlichem Privileg vom 19. September 1545, vorher bediente er sich verschiedener Pseudonyme (Alcofribas Nasier; Séraphon Calobarsy). Rabelais genoß demnach königlichen Schutz, und man könnte meinen, er sei arriviert. Aber das täuscht; denn auch dieses Werk wird nach dem Erscheinen von der Sorbonne indiziert, Rabelais zieht es vor, über die Landesgrenze nach Metz auszuweichen. Der *T. L.* hat im Vergleich zu *P.* eine andere Tonlage, will offenkundig keine Parodie der Ritterromane mehr sein. Dialoge sind wichtiger als Aktionen; der Autor ist allgegenwärtig, die Komik intellektueller, weniger obszön und grob, alles subtiler und weniger holzschnittartig.

Auch dieses Buch hat Vorläufer, die nicht von Rabelais stammen, so wie die »Chroniques gargantuines« einst *P.* und *G.* den Weg bereiteten. Es handelt sich einmal um ein erstmalig 1538 (B. 55, Nr. 290–293) erschienenes Werk, *Le Disciple de Pantagruel* (auch: *Navigations de Panurge,* mod. ed. P. Lacroix, Paris 1875; jetzt B. 65 Bd. V, 239–282), dessen Autor bis heute nicht eindeutig identifiziert werden konnte, auch wenn einiges für Jean Quentin (Quintet; 1500–1561) spricht. Er zeichnete sich durch seine ausgesprochene Orthodoxie in Glaubensfragen aus, und der *Disciple* ist dementsprechend platt und mittelmäßig. Neben Panurge wird dem Riesen Bringuenarilles und seinen Abenteuern viel Platz eingeräumt. Rabelais hat zwar erst später für den *Q. L.* einige Episoden daraus übernommen (Andouilles, Lanternes), muß das Werk aber schon eher gekannt haben, denn der *T. L.* ist bereits die Überleitung zu *Q. L.* und *C. L.*, die ähnlich wie die *Navigations de Panurge* eine Reise und ihre einzelnen Stationen schildert. Dies spricht für eine einheitliche Konzeption wenigstens der letzten drei Bücher, obwohl der *T. L.* das intellektuellste Stück der Pentalogie ist und sich damit von den Abenteuern der letzten beiden Büchern abhebt.

Weiterhin verdient ein Werk aus dem Jahr 1542 Erwähnung, *Songe de Pantagruel,* das bei A. Saulnier in Paris erschien (B. 55, Nr. 502) und dessen Verfasser möglicherweise François Habert ist. Im Traum bittet dieser Pantagruel alle möglichen Freunde und Bekannten, ihm bei der Suche nach der Wahrheit zu helfen, bis Gargantua erscheint und ihm rät, ein ernsthaftes junges Mädchen zu freien. Auch sonst finden sich Themenüberschneidungen wie das Problem des Schuldens und Borgens, der ungerechten Justiz, der habgierigen Mönche. Rabelais' Originalität liegt nicht zuletzt darin, daß er, statt wie im *Songe* den König Pantagruel, den heruntergekommenen Adeligen und Scholaren Panurge zur Zentralgestalt des *T. L.* erhebt, der das genaue Gegenteil des moralisch integren Pantagruel ist.

Die Rabelais-Forschung hat nacheinander folgende Problemkreise zur Zentralidee des *T. L.* erhoben: Lefranc (B. 254) meint, die »querelle des femmes« sei das Kernstück, da 40 von 52 Kapiteln des *T. L.* der Heiratsproblematik gälten. Seit dem Mittelalter bewegte die Männer die Frage, ob die Frau ein Engel oder ein Teufel sei, wonach sich auch ihre Rechts- und Sozialstellung bemaß, die mit der Verbürgerlichung des 16. Jhdts. immer stärker wurde (cf. 1.1.).

Da Rabelais ein Freund Tiraqueaus und Amaury Bouchards war, die beide Position in diesem Streit bezogen hatten, konnte er nicht indifferent bleiben. Saulnier (B. 326) u. a. haben darauf hingewiesen, daß die Frauenfrage nur vordergründig ist. Dahinter verbirgt sich das allgemein menschliche Problem von individueller Freiheit und gesellschaftlichem Zwang sowie das theologische von freiem Willen und Prädestination (cf. 6.4. und 6.5.), nicht zuletzt auch der Wunsch des Menschen, in die Zukunft zu sehen und sein eigenes Geschick vorherbestimmen zu wollen. Darauf gibt es keine bündige Antwort, nicht von Ärzten, Juristen, Philosophen, Sybillen noch Propheten. Jeder ist seines Glückes Schmied und muß sein Schicksal selber in die Hand nehmen. Auch die Orakelfahrt kann hier keine Hilfe bringen, sondern allenfalls den Leitspruch der Abbaye de Thélème bestätigen. – Screech (B. 339) sieht im *T. L.* eine Satire der Philautie, des überspitzten Egoismus. Panurge will selber nur Schulden machen und vom Geld der anderen leben, und wenn er eine Frau sucht, tut er dies auch aus Selbstsucht, um in Not und Krankheit versorgt zu sein. Die Riesen sind das Modell der christlichen »caritas«, der evangelischen »agape«, aber sie sind eben unerreichbare Riesen; Panurge, das Menschlein, handelt wie alle Menschen. – Von Screech ist der Schritt zur Deutung von Paris (B. 290) nicht mehr weit, der das *T. L.* marxistisch und strukturalistisch betrachtet. Für ihn zeigt der Roman eine Krise an: die Bourgeoisie sei in einen traditionalistischen und einen radikalen Flügel zerfallen, Pantagruel stehe für den Konservatismus, beharre auf Ehe, Familie und Barzahlung, während Panurge den neuen Zeitgeist verkörpere und für freie Liebe, Unabhängigkeit von den Eltern, Schuldenmachen und bargeldlosen Zahlungsverkehr eintrete.

Alle Deutungen haben etwas für sich, was einmal mehr den Allegorismus der mittelalterlichen Exegese bestätigt (cf. 4.5.). Im übrigen ist der *T. L.* dem Gedenken an Königin Margarethe von Navarra († 1549) gewidmet, die geistreiche Schwester König Franz' I., die mit ihrer religiösen Lyrik, ihren Dramen und insbesondere der Novellensammlung *Heptaméron* vermutlich ihrem Dichterkollegen zu seinem Druckprivileg verhalf. Da sie stark platonisch-mystische Neigungen hatte, will der Autor vermutlich auch seinem Werk einen allegorisch-anagogischen Sinn beimessen, der über die platte Heiratsfrage hinausverweist.

Bibl.: *Lefranc*, B. 254; *Paris*, B. 290; *Saulnier*, B. 325; 326; *Screech*, B. 339.

3.5. Der ›Quart Livre‹

Am 1. März 1547 starb König Franz I., »Monsieur François qui est tout françois«, wie die Generalstände von Tours sich treffend ausgedrückt hatten. Rabelais war betrübt, seinen hohen Protektor verloren zu haben, aber auch dessen Sohn und Nachfolger Heinrich II. bewahrte ihm wie Kd. Du Bellay eine Zeitlang seine Gunst. Es gibt Interpreten (*Marichal*, B. 269), die im Q. L. (¹1548) sogar eine Herausforderung an die Sorbonne erblicken, die sich Rabelais nur habe erlauben können, weil er sich von seinen neuen Gönnern gedeckt wußte. Noch in Metz hatte er den T. L. fortgesetzt, wie es im 46./47. Kapitel angelegt war, »Comment Pantagruel et Panurge délibèrent visiter l'oracle de la Dive Bouteille«, aber auch II, 34 stand immer noch im Raum, »Comment Panurge fut marié et cocqu dès le premier mois de ses nopces.« Von dieser Fortsetzung (B. 70; B. 55, Nr. 313; 314) waren elf Kapitel beendet (die späteren Kapitel 1–25), als Rabelais 1548 auf dem Weg nach Rom durch Lyon kam, wo er sie dem Drucker P. de Tours übergab. Warum er das völlig unfertige Manuskript aus den Händen ließ, wissen wir nicht genau. Möglicherweise war Geldmangel im Spiel, denn in einem Brief aus Metz an Du Bellay beklagt er sich, daß er dahinvegetiere (»vivoter«). Vielleicht wollte er, wie angedeutet, der Sorbonne eins auswischen, ehe der neue König seine Meinung änderte.

Das Manuskript endete, wie der Druck von 1548, vermutlich mitten im Satz – solche Eile hatte der Dichter. Dies erlaubt es uns, einen kurzen Blick in seine schriftstellerische Werkstatt zu werfen, denn die Überarbeitung von 1552 unterscheidet sich erheblich von ¹1548. In dem sog. Alten Prolog der 1. Ausgabe unterhält sich Rabelais mit seinen Lesern und gibt indirekt deren Urteil über den T. L. wieder. Das Buch habe ihnen gefallen, aber sein »vin«, seine Heiterkeit, sei offensichtlich nicht genug ausgeprägt gewesen (B. 64 II, S. 573). Man habe ihn um eine Fortsetzung der Geschichte Pantagruels gebeten, die wieder mehr lachen mache: diese lege er jetzt vor.

Der römische Aufenthalt im Sommer 1548 bot ihm einige Entspannung. Du Bellay nahm ihn wieder ganz in seinen Kreis auf. Die Aufführung der Sciomachie im Februar 1549 zeigt die Unbeschwertheit des Lebens (*Cooper*, B. 162), welches der

Kardinal und seine Freunde führen konnten. Ende September 1549 kehrte Rabelais mit dem alternden Kardinal zurück, der resignierte, weil der Stern der Guise am Horizont auftauchte und sein eigenes erfolgsgewohntes Gestirn überschattete. Rabelais mußte sich einen neuen Freund und Gönner suchen, und wie nötig dies war, zeigen die Angriffe, die 1550 von Du Puy-Herbault und Calvin gegen ihn geführt wurden (cf. 6.4.). Rabelais war zwischen zwei lodernde Feuer geraten. Nur beim neuen König konnte er Heil und Hilfe finden, und dies über einen Mittelsmann.

Dieser war der Kardinal von Beauvais und Toulouse, Odet de Châtillon (1517–1571) aus der bekannten Familie Coligny, Bruder des späteren Hugenottenführers Admiral Gaspard de Coligny. Er trat 1564 zum Protestantismus über und flüchtete nach England, stand aber um 1550 noch in hohem Ansehen bei Hofe und vergab die Druckprivilegien. Er erwirkte noch im gleichen Jahr eine zehnjährige Druckerlaubnis für Rabelais. Zum Dank dafür dedizierte ihm Rabelais die vollständige erweiterte Ausgabe des Q. L. von 1552. In der Widmung schreibt er, »Car par vostre exhortation tant honorable, m'avez donné et couraige et invention, et, sans vous m'estoit le cueur failly et restoit tarie la fontaine de mes esprits animaulx« (B. 64 II, S. 9).

Um sich den königlichen Schutz für lange Zeit zu sichern, schlägt Rabelais im Q. L. von 1552 andere Töne an als im T. L. Während dort die aufrührerischen, alle Wertesysteme in Frage stellenden Paradoxa des Panurge das Feld beherrschten, dienen mehrere Episoden des Q. L. dazu, die Bedeutung des sozialen Friedens und die Notwendigkeit der »modération« zu unterstreichen: Gleich zu Beginn des Buches stellt Pantagruel die Verbindung zu seinem Vater her, der die Reise billigen muß und über alles wichtige auf dem laufenden gehalten wird (IV, 1–4). Der Handel zwischen Panurge und Dindenault um einen Hammel endet zwar für Dindenault tödlich, weil er Panurge ohne Grund beleidigt hat, ist aber letztlich auch ein Appell an Friedfertigkeit und Freundlichkeit (IV, 5–8), und auch die folgenden Episoden (Insel Ennasin IV, 9; Schickaner IV, 12–16; Seesturm IV, 17–24) sollen zeigen, daß Großzügigkeit und Nachgiebigkeit Richtschnur allen Sozialverhaltens sein müssen. Der Q. L. hat jedoch nicht mehr die Kraft der ersten Bücher, da häufig Allegorien an die Stelle von Abenteuern treten und das ganze Buch durch den steten Wechsel von Episoden auf See und auf den einzelnen Inseln, die von der Flotte angelaufen werden, etwas Mechanistisches hat. Wenn Rabelais im Prolog auch vorgibt, guter Dinge zu sein, so darf man sich nicht täuschen lassen. Die Widmung an Odet de Châtillon belegt, daß er den Schock von 1549/50 noch nicht überwunden hat:

»Aber die Verleumdung gewisser Kannibalen, Misanthropen und Agelasten hatte gegen mich so übel und unsinnig gewütet, daß meine Geduld erschöpft war und ich mir fest vorgenommen hatte, kein Iota mehr zu schreiben. Denn eine ihrer geringsten Schmähreden war der Vorwurf, all diese Bücher seien gespickt mit mancherlei Ketzereien (konnten jedoch an keiner Stelle auch nur eine einzige nachweisen). Freilich, schnurrige Alfanzereien gibt es die Menge, nur daß sie Gott und den König nicht schmähen. Das und sonst nichts ist Stoff und Thema dieser Bücher. Von Ketzereien keine Rede, es sei denn, man lege sie böswillig aus und deute sie entgegen jedem Sprachgebrauch und wider alle Vernunft...« (B. 79 II, S. 799).

Frankreich befindet sich in einer Krise: Heinrich II. streitet mit dem Papst um seine Rechte, und Rabelais tritt ihm zur Seite, wenn er mit IV, 48–54 die Papimanen verhöhnt! Rabelais' Ernsthaftigkeit mag man auch daran ablesen, daß die Ausgabe von 1552 nicht mehr als Autor »François Rabelais, docteur en Medecine et Calloier des Isles Hieres« nennt, wie noch die Editionen des Q. L. von 1548 und des T. L. von 1546/47. Hinter dem Titel verbarg sich nämlich eines der üblichen Pseudonyme unseres Autors respektive seines Titels: »Callojer« heißt soviel wie »schöner Priester, schöner Mönch«, assoziiert aber auch »les couilles«; die Hyerischen Inseln liegen vor der Küste der Provence in der Höhe der Stadt Hyères und waren ein notorischer Schlupfwinkel für Piraten, außerdem klingt das griechische Wort für Arzt darin an.

Dennoch fehlt die religiöse Dimension im Q. L. nicht; bezeichnenderweise singen Pantagruel und seine Gefährten bei der Abreise von Utopien den 114. Psalm »Da Israel aus Ägypten zog« in der französischen Übersetzung von Clément Marot. Dies ist nicht so harmlos, wie es klingt, denn es war das Kampflied der französischen Protestanten. Auch mag man im Namen des Flottenschiffs Thalamège ein Omen sehen. Thalamège heißt zwar Hausboot, assoziiert aber auch Thélème! Thalamège könnte das Schiff sein, welches Thélème und seine Hoffnungen trägt, die sich unter allen möglichen Umständen bewähren müssen. Jede Episode symbolisiert ein Hindernis gegen die Realisation der Wünsche der Evangelischen, aber auch das Meer mit Stürmen und Gefahren stellt die evangelischen Ideale in Frage. Es sei aber noch einmal unterstrichen, daß Rabelais weder die Sache der orthodoxen Katholiken noch der neuen protestantischen Kirche vertritt, sondern sich selber und seinen evangelisch-erasmianischen Idealen treu bleibt, und dies scheint auch das einzige Band der Einheitlichkeit zu sein, das alle Bücher der Pentalogie umschlingt.

Bibl.: Busson, B. 144; *Cooper,* B. 162; *Droz,* B. 183; *Lebègue,* B. 248; *Marichal,* B. 267; 269; *McNeill,* B. 275; *Tetel,* B. 370; *Thomas,* B. 371.

3.6. Der ›Cinquiesme Livre‹

Sofort nach seinem Erscheinen wird der Q. L. am 1. März 1552 (B. 55, Nr. 201; 202) von der Sorbonne wegen seiner Attacken gegen Papst und Mönchstum und seiner evangelischen Ideen verboten. Der Verkauf scheint aber nicht darunter gelitten zu haben, denn Rabelais besaß noch einflußreiche Gönner. Er hatte aber nur noch ein Jahr zu leben, denn wenn sich die Tradition nicht irrt, starb er am 9. April 1553. Dennoch erschien neun Jahre später ein weiteres Werk unter seinem Namen, *L'Isle sonante par M. Francoys Rabelays* (s. l.; 1562; B. 55, Nr. 325), das 16 Kapitel umfaßte, die eine heftige Satire auf den Klerus (V, 1–10), die Justiz (V, 11–15) und das Steuerwesen (V, 16) darstellen. Diese reicht in ihrer Eindeutigkeit weit über das hinaus, was wir sonst aus Rabelais' Feder gewöhnt sind. Dieser Teildruck wurde 1564 unter dem Titel *Le cinquiesme et dernier livre des faicts et dicts heroïques du bon Pantagruel* (Lyon; B. 55 Nr. 326) vervollständigt.

Der Wortlaut deckt sich, mit Ausnahme von V, 16 (Apedeftes), mit dem der Ausgabe von 1562, soweit beide die gleichen Kapitel haben. Zwei weitere Einzelausgaben erschienen 1565 (B. 55, Nr. 327; 328). Weiterhin entdeckte man 1840 in der Bibliothèque Nationale ein Manuskript des *C. L.* (ms. fr. 2156) von der Hand eines unbekannten Kopisten des 16. Jhdts., das wichtige Varianten aufweist. Leider können wir dieses Manuskript nicht genauer chronologisch einordnen. Aus den drei vorgenannten Textstufen setzt sich die definitive Fassung des *C. L.* zusammen.

Dieser Teil der Pentalogie hat der Rabelais-Forschung eines ihrer schwierigsten und kontroversesten Probleme aufgegeben – das der Autorschaft (cf. 4.2.). Trotz neuerer Untersuchungen bestehen noch zu viele offene Fragen, als daß man annehmen könnte, das letzte Wort sei in dieser Angelegenheit gesprochen. Die ältere Annahme hat immer noch einiges für sich, daß die Gesamtanlage und der 1. Teil des *C. L.* (*Isle Sonante*) von Rabelais stammen und daß nach seinem Tod ein kongenialer Bearbeiter den *C. L.* aus dem Nachlaß herausgegeben hat. Wiederholungen und lange Exzerpte fremder Autoren (z. B. Colonna) wären von Rabelais selber vermutlich geglättet worden. Der Tonfall dieses Buches ist durchgehend satirisch, im Unterschied zu früheren Werken eindeutig und unterscheidet sich auch von der sonst feststellbaren poetischen Konzeption Rabelais'. Dennoch steht der *C. L.* nicht isoliert da, ist nicht etwa nur ein antikatholisches Pamphlet. Die Fahrt endet beim Orakel der Dive Bouteille, dessen Lösungswort »Trinch« eine modifizierte Botschaft der Abbaye de Thélème ist. Auch die Hauptgestalten wie Pantagruel, Panurge und Frère Jean entwickeln sich im *C. L.* kontinuierlich weiter und sind mit solchen Eigenschaften ausgestattet, wie wir sie aus früheren Büchern kennen.

Es läßt sich also zusammenfassen: der Pentalogie liegt keineswegs von Anfang an eine einheitliche Konzeption zugrunde. Das Werk wurde in seinem über zwanzigjährigen Entstehungsprozeß immer wieder den veränderten politischen Verhältnissen angepaßt; zahlreiche Aussagen überschneiden sich. Erkennbar ist jedoch das Bemühen, die Pentalogie im Nachhinein als einheitlich erscheinen zu lassen; erkennbar ist auch der Wille des Autors, auf die religiösen und politischen Fragen der Zeit eine Antwort zu geben, die sich allerdings nicht mit der deckt, die die großen Theologen und Philosophen in ihren gelehrten Fachschriften vorgeschlagen haben.

Bibl.: Glauser, B. 201; *Kline*, B. 226; *Masters*, B. 270; *Petrossian*, B. 293.

4.1. Rabelais und die ›Chroniques gargantuines‹

Bis zu Beginn des 19. Jhdts. nahm man noch fest an, das Dichtergenie Rabelais habe den gesamten Stoff seiner Romane auch erfunden, bis der Rabelaiseditor Johanneau (B. 58) erkannte, daß Gargantua eine im Volksmund heimische Sagengestalt sei. Diese sog. folkloristische These wurde bestätigt, als 1834 der Bibliophile J.-Ch. Brunet ein Exemplar der *Grandes et inestimables croniques du grant et enorme geant Gargantua* (Lyon, J. Moderne, 1532; B. 55, Nr. 249, insgesamt 18 Kapitel) entdeckte, von der heute noch vier Exemplare bekannt sind, darunter ein ganz vollständiges in der Bayer. Staatsbibliothek in München. Brunet schrieb dieses Werk zuerst zwar Rabelais zu, korrigierte aber noch im gleichen Jahr seinen Irrtum. Andere Gelehrte schlossen sich ihm an und bewiesen mit Hilfe der Stilanalyse, daß Rabelais nicht der Autor der *Grandes chroniques* sein könne. Da diese auf der am 4. August 1532 in Lyon beginnenden Buchmesse erschienen, der *P.* aber erst auf der Anfang November des gleichen Jahres eröffneten Herbstmesse, vielleicht sogar erst im Frühjahr 1533 (*Françon*, B. 190; 191), sind die *Grandes chroniques* mindestens ein Vierteljahr älter als der *P.*

In einer Gehaltsliste des Bischof von Limoges aus dem Jahr 1470 kommt bereits der Name »Gargantuas« (hier als Spitzname) vor, und Volkskundler machten den Namen Gargantua in Ortsbezeichnungen und Redewendungen aus. Auch die Gestalt des Pantagruel ist nicht von Rabelais erfunden worden. Er ist seit Ende des 15. Jhdts. in verschiedenen Mysterienspielen als Durstteufel nachweisbar, der den Menschen im Schlaf Salz in den Mund streut. Lefranc (B. 253) zitiert eine entsprechende Stelle aus dem ms. fr. 24. 331 der Bibliothèque Nationale.

Die Abhängigkeit des *P.* von den *Grandes chroniques* ist im übrigen nicht sehr groß. Obwohl sich Rabelais im *P.*-Prolog auf die *Grandes chroniques* beruft, können sowohl er wie auch deren Verfasser unabhängig voneinander einen im Volk bekannten und beliebten Sagenstoff behandelt haben; der Autor der *Grandes chroniques* kam Rabelais um weniges zuvor. Ähnlichkeiten finden sich allenfalls am Anfang und am Ende des *P.*, wo Geburt und Jugend bzw. der Dipsodenkrieg beschrieben werden (II, 2; 4; 25–33). Dies schmälert aber keinesfalls die originelle schriftstellerische Leistung Rabelais', denn er hat nur

Namen und den biographischen Gesamtrahmen aus der Tradition übernommen.

Das Problem der Vorläufer Rabelais' wird aber noch dadurch kompliziert, daß die *Grandes chroniques* nicht das einzige Werk im Umfeld der Pentalogie sind, sondern daß man weitere sog. »Chroniques gargantuines« fand, die alle um 1532/34 gedruckt worden sind.

Im Jahr 1909 entdeckte Seymour de Ricci *La grande et merveilleuse vie du trespuissant et redoubté roy Gargantua* (Paris, G. Soquand, s. d.; B. 55, Nr. 254), ein Werk, das man aufgrund eines Akrostichons am Schluß dem sonst nicht weiter bekannten Pariser Buchhändler François Giraud zuschreiben konnte. Daneben tauchten auf *Le vroy Gargantua notablement omelyé* (Lyon, 1533; B. 55, Nr. 255, mod. ed. B. 110 und B. 65 II, S. 285 ff.; insgesamt 31 Kapitel mit Schwerpunkt auf den Taten des Zauberers Merlin) sowie *Les croniques admirables du puissant roy Gargantua, ensemble comme il eut à femme la fille du Roy de l'Utopie nommée Badebec, de laquelle il eut ung filz nommé Pantagruel* (s. l., s. d., B. 55, Nr. 256; mod. ed. B. 108 und Rochecorbon 1956, ed. M. Françon). Dieses letzte Werk mit 41 Kapiteln bietet die meisten Details und faßt alle anderen Chroniken zusammen. Es ist zudem die einzige Chronik, in der nicht nur Gargantuas Sohn Pantagruel eine besondere Rolle zukommt, sondern auch seinem Vetter Galimassue.

Alle »Chroniques gargantuines« sind äußerst naiv geschrieben, heben meist nur auf den Riesenwuchs des Helden Gargantua und seine daraus resultierenden Taten ab. Ihr literarischer Wert ist gering zu veranschlagen, die Komik platt, die Übertreibungen ohne Kunstverstand. Wir könnten diese Bücher getrost den Volkskundlern überlassen, wenn die *Grandes chroniques* nicht vielleicht doch Quelle oder Auslöser des *P.* und auch des *G.* wären. Aber selbst wenn dem so ist, hat Rabelais im *P.* nur relativ wenig Einzelheiten aus diesen Vorbildern übernommen. Die Unterschiede überwiegen: der Autor der *Grandes chroniques* will sein Publikum nur durch Burleske, grobschlächtige Komik und Übertreibungen erfreuen. Märchenhafte Elemente überwiegen, eine Brücke zur Gegenwart läßt sich nicht schlagen, die politische oder religiöse Satire fehlt gänzlich. Merlin und König Artus sind neben den Riesen weitere Hauptbezugspersonen.

Eine Einschränkung gilt hinsichtlich des *G.* (1534), den man tatsächlich als eine Bearbeitung der *Grandes chroniques* in ihrer ersten Fassung bezeichnen könnte. Die *Croniques admirables* hingegen inkorporieren Rabelais' Erfindungen, die den *P.* betreffen.

Rabelais übernimmt für den *G.* aus den *Grandes chroniques* das 10. Kapitel über die Ausstattung Gargantuas mit Kleidern (I, 8), das 9. Kapitel über seine Freßsucht (I, 4; 21), Kapitel 8 über die Glocken von Notre-Dame (I, 17–19), Kapitel 4, die große Stute, die den Wald von Beauce und Champagne niederlegt (I, 16), Kapitel 5 über die Kraft der Brüste der Gargamelle beim Säugen (I, 7), Kapitel 9, die Keule Gargantuas (I, 36), Kapitel 17, die Gefangenen im hohlen Zahn, die allerdings zu Pilgern werden (I, 38).

Die Ähnlichkeiten sind demnach recht groß, wobei wir den szenischen Aufbau – Abstammung, Jugend, Waffentaten – bisher außer acht gelassen haben. Es stellt sich erneut die Frage, warum Rabelais nach dem *P.* noch den *G.* geschrieben und diesmal wohl wirklich eine Fassung der *Grandes chroniques* in Teilen überarbeitet hat, wobei wir das Verhältnis zu den übrigen »Chroniques gargantuines« auf sich beruhen lassen. Zwei Antworten wurden bereits gegeben: er wollte den kommerziellen Erfolg wiederholen und weiterhin gewisse Ideen zurechtrücken, die seine Gönner hätten falsch verstehen können. Der Hauptgrund scheint aber ein anderer zu sein, und diese Deutung ermöglicht der Autor selber mit seinem Prolog. Sein Werk soll nicht bloß wie die Volksbücher oder Chroniken vordergründiger Erbauung dienen, sondern so gelesen werden, daß sich mehrfache Sinnschichten ergeben, die Hinweise auf das rechte Verhältnis des Menschen zu Gott, dem Staat und der Familie enthalten und das Problem von Determination und Willensfreiheit lösen helfen (cf. 4.3.).

Bibl.: Armitage, B. 112; *Dontenville,* B. 180; *Françon,* B. 190; 191; *Krüper,* B. 236; *Larmat,* B. 244; *Lefranc,* B. 253; *Sainéan,* B. 317.

4.2. Die Authentizität des ›Cinquiesme Livre‹

Die Frage, ob der *C. L.* authentisch ist, hat bis heute noch nicht eindeutig entschieden werden können. Die Anhänger beider Richtungen, d. h. sowohl die, die an die Echtheit glauben, wie die, die sie bestreiten, behaupten mit gleicher Lautstärke, die richtige Lösung gefunden zu haben.

Der Streit währt inzwischen bereits über 400 Jahre, denn 1573 erschien die *Prosopographie* (Lyon) des Antoine Du Verdier (1544–1600), ein erstes bibliographisches Handbuch der französischen Literaturgeschichte, in dem die *Isle Sonante* einem Studenten aus Valence zugewiesen wird. Etwas später schreibt der Lyoner Arzt

Louis Guyon in seinen *Diverses Leçons* (Lyon, 1604), Rabelais sei nicht der wahre Autor des *C. L.* Wie man inzwischen nachweisen konnte, hat Du Verdier den *C. L.* mit einem anderen, ähnlich lautenden Titel verwechselt, Guyon Rabelais in apologetischer Absicht vom Verdacht der Ketzerei reinwaschen wollen, der nicht zuletzt mit dem *C. L.* begründet wurde.

Daß es seit dieser Zeit zum Aufeinanderprallen diametraler Meinungen über die Echtheit kommen konnte, liegt einmal an der bereits erwähnten Textgeschichte des Werkes (cf. 3.6.), zum anderen an werkimmanenten Gesichtspunkten, auf die noch einzugehen sein wird. Die 1562 erschienene *Isle Sonante* hat keinen Prolog, den die Ausgabe des *C. L.* von 1564 vollständig, das ms. fr. 2156 der BN unvollständig aufweisen. Das ominöse Kapitel 16 der »Apedeftes« (= Ignoranten), eine Satire auf die Steuerpraktiken der Zeit, steht nur in der *Isle Sonante;* die Episode »du Bal de la Quinte« (V, 23/24) ist nur im *C. L.* enthalten, die »du Soupper des dames lanternes« (V, 32 bis) allein im ms. fr. 2156. Alle drei Textstufen divergieren also mindestens bezüglich vier Kapiteln, aber auch die Textgestalt der miteinander übereinstimmenden Kapitel ist heterogen, an manchen Stellen sogar unverständlich, da keiner der Textzeugen eine befriedigende Auskunft vermittelt. Die Druckvorlage der *Isle Sonante* muß sehr unvollkommen gewesen sein; sie enthielt Lücken und Auslassungen, die der Herausgeber oder Drucker nach eigenem Vermögen ausgefüllt hat. Das ms. fr. 2156 hat diese Lücke getreulich übernommen, allerdings ist sein Schreiber bar jeden Wissens und einschlägiger Kenntnisse der Nautik, Geographie, Geschichte, Mythologie etc., so daß seine Kopie stark im Wert gemindert ist. Einige Herausgeber *(Boulenger,* B. 62) drucken den Beginn des *C. L.* nach dem Wortlaut der *Isle Sonante* und das Ende nach dem Ms. ab, wobei beide Texte durch das *C. L.* korrigiert werden; andere *(Jourda,* B. 64) greifen nur auf die Drucke zurück und korrigieren an Hand des Ms., wo es ihnen sinnvoll erscheint. In jedem Fall sind das Fehlen einer textkritischen Ausgabe wie die Ungewißheit über die Abhängigkeit der Textzeugen voneinander höchst bedauerlich und erschweren eine eigene Stellungnahme.

Es scheint aber auch sicher, daß der *C. L.* Bearbeiter gehabt hat, denn wie sollte man sonst den evidenten Anachronismus in V, 19, 348 n. 1., einen Hinweis auf ein Buch, welches nach Rabelais' Tod erschien, erklären oder die Tatsache, daß das Werk in unterschiedlicher Form neun bzw. elf Jahre nach dem Tod seines vermeintlichen Autors veröffentlicht wurde?

Die Positionen der wichtigsten Rabelais-Forscher in der Authentizitätsfrage lassen sich in vier Gruppen zusammenfassen:

1. Der *C. L.* stammt *in toto* keinesfalls von Rabelais. Er ist das Werk eines geschickten Plagiators oder Imitators, eines hugenottisch gesonnenen Pamphletisten, der damit die Katholische Kirche, den Papst und den König angreifen wollte, um so seine Glaubensgenossen bei Ausbruch der Religionskriege (1562) noch einmal anzustacheln (F. Brunetière, G. Lanson, G. d'Orcet, P. P. Plan u. a.).

2. Der *C. L.* ist insgesamt von Rabelais, denn er zeigt »la griffe du maître«; kein anderer Autor wäre fähig gewesen, ihn zu schreiben (F. Audiger, P. Lacroix, J. Le Duchat, Ch. Le Normant u. a.).

3. Die *Isle Sonante* und der Großteil der letzten 32 Kapitel stammen mit größter Wahrscheinlichkeit von der Hand Rabelais', der jedoch nur ein unbearbeitetes Konzept hinterlassen hat, welches von jemanden überarbeitet worden sein muß. Der Text als solcher ist von der gleichen Geisteshaltung getragen wie die gemeinhin als authentisch anerkannten vier ersten Bücher (J. Boulenger, A. Lefranc, L. Sainéan, W. F. Smith, A. Tilley).

4. Einzelne Kapitel des *C. L.* sind zweifellos von Rabelais, aber das Werk als ganzes entbehrt der Subtilität, der wohldosierten Ironie und Komik seiner Vorläufer. Seine Authentizität sollte zumindest so lange umstritten bleiben, als bis sie objektiv bewiesen ist (P. Jourda, G. Lote, J. Plattard, P. Villey).

Interessant mag noch der Hinweis auf die vermutlichen Imitatoren oder Überarbeiter sein. Man hat das Werk dem Humanisten und Drucker Henri Estienne (1539–1598) zuschreiben wollen, der eine *Apologie pour Hérodote* hinterlassen hat, in der der Aberglaube und die Wunderlehren der katholischen Kirche verhöhnt werden. In diesem Pamphlet, das eines Rabelais wohl würdig ist, hebt Estienne darauf ab, daß die Glaubenswelt der Katholischen Kirche nicht einmal über den geistigen Horizont des griechischen Historikers Herodot hinausreiche. Aber Estienne hat mit dem *C. L.* nichts zu tun. So verfiel man aus verschiedenen Gründen auf Rabelais' Freund Jean Quentin, Dekan der Pariser Juristenfakultät, den der Autor in III, 34, 547 selber erwähnt, weiter auf den Arzt Jean de Mayerne, der sich Jean Turquet nannte bzw. auf Rabelais' Freund Tiraqueau. Grund für diese Annahmen ist ein mit »Nature Quite« unterzeichnetes Epigramm, welches sich auf dem Verso des letzten Blattes der Ausgabe von 1564 findet, das man lange als Anagramm einiger der vorerwähnten Namen ansah. Keine dieser z. T. mit großem Scharfsinn begründeten Hypothesen erwies sich jedoch als stichhaltig.

Den letzten Stand der Diskussion der Authentizitätsfrage bieten zwei Arbeiten, die jüngst erschienen sind und mit völlig verschiedenen Methoden zu entgegengesetzten Urteilen kommen: Glauser (B. 201) will mit immanenten Kriterien die Unechtheit des *C. L.* beweisen, Petrossian (B. 293) mit durch einen Computer erstellten statistischen Analysen die Echtheit.

Glauser untersucht die Entstehungsgeschichte, die Struktur, die Komik, die Personenkonstellationen und die Zentralthemen des *C. L.* und kommt zu dem Urteil, daß sie eindimensional und nicht polyvalent seien, daß der Autor monologisiere und beschreibe, statt das Gespräch mit den Lesern zu suchen und seine Handlungsträger miteinander sprechen zu lassen. Auch kämen der /die Verfasser des *C. L.* nicht über die früheren Bücher hinaus, die sie plagiierten, statt weiterzubilden. Die satirische Absicht des *C. L.* sei viel deutlicher erkennbar als zuvor, die Spitzen gegen die katholische Kirche und das Pariser Parlament schärfer. So könne nur ein Protestant schreiben, der seine Glaubensbrüder im Jahr 1562 habe anstacheln wollen, als das Parlament von Paris die Registrierung eines von Michel de l'Hôpital eingebrachten Edikts verweigerte, welches den Protestanten Religionsfreiheit bescheren sollte. Dieser spektakuläre Vorgang habe bekanntlich die Religionskriege ausgelöst. Rabelais sei aber 1550 von Calvin scharf angegriffen worden und würde kaum für die Protestanten eine Lanze gebrochen haben; zudem sei die Übersteigerung ins Gigantisch-Groteske und Obszöne zu klein geraten, damit mißlungen. Die Personen seien nicht mehr sie selber, erschienen gekünstelt und unschlüssig, ihr Tun inkongruent. Breiten Raum nähmen zwar Themen wie Fasten und Freßsucht, Gesundheit und Krankheit, Exotismus, Musik sowie Bezüge auf die Touraine, Rabelais' engere Heimat, ein, die aus den früheren Büchern bekannt seien, doch würden sie hier nicht in kontrastiver Absicht eingesetzt, sondern ganz naturalistisch behandelt. Glauser macht sicherlich treffende Beobachtungen, die aber immerhin so subjektiv sind, daß sie keinesfalls Beweiskraft beanspruchen können.

Einen in der Rabelais-Forschung ganz neuen Weg ist Petrossian gegangen, denn er operiert mit Wortfrequenzen. Er wählt zu diesem Zweck 25 Testwörter aus, die nicht für Rabelais spezifisch sind und sich also häufig bei anderen Autoren wiederfinden. Sie sind zudem so funktional, daß sie einem Pasticheur kaum als Besonderheit auffallen dürften.

Es handelt sich um die Konjunktion *et*, das Adverb *comme*, die Adjektive auf *-ique*, die Adverbien auf *-ment*, *autre*, *bien*, *gros*, *plus*, Redewendungen wie *c'est-à-dire*, *c'était*, *c'étaient*, *savoir est*, *toutefois*, *voire* und die Zahlwörter *cent*, *mille*, *quatre* und *trois*. Einem Computer wurden je 16 Kapitel der ersten vier Bücher (= 55.967 Wörter oder 30% des Gesamtwerks) eingespeist sowie zum Vergleich drei zeitgenössische verwandte Texte: die anonymen *Navigations de Panurge* (1543), Despériers' *Nouvelles Récréations* (1558) und Noël du Fails (1520–1591) *Propos Rustiques* (1544), die mit Sicherheit nicht von Rabelais stammen, sowie zur Kontrolle die *Sciomachie* und die 48er Ausgabe des *Q. L.*

Der Computer lieferte eine Frequenzliste, in der die Adjektive auf *-ique* und *-ment* als einzige Testwörter signifikante, d. h. rechnerisch meßbare Unterschiede zu den Kontrolltexten aufwiesen. Während sie in den ersten vier Werken im Mittel auf 1000 Wörter 2,55 bzw. 8,30 mal vorkamen, tauchten sie in den Kontrolltexten nur 0,29 bzw. 3,66 mal auf. Sie wurden deshalb zu sog. »Rabelais-Indikatoren« (RII) erhoben und sollten zur Authentizitätsprüfung des *C. L.* herangezogen werden. Dabei ließ sich beobachten, daß es zwischen *P.* und *G.* einerseits und *T. L.* und *Q. L.* andererseits stärkere Übereinstimmungen gibt, so als ob der Rabelais von 1532/34 anders geschrieben habe als der von 1546/52. Dem Computer wurden getrennt die Kapitel V, 1–16 (*Isle Sonante*) und der Rest des *C. L.* eingespeist und die Frequenzen ermittelt, die alle im Bereich der für die Bücher I–IV ermittelten Durchschnittswerte lagen. Aber auch die 25 vorgenannten Testwörter insgesamt bestätigten sich tendenziell in ihrer Häufigkeit. Allerdings tendiert die *Isle Sonante* stets zu den Werten des *Q. L.*, die Restkapitel zum *T. L.* Andere Statistiken (der Prologe, der Eigennamen usw.) bestätigten die gewonnenen Ergebnisse.

Petrossian kommt deshalb zu folgenden Schlüssen:

1. Der *C. L.* ist authentisch.

2. Er ist aber ein heterogenes Werk; der Einschnitt liegt zwischen den beiden 16. Kapiteln.

3. Die *Isle Sonante* wurde vermutlich parallel zum *Q. L.* geschrieben; die letzten 32 Kapitel zwischen *T. L.* und *Q. L.*

4. Der Prolog des *C. L.* und die zwei Kapitel »Tournoi de la Quinte« (V, 32 bis; Ende 47) scheinen ebenfalls von Rabelais zu stammen.

5. Offen bleibt die Frage, ob V, 16 (Apedeftes) echt ist.

Ohne Statistiker zu sein, läßt sich an Petrossians Vorgehen, das wir methodisch für richtig und angemessen halten, die folgende Kritik anbringen: er legt seinen Analysen den Text der Garnier-Ausgabe (B. 64) zugrunde, der von anderen Texten aus den geschilderten Gründen bisweilen abweicht, nicht zuletzt hinsichtlich von Bezugswörtern wie *et*, *comme* u. a. Seine

Tabellen sind vielfach falsch gerechnet, die Indikatoren deshalb unbrauchbar. Selbst wenn seine Angaben stimmten, was angesichts der von ihm erarbeiteten Chronologie zumindest überraschend wäre, wäre noch nicht mit Sicherheit ausgeschlossen, daß nicht doch ein Bearbeiter am Werk gewesen wäre, da die Statistik Zusammenhänge oft arg verkürzt. Petrossians Ergebnisse dünken allzu glatt, da sie alle Schwierigkeiten auf einen Schlag beseitigen.

Uns scheint deshalb nach wie vor die These drei am plausibelsten, welche besagt, Rabelais habe ein Rahmenmanuskript hinterlassen, welches von ein oder mehr Bearbeitern geglättet und ausgefüllt wurde. Ihre Zusätze mögen sehr klein sein. Der Statistiker müßte deshalb Kapitelstatistiken erstellen! – Über die näheren Umstände der Bearbeitung werden wir wohl kaum je genauere Aufschlüsse erhalten. Die statistischen Berechnungen müßten noch einmal gemacht werden. Für die Interpretation des Werkes ergeben sich keine Konsequenzen: es erscheint legitim, das *C. L.* in eine ganzheitliche Betrachtung der Werke Rabelais' mit einzubeziehen.

Bibl.: *Aronson*, B. 113; *Carpenter*, B. 149; *Glauser*, B. 201; *Petrossian*, B. 293; *Sainéan*, B. 320.

4.3. Die Prologe zu den einzelnen Büchern

Die Prologe zu den einzelnen Büchern der Pentalogie stellen einen unmittelbaren Kontakt zwischen Autor und Leser her, was im Werk nur selten einmal geschieht, und sie enthalten weiterhin einen »art poétique« des Autors, was in der Tradition des Prologs liegt, der bereits in der mittelalterlichen Literatur diesen Rang einnimmt, z. B. bei Chrétien de Troyes, Marie de France u. a., um im Bereich der altfranzösischen Literatur zu bleiben.

Kommunikationswissenschaftlich gesprochen enthalten die Prologe demzufolge Hinweise über den Sender (Autor), Empfänger (das Lesepublikum) und die Botschaft (das Werk und seine Deutung). Die Sekundärliteratur zu Rabelais' Prologen ist ausgesprochen vielfältig und widersprüchlich. Dies liegt darin begründet, daß die Prologe sozusagen *in nuce* alle die Inkongruenzen einschließen, die für die einzelnen Bücher der Pentalogie kennzeichnend sind. Man darf auch nicht vergessen, daß Rabelais mit seinen Romanen nicht nur unterhalten, sondern auch belehren will, daß er aber seine Botschaft verschlüsseln muß und sich von der übrigen volkstümlichen Literatur abheben will. Er darf deshalb nie eindeutig sein. Die Aufgabe der Prologe besteht also gerade darin, auf die verschiedenen Sinnebenen des Werkes hinzuweisen. Dabei kommt dem G.-Prolog ein besonderer Platz zu.

Es steht zu vermuten, daß die Prologe erst nach Fertigstellung der einzelnen Teile der Pentalogie geschrieben wurden und somit eher Epiloge als Prologe sind. Trotz der oben angedeuteten »kommunikationstheoretischen« Konstanten aller Prologe, die sich daraus ergeben, daß Rabelais den Dialog mit seinen Lesern sucht, sind die Unterschiede jedoch erheblich, denn Rabelais hat sich als Dichter weiterentwickelt und auch seine Anschauungen modifiziert. Diesem Wandel tragen die Prologe Rechnung. Rein äußerlich betrachtet werden sie immer länger und wortreicher: Während der *P.*-Prolog mit 800 Wörtern auskommt und der kürzeste ist, hat der *G.*-Prolog 1200, der zum *T. L.* 2600 und der Neue Prolog zum *Q. L.* 4800 Wörter. Mit dieser Ausweitung geht eine thematische Auflockerung einher. Man gewinnt den Eindruck, als verlöre der Autor sein Ziel aus den Augen, sein Werk zu präsentieren, und überließe sich immer mehr dem Drang zum Fabulieren. Aber dahinter verbirgt sich Absicht!

Der *P.*-Prolog setzt sich noch mit den *Grandes chroniques* auseinander, da Rabelais seinem Werk einen gleichwertigen Platz sichern möchte. Im *G.*-Prolog geht er bereits davon aus, daß er ein etablierter Autor und sein Publikumserfolg unbestritten ist. Jetzt ist es seine wichtigste Absicht, seinen Lesern Lesehilfen zu vermitteln und sein Werk als eine Art Allegorie zu präsentieren. So könne es auch nur mit der Methode der Allegorese, d. h. des mehrfachen Schriftsinnes, adäquat entschlüsselt werden (cf. 4.5.). Im Prolog zum *T. L.* kommt das ganze Maß des Selbstbewußtseins unseres Autors zum Vorschein, der mit dem Bild des Philosophen Diogenes, der inmitten der Belagerung von Korinth nichts weiteres beisteuern kann, als den Soldaten Handlangerdienste zu leisten, die Autonomie und Wichtigkeit des Schriftstellers auch im Gesellschaftssystem der Zeit unterstreicht. Mag einem Außenstehenden sein Schreiben auch unnütz erscheinen und keine Lösung für die Probleme bieten, die Frankreich bedrücken, so ist dies in den Augen Rabelais' eine höchst oberflächliche Betrachtungsweise, denn sein Werk enthält eine Botschaft, die zur Bewältigung der anstehenden Schwierigkeiten höchst geeignet ist. Aus diesem Prolog erhellt aber auch, daß der Autor sich als pazifistisch gesonnener Einzelkämpfer fühlt, der alleine gegen alle steht und über eine Weisheit verfügt, die den meisten Menschen verborgen bleibt. Es gilt noch ein weiteres: wenn sich Rabelais mit Diogenes vergleicht, der seine Tonne so unermüdlich rollt wie Sisyphos, so wird er zur *figura* der folgenden Bücher, die die Unlösbarkeit des Heiratsdilemmas Panurges zum Gegenstand haben.

Der Q. L. hat zwei Prologe, die sich wesensmäßig voneinander unterscheiden. Der Prolog von 1548, der »Alte Prolog«, rechnet mit den Verleumdern ab, die das Werk bisher gefunden hat und verwünscht sie auf den Mond. Er enthält aber nicht nur polemische Anwürfe, sondern verweist einmal mehr auf den Nutzen und Vorteil, die man aus der Lektüre der Bücher ziehen könne. Rabelais' Buch wird zum Brevier in Flaschenform (*Masters*, B. 271), was deutlich macht, wie nahe verwandt für ihn Trinken und Lesen sind. Der Wein ist das Symbol des Abendmahls, aber auch des *furor poeticus*. Der Dichter wird zum Seher, die Botschaft des Werkes zur Heilsbotschaft. Rabelais tut also nichts anderes, als Gedanken des G.-Prologs wieder aufzunehmen, indem er seinem Werk mehrere Sinnschichten zugesprochen hatte (cf. 4.5.). Der »Neue Prolog« zum Q. L. datiert von 1552 und ist wieder unpolemisch-witzig. Er hat zwei leitmotivische Hauptthemen: Gesundheit und Mäßigung, die Rabelais beide gleich wichtig erscheinen. Gesundheit und Wohlergehen ganz allgemein werden nur dem zuteil, der Maß hält und nicht über seine Verhältnisse lebt, was Rabelais mit mehreren Beispielen belegt. Dieser Prolog weist natürlich auch auf den Inhalt des Q. L. hin, der die Orakelfahrt beschreibt, welche um Panurges Dilemma willen unternommen wird. Panurge ist in seinem Wollen maßlos, er will nämlich eine sichere Antwort auf die Frage haben, in welchem Verhältnis freier Wille und Determiniertheit zueinander stehen. Eine solche Antwort würde das jedem auferlegte Lebensrisiko ausschalten und kann deshalb nicht erfolgen. Sie überhaupt zu wünschen, ist bereits maßlos und führt zu großer innerer Unruhe. Panurge steht aber nicht alleine da: er verkörpert einen Zeitgeist, der in allen Dingen megaloman und gierig ist und den der Autor ablehnt. Seine Feinde sind noch die gleichen geblieben, und er nennt sie auch in diesem Prolog: Karl V., die Sorbonne, die Juristen, aber auch den modernen Kapitalismus und den Kalvinismus.

Der Prolog zum C. L., wenn er denn von Rabelais wäre, fällt im Verhältnis zu den bisher betrachteten Prologen formal wie inhaltlich im Niveau ab und ist am ehesten mit dem »Al-

ten Prolog« zum Q. L. zu vergleichen, mit dem er sogar wörtlich Übereinstimmungen aufweist. Rabelais behauptet, durch
seine Bücher, die »livres de pantagruélisme«, sei die Welt endlich klug geworden, was alle übrigen Dichter, seien sie nun
Rhétoriqueurs, Neuplatoniker oder Anhänger der sich soeben
konstituierenden Pléiade, nicht erreicht hätten. Diese Aussagen
wirken zu direkt, als daß sie von Rabelais selber so getan sein
könnten, der es eigentlich nie nötig hatte, und dies auch immer
vermied, sich zu wiederholen und auf Früheres zurückzugreifen.

*Bibl.: Berry, B. 127; Coleman, B. 157; Gendre, B. 198; Gray, B. 203;
204; Kaiser, B. 221; Masters, B. 270; Paris, B. 289; Raible, B. 308;
Rigolot, B. 311; 312; Simons, B. 351; Spanos, B. 353; Spitzer, B.
357; 358.*

4.4. Der Begriff des Pantagruelismus

Fast allen Prologen ist eine Leserapostrophe gemeinsam:
»beuvers très illustres et vérolez«, »Zecher und Lustseuchlinge«
(I, Prolog, 5; III, Prolog, 393; IV, Ancien Prologue, 569; V,
Prolog, 277). Allein der P.-Prolog kennt dieses Begriffspaar
nicht, aber hier wird Pantagruel im Untertitel zum König der
Dipsoden, der Durstigen, gemacht, auch übersetzt Rabelais seinen Namen als »tout altéré« (II, 2, 231). Halten wir fest, daß
Durst und Trinken Leitmotive sind, die das gesamte Werk
durchziehen. Schon die Tatsache, daß Pantagruel der König
der Durstigen ist, läßt vermuten, daß das Trinken etwas
durchaus Positives sein muß: es bezeichnet die Freude und ist
damit wesensmäßiger Bestandteil des Pantagruelismus. Rabelais
sagt am Ende des P. selber, was wir darunter zu verstehen haben, »C'est à dire vivre en paix, joye, santé, faisans tousjours
grande chere« (II, 34, 387), und er gibt im T. L. und anderen
Stellen noch ausführlichere Definitionen (III, 2, 410 ff.; III,
Prolog, 401; IV, Prolog, 11 ff.).
Demzufolge weist der Pantagruelist Traurigkeit und Verzweiflung zurück, ist für Vitalität und totale Lebensfreude, erfüllt von Pflichtbewußtsein, ein guter Untertan, aber durch
seine humanistische Bildung Mitglied einer intellektuellen Elite.
Er kennt keinen Zwang, lebt aus der Innerlichkeit heraus, verachtet übertriebene Autorität und Heuchelei. Er stellt das
Christentum zwar nicht in Frage, hat aber kein spezielles Interesse an Dogmen, auch nicht dem katholischen (*Camproux,*

B. 147). Große Bedeutung wird dem eigenen Willen beigemessen, der notwendigerweise frei ist. Bis auf den Willen ist nämlich alles unabmeßbar, weshalb in den späteren Büchern Begriffen wie »destin, fatale destinée, sort« und »nécessité« ein großer Platz zukommt. Das Ideal des Pantagruelismus, der ein Schutzschild gegen die Widrigkeiten des Lebens und zugleich ein moralphilosophisches Leitbild ist, in dem stoisches, kynisches, sokratisches, epikuräisches und christliches Erbe zusammenfließen (*Screech*, B. 337), wird im Lauf des Werkes beibehalten, jedoch vertieft. Der Pantagruelismus ist jedoch von Anfang an da und wird am reinsten von Pantagruel und seinen Begleitern verkörpert. Allerdings paßt Panurge nie ganz in dieses Ideal hinein, und mit seinem absoluten Gewißheitsstreben schert er spätestens im *T. L.* aus der idealen Schar der Pantagruelisten aus (cf. 8.3.6.). Pantagruelist ist natürlich auch der Autor selber, sind die Bewohner der Abbaye de Thélème, aus denen sozusagen der pantagruelistische Nachwuchs rekrutiert wird.

Wenn der Autor fast zu Beginn eines jeden seiner Bücher die wissensdurstigen Leser anspricht, d. h. die Pantagruelisten, so wendet er sich an eine Schar von »initiés«, die die Boschaft bereits kennen, sich aber in ihrer Meinung bestärken lassen bzw. über die Bewährung ihres Ideals in der Lebensrealität informiert werden wollen. Rabelais assoziiert aber auch ständig die literarische Kreation mit dem Gott Dionysos, dem Gott des Weines, der ihn, ob er will oder nicht, ergreift und berauscht, ihn zum Schreiben zwingt.

Der bacchische Rausch, die ungeschmälerte Lebensfreude, wird stets durch den apollinischen, den des Schweigens, der inneren Einkehr und Kontemplation, gebremst und gemildert. Symbol der beiden Götter sind Wein und Öl. Wenn sich Rabelais immer wieder als Doppelwesen sieht, was auch für sein Werk gilt, so liegt dies an diesen beiden miteinander widerstreitenden Elementen, die wir auch mit Ernst und Scherz gleichsetzen können (I, Prolog, 9).

Das Trinken ist aber auch noch in anderer Hinsicht bedeutsam, denn bereits im Alten Testament sind Brot und Wein Symbole für die materiellen und spirituellen Früchte der Zivilisation. Im Abendmahl werden Brot und Wein in Leib und Blut Christi transsubstanziiert, nimmt der Gläubige Gottes Fleisch und Blut in sich auf und verbindet sich seinem Schöpfer in einem mystischen Vorgang, wie er enger und intimer nicht sein kann.

Rabelais war der Meinung, daß durch die Mönche und die Scholastik die wahren Quellen des Glaubens verschüttet worden seien. Damit der menschliche Wille mit dem göttlichen konkordiere, sei es nötig, daß der Mensch ohne vermittelnde Instanz mit Gott in Verbindung trete. Dies geschehe im Abendmahl, allerdings nicht im Abendmahl in katholischer Form, wo der Priester stellvertretend für die Gemeinde den Wein trinkt, sondern in Form der evangelischen und urchristlichen Agape, an der die Gesamtheit der Gläubigen teilnimmt. – Einen zweiten Weg erschließt das Studium der Bibel im Urtext. Das Trinken wird somit zum symbolischen Akt der Kommunikation zwischen Mensch und Gott, durch den der Mensch Gottes Willen erforschen kann. Dies ist auch der einzige Weg, der drohenden Unerklärbarkeit der Prädestination ihren Stachel zu nehmen. Rabelais' Appell an alle »Trinker« weiterzutrinken, bedeutet, nicht darin nachzulassen, sich mit der pantagruelischen Botschaft vertraut zu machen und auf dem Weg des Evangelismus voranzuschreiten.

Nachdem so die erste Zielgruppe der Leser eingegrenzt wurde, muß man sich fragen, wer die Syphilitiker und Gichtbrüchigen sind, die Rabelais anspricht. Rabelais ist Arzt (*Antonioli*, B. 111; *Lewis*, B. 259) und ist dies sein Leben lang geblieben. Die beiden Volksseuchen der damaligen Zeit, Gicht (oder Rheuma in moderner Terminologie) und die soeben aus der Neuen Welt eingeschleppten venerischen Krankheiten (*Chatelux*, B. 152), kannte er natürlich genau. Sie stehen paradigmatisch für Krankheit und Gebrechlichkeit schlechthin, nicht nur des Körpers, sondern, weil es anschaulicher ist, auch des Geistes. Rabelais weiß, gerade weil er Arzt ist, daß man diese schweren körperlichen Gebrechen nicht mit Quacksalbereien heilen kann, und er weiß auch, daß gegen Dummheit und Unaufgeklärtheit kein Kraut gewachsen ist. Im *P.*-Prolog beschreibt er mit unerbittlichem Realismus die Martern, die die Ärzte zu dieser Zeit den Syphilitikern angedeihen ließen, und er läßt keine aus: Einschmieren mit Quecksilberpaste und Schwitzkuren zumal (II, Prolog, 216 ff.).

Allein die pantagruelischen Bücher können hier Hilfe bringen, denn sie heitern den Bresthaften auf und lindern seine Schmerzen. Die Heilung ist nicht nur geistig, sondern auch körperlich. Die damalige Medizin hatte, von einem Satz des Aristoteles ausgehend (cf. 8.1.), daß von allen Lebewesen allein der Mensch lachen könne und ihn dies vom Tier unterscheide, eine Physiologie des Lachens entwickelt und Beispiele gesammelt, wie schwerkranke Patienten durch Lachen geheilt worden seien. Auch Rabelais, der von einer psychosomatischen Einheit ausgeht, schließt sich dieser Sehweise an. Als Beleg mag die berühmte letzte Zeile des später dem *G.* vorangestellten Zehnzeilers dienen, »pour ce que rire est le propre de l'homme« (B. 64 Bd. I, S. 3). Wenn wir dann erfahren, daß in der Abbaye de Thélème die Kranken und Verkrüppelten ausgeschlossen und nur die Schönen und Gesunden zugelassen sind (I, 52, 192), dann ist das ebenfalls in diesem Sinne zu verstehen. Es handelt sich um geistige Gebrechen! Dies wird dadurch unterstrichen, daß die »Inscription mise sus la grande porte de Thélème« (I, 54) ausdrücklich nur die Angehörigen der Mönchsorden, die Juristen und die raffgierigen Verwaltungsbeamten nennt, denen der Zutritt verwehrt sein soll (I, 54, 194 ff.). Dies ist die Gruppe der Kranken, von denen Rabelais meint und hofft, sie könnten durch eine Lektüre seiner Bücher zur Einkehr und Umkehr geführt werden.

Suchen wir nun nach gemeinsamen Aussagen über sein Werk und über sich selber! Rabelais differenziert diesbezüglich seine Beispiele, entwickelt von Fall zu Fall ganz andere erzählerische Qualitäten, aber gemeinsam ist allen Aussagen doch, daß er seinem Werk eine zumindest doppelte Sinnschicht zuschreibt und sich selber auch als einen janusköpfigen Autor bezeichnet.

Im *P.*-Prolog hat Rabelais sein Publikum noch nicht gefunden. Die »très illustres et très chevaleureux champions, gentilz hommes et aultres, qui voluntiers vous adonnez à toutes gentillesses et honnestetez« (B. 64 Bd. I, S. 215), sind anscheinend das heterogene Lesepublikum, das Ritterromane und Volksbücher verschlang und dem Rabelais auch seinen Roman anempfehlen möchte. Er mißt seinen *P.* an den Erfolgen der *Grandes chroniques,* von denen in zwei Monaten mehr Exemplare verkauft worden seien als Bibeln in neun Jahren. Er wolle ein Buch von gleichem Schrot und Korn (»mesme billon«) vorlegen, das aber manierlicher und glaubhafter sei, obwohl es ebenso zur Unterhaltung beitrage wie die Riesenchroniken (»accroistre vos passetemps«). Noch vor der Pléiade und vor der Ausformulierung der neoaristotelischen bzw. neohorazianischen Poetiken setzt Rabelais damit Gefallen und Nutzen als Bewertungsmaßstäbe für seine Werke fest, Kategorien, auf die er auch später noch öfter zurückgreifen wird, wenn er »utilité« und »fruictz« als Hauptgewinn für den Leser seiner Werke herausstellt (III, Prologue de l'Autheur, 399; 401; IV, Ancien Prologue, 573).

Bibl.: *Antonioli*, B. 111; *Camproux*, B. 147; *Larmat*, B. 241; *Lewis*, B. 259; *Raible*, B. 308; *Saulnier*, B. 327; *Screech*, B. 337; *Spitzer*, B. 357; 358; *Vallet*, B. 377; *Weinberg*, B. 380.

4.5. Der ›Gargantua‹-Prolog

Dieser Prolog, der der wichtigste und aufschlußreichste aller Prologe ist, ist streng logisch aufgebaut und zerfällt in drei Teile (*Raible*, B. 308), die man abschnittweise mit These (§§ 1 bis 5), Antithese (§ 6) und Synthese (§ 7) überschreiben könnte. Ein Prolog soll die Hauptthemen eines Werkes präludieren, und gerade das tut Rabelais, denn er handelt in seinem Prolog vom richtigen Verständnis seiner Werke. Man darf sich dabei nicht an den Stilbrüchen stören, z. B. wenn er gleich in der ersten Zeile das Platonische *Gastmahl*, einen Schlüsseltext des Neuplatonismus, verspottet. Die Vermischung mehrerer Stilbezirke ist gewollt, und darin besteht die eigentliche Botschaft des Prologs. Rabelais beginnt mit einer Leserapostrophe, wie wir sie bereits kennen. Erasmus (*Adag.* III, III, I, »Alicibiades Sileni«, B. 94, II col. 770 D) paraphrasierend, zitiert Rabelais Alkibiades, der seinen Lehrer Platon im *Gastmahl* einen Silen genannt habe. Rabelais schließt mit dem Titel »le Bancquet« an die Trinkerapostrophe an und leitet von den »Empfängern« auf die »Botschaft« über. Bei Erasmus sind die Silene kleine Tonstatuetten, die man öffnen und schließen kann. Je nachdem stellen sie einen lächerlichen häßlichen Flötenspieler oder das Bild eines Gottes dar. Erfunden hat sie angeblich der Silen, der Lehrer des Dionysos, der in der Mythologie selber ein Mischwesen, halb Mensch, halb Tier, betrunken, mit Glatze, dickem Wanst, stumpfer Nase und wulstigen Lippen ist. Der Arzt Rabelais fügt, hier frei erfindend, hinzu, die Silene seien in der Antike Apothekerdöschen gewesen, die außen lustig dekoriert, innen wertvolle Drogen und Medikamente aufbewahrt hätten. Rabelais hat damit auch die zweite Gruppe seines Zielpublikums, die Kranken, bedacht. Hinter dem häßlichen Äußeren des Sokrates, und das ist das *tertium comparationis* des Silen-Vergleiches, verbirgt sich eine göttliche Philosophenseele.

Im nächsten Abschnitt (§ 2) erläutert Rabelais den Sinn dieses Präludiums: hinter der heiter-lustigen Fassade auch seines *G.* verberge sich ein ernsthafter Inhalt, dem man nicht gerecht werde, wenn man bei den Äußerlichkeiten stehenbleibe. In § 3 führt der Autor die Kategorien »wörtlicher Sinn – übertragener Sinn« (»sens litéral – plus hault sens«) ein, und ist damit beim Kern seines Prologs angelangt. Diese beiden Grundbegriffe werden in § 4 mit einer von Aulus Gellius übernommenen Metapher (*Noctes Atticae* 18, 4, 2) verdeutlicht. Für einen Hund gebe es nichts Schöneres, als einen Markknochen aufzubrechen; auch der Leser solle zu einem solchen Tier werden und die »sustantificque mouelle« aus dem Werk heraussaugen, die sich auf drei Bereiche erstrecke: »nostre religion que aussi l'estat politicq et vie oeconomicque« (B. 64 Bd. I, S. 8; *Bichon,* B. 130; 131; *Plaisant,* B. 294) – Religion, Staat und Familie. Damit ist die These des Prologs erläutert. Sie bedarf jedoch noch einiger Verständnishilfen. Rabelais stellt nicht nur die Frage nach der Ernsthaftigkeit seines Buches, er spricht auch ein Interpretationsverfahren an, das seit der Spätantike für die Deutung heidnischer wie christlicher Texte angewendet wurde: die Allegorese. Sie meint jegliches Anders-Sagen und Anders-Meinen eines Dichters und verweist einmal vom Sichtbaren auf das Unsichtbare, von den *visibilia* auf die *invisibilia,* zu einer Zeit, als sich abstraktes Denken noch nicht so recht durchgesetzt hat. Zum anderen ermöglicht sie es, Unstimmigkeiten mit der christlichen Heilsbotschaft ins Moralisch-Transzendente umzudeuten.

Schon die Kirchenväter stellten fest, daß die Bibel nicht nur dogmatisch eindeutig interpretierbare Bücher enthielt, sondern auch historische wie rein poetische, so das Hohelied Salomonis oder die Bücher der Chroniken und Könige. Hier war von Schlachten, Mord und Totschlag oder gar eindeutig erotischen Beziehungen die Rede. Da sich Derartiges mit der Glaubenslehre nicht vertrug, wurde es umgedeutet. Hierbei konnte man sich hellenistischer und jüdischer Exegeseverfahren bedienen, die eine derartige Transposition erlaubten. Das Verfahren wurde aber erst im Mittelalter systematisiert und zur maßgeblichen Methode der Bibellektüre schlechthin. Bekannt sind die Merkverse eines Gottfried von Sankt Viktor (ca. 1130-1194) in seiner *Fons philosophiae,* vv. 477–484, vor allem aber des Nikolaus von Lyra (ca. 1270–1349) in seinem Bibelkommentar:

»Littera gesta docet, quid credas allegoria,
   Moralis quid agas, quo tendas anagogia.«
   (*In Gal.* IV, 3, PL CXIII col. 28 CD).

Beide Autoren unterscheiden zwischen einem historischen oder wörtlichen, einem allegorischen, einem moralischen oder tropologischen und einem anagogischen Sinn. Während der allegorische die Heilsgewißheit verkündet, lehrt der moralische die Anwendung der Heilsbotschaft auf das tägliche Leben, fordert der anagogische aufgrund der Verheißung zur Nachfolge Christi auf. Mit anderen Worten, die Allegorie bezieht sich auf die Vergangenheit, die Moral auf die Gegenwart, die Anagogie auf die Zukunft, auf Glaube, Liebe und Hoffnung, um es paulinisch auszudrücken.

Rabelais beläßt den Leser aber nicht lange in vermeintlicher Sicherheit, so daß er glauben darf, auch sein Werk sei auf mehreren Sinnebenen angesiedelt. Der nächste Absatz (§ 6) bringt die Antithese: Rabelais stellt scheinbar alles in Frage, denn er formuliert Zweifel daran, ob Homer und Ovid tatsächlich die allegorischen Ausdeutungen ihrer Werke durch Spätere vorausbedacht und sanktioniert hätten. Er zweifelt das Verfahren aber nicht grundsätzlich an, sondern warnt vor einseitiger und übertriebener Allegorese. Er läßt beide Möglichkeiten des Verständnisses zu, eine wörtliche und eine übertragene. Das ist auch der Inhalt der Synthese in § 7: auch wenn ein Leser nicht an den allegorischen Sinn glaube, solle ihn nichts daran hindern, ihn zu suchen.

Man muß weiterhin festhalten, daß Rabelais das allegorische Verfahren mehrfach explizit selber einsetzt, was nicht weiter erstaunlich ist. Da es ihm um die Gewinnung auch einer neuen religiösen Dimension (cf. 6.5.) zu tun ist, verwendet er mit großem Gewinn dieses ursprünglich rein theologische Entschlüsselungsverfahren. Ein eindringliches Beispiel ist die Deutung des »Enigme en prophétie« (I, 58, 205 ff.). Dabei handelt es sich (mit Ausnahme der letzten zehn Verse) um ein Rätselgedicht des Rhétoriqueur Mellin de Saint-Gelais (1491-1558), eines Zeitgenossen also. Während Frère Jean das Gedicht als eine Beschreibung des Ballspiels, des »jeu de paume«, auslegt, sieht Gargantua darin die Beschreibung des »Verfalls und der Erhaltung der göttlichen Wahrheit«, d. h. den Kampf zwischen Evangelischen und Orthodoxen (*Frautschi*, B, 194; *Mölk*, B. 278). Frère Jean lehnt zwar die »allegories et intelligences tant graves« ab, aber da sie Gargantua in den Mund gelegt sind, sollten wir an ihrer Ernsthaftigkeit nicht zweifeln.

An einer anderen Stelle (IV, 28, 123 ff.) setzt Pantagruel den heidnischen Halbgott Pan mit Christus gleich (*Krailsheimer*, B. 232; *Screech*, B. 336), deutet ihn als Präfiguration, und verfährt damit nicht anders als die antiken, spätantiken und mittelalterlichen Philologen, die die Werke der klassisch-heidnischen Verfasser allegorisch umgedeutet hatten. Auch hier nimmt Pantagruel diesen Vergleich so ernst, daß ihm die Tränen in die Augen schießen.

Rabelais kann sich übrigens auf seinen Lehrer Erasmus beru·

fen, der zwar vor einer exzessiven Allegorese warnt (»allegorismus ineptus«), dem Exegeten »sobria mediocritas« und eine genaue Trennung zwischen wörtlichem und übertragenem Sinn empfiehlt, aber dennoch der Allegorese eine anregende, ermutigende oder korrigierende Bedeutung zuerkennt. Sie diene letztlich dazu, daß das Gelesene nicht nur verstanden, sondern auch umgesetzt werden könne, »lectio (transit) in animum ac mores« (B. 97, S. 280; S. 161).

Will man die Pentalogie nicht als reinen Ulk, als Veralberung der ernsten Literatur der Zeit deuten, so muß noch einmal betont werden, daß ihr Spielcharakter nicht in der Zweckfreiheit besteht, sondern in der Vermischung verschiedener Stil und Sinnebenen. Dies hat den Zweck, den Leser nie zu schläfriger Ruhe und passiver Rezeption kommen zu lassen, sondern von ihm auf Schritt und Tritt ein aktives Mitlesen zu fordern.

Bibl.: Lubac, B. 261; *Mann Philips*, B. 98; *Naudon*, B. 286; *Screech*, B. 336; *Spitzer*, B. 357; 358.

5. Quellen und Einflüsse im Werk Rabelais'

5.1. Allgemeine Übersicht

Die literarischen Quellen, die Rabelais direkt oder indirekt benutzt hat sowie die Zahl der Werke, die Analogien mit seinen Romanen aufweisen, sind so groß, daß sie nicht alle im Detail erörtert werden können. Im einzelnen gelingen zudem Nachweise, daß Rabelais ein bestimmtes Werk gekannt oder sogar benutzt hat, nur schwer. Oft wertet er Autoren aus zweiter Hand aus, z. B. Platon, den er durch Erasmus und wohl nicht aus eigener Lektüre kannte. Man sollte sich auch davor hüten, Ähnlichkeiten für Abhängigkeit zu halten!

Ein Musterbeispiel derartiger voreiliger Deduktionen ist die Studie von Larmat (B. 244), der Rabelais' Verhaftetsein im Mittelalter mit vordergründigen Parallelen aus der mittelalterlichen Literatur beweisen will und zu der Schlußfolgerung gelangt (hierbei exemplarisch für den G. arbeitend): »Presque tous les traits habituellement considérés comme caractéristiques de la mentalité médiévale se retrouvent dans *Gargantua* et, dans cette fresque qu'est assez souvent le roman, les sujets sont traités avec la même liberté, avec les mêmes couleurs qu'au Moyen Age« (S. 533).

Larmat steht aber nur am Ende einer Generation von Rabelais-Forschern, die diesem die Originalität bestreiten und seine Pentalogie für epigonale Transformation oder Weiterentwicklung von Vorgefundenem erklären (cf. 2.7). Wer so argumentiert, ist einem modernen Originalitätsverständnis verhaftet. Zur Zeit Rabelais' war die bereits im Mittelalter anzutreffende und von den Humanisten fortentwickelte Imitationslehre vorherrschend, welche besagte, daß man sich in einen Traditionszusammenhang einzuordnen habe, ein Zwerg sei, der auf den Schultern von Riesen (hier: den Alten oder dem Mittelalter) stehe, oder wie eine Biene den Nektar überlieferter Ideen in den Honig der eigenen Produktion umzuwandeln habe. Was Larmat für das Mittelalter beweisen will, läßt sich nämlich genauso gut für die Neuzeit beweisen.

Dennoch gibt es zweifelsfrei mehrere Werke oder Werkgruppen, die mit dem Œuvre Rabelais' kompositorische Ähnlichkeiten aufweisen, die nicht zufällig sein können. Erst im Vergleich mit ihnen kann man aber auch erkennen, wie schöpferisch Rabelais ist. Der Übersichtlichkeit halber sollen diese Werke in vier Gruppen unterteilt werden:

1. Die »Chroniques gargantuines«, die Rabelais möglicherweise inspiriert haben, sein Werk zu schreiben. Von ihnen wurde bereits gesprochen (cf. 4.1.).

2. Die »Ritterromane«, Prosaadaptationen sowohl der altfranzösischen Epik wie des altfranzösischen höfischen Romans;

3. Die »Ritterepen« der italienischen Renaissance, zu denen man auch das in makkaronischem Latein verfaßte Epos *Baldus* des Teofilo Folengo rechnen kann;

4. Die antiken Quellen, insbesondere die Werke des Komödiendichters Aristophanes und des Satirikers Lukian von Samosate.

Hinzu treten einige wichtige Einzelwerke. Mit wenigen Ausnahmen ist ihnen fast allen gemeinsam, daß sie von Riesen handeln, sogar deren Leben und Taten beschreiben. Es werden nur solche Werke genauer untersucht, die nach ihrer Struktur oder der Intention ihrer Verfasser mit der Pentalogie Ähnlichkeiten aufweisen. Hinzu kommen noch viele Einzelzitate, die der *poeta doctus,* einer der größten Polyhistoren seiner Zeit, aus seinem »Zettelkasten« holt. In ihm vereinigen sich das scholastische Wissenschaftssystem des Mittelalters mit der universalistischen Bildungswelt der Renaissance. Rabelais hält sein Wissen nicht zurück, sondern stellt es offen zur Schau, meist bei nichtigen Anlässen. Entweder handelt es sich um die Aufzählung von bekannten Fällen oder Tatsachen, die gar keines Beweises mehr bedürfen, oder um die Aneinanderreihung von literarischen Belegstellen, die eine Meinung oder Tatsache erhärten sollen. Es ist diese Zitathäufung weniger eine Hörigkeit gegenüber Autoritäten (wie im Mittelalter) als ein erzähltechnisches Verfahren, dem eine eigene *vis comica* innewohnt. Rabelais zitiert nämlich vor allem dann, wenn der Anlaß nichtig, jedermann bekannt und die Zitate somit recht eigentlich unnötig sind. Er unterstreicht damit die Überdimensionalität seiner Riesen, die noch aus dem kleinsten Anlaß Zitate nur so aus dem Ärmel schütteln und karikiert zugleich das scholastische Argumentationsverfahren.

Bibl.: Catalogue, B. 151; *Eskins,* B. 185; *Larmat,* B. 244; *Lebègue,* B. 247; 249; *Meyer,* B. 276; *Plattard,* B. 297; *Sainéan,* B. 317; 318; *Thuasne,* B. 373; *Villey,* B. 378.

5.2. Die Ritterromane

Während der Regierungszeit Karls VIII., Ludwigs XII. und Franz' I. wurde noch einmal der Versuch unternommen, den alten ritterlichen Geist der Feudalzeit zu beleben. Die Aristokratie bäumte sich gegen den beginnenden Zentralismus und die staatliche Etatisierung, die Fiskalisierung aller Lebensbereiche, auf. Dieser Vorgang fällt mit dem Aufblühen der Druckerkunst zusammen, und so ist es nicht weiter verwunderlich, daß auch zahlreiche Ritterromane zu den ersten Erzeugnissen der neuen »Kunst« gehören. Bis 1553 werden 85 solcher Werke, die Übersetzungen nicht mitgerechnet, gedruckt, und fast alle erfuhren mehrere Auflagen. Die meisten von ihnen waren Prosaadaptationen altfranzösischer Epen (»chansons de geste«) und höfischer Romane, also Mischformen. Während in den altfranzösischen Epen die Kriegstaten eines Helden von meist königlichem Geblüt und seiner Waffengefährten geschildert werden, und dies im Dienst einer Ideologie, berichten die höfischen Romane Episoden und Abenteuer aus dem Leben eines Ritters, die dessen Vervollkommnung zeigen sollen. Auch haben sie oft die hohe Minne zum Gegenstand. Die Epik geht dem höfischen Roman genetisch voran, ihre Stoffe sind historisch, während die der Romane legendenhaft und folkloristisch sind. Im Epos steht meist Karl der Große im Zentrum, der mit seinen Recken Frankreich und Europa von den Heiden befreit; im Roman König Arthur (Artus) mit den zwölf Rittern der Tafelrunde, den »douze pairs de France« oder »chevaliers de la table ronde«. Die Prosabearbeitungen des 14.–16. Jhdts. kontaminierten diese beiden Gattungen, stützten sich aber insbesondere auf die höfischen Romane und übernahmen deren Aufbau. Das Ergebnis dieses Vorgangs nennen wir Ritterromane.

Neben den Stoffen der französischen Nationalgeschichte aus dem Epos saugt der Ritterroman die beiden wichtigsten Stoffkreise auch des höfischen Romans auf, wie sie Jean Bodel (ca. 1165–1210) in seiner *Chanson des Saïsnes* (vv 6/7) anordnet:
»Ne sont que trois matières a tout homme entendant:
De France et de Bretagne et de Rome la grant;
Ne de ces trois matières n'i a nulle samblant.«

Wichtiger als der nationalgeschichtliche und der antikisierende Stoffkreis ist die »matière de Bretagne«, da Chrétien de Troyes (1140-1190) mit *Erec et Enide*, *Cligès*, *Yvain*, *Lancelot* und *Perceval*, die alle am Hof des Königs Artus spielen, den Ruhm des höfischen Romans begründete. Der typische höfische

Roman ist folgendermaßen aufgebaut: er besteht aus Prolog, Abstammung des Ritters, Jugend und Erziehung, Heldentaten und Heirat, ein Aufbauschema, welches sich besonders gut am *Cligès* Chrétiens beobachten läßt.

Im Prolog wird der Leser begrüßt, werden ihm oft eine »joyeuse histoire« oder »belles aventures« versprochen, d. h. auf den unterhaltsamen Charakter des Werkes abgehoben. Bei der Abstammungsgeschichte werden nicht nur die leiblichen Eltern, sondern auch die Ahnen väterlicher- wie mütterlicherseits aufgeführt. Der Bericht über die Jugend nimmt schon größeren Raum ein, da hier die Erziehung durch einen Lehrmeister geschildert wird. Den Hauptteil stellen jedoch die Heldentaten, Abenteuerfahrten und Waffengänge dar. Den Abschluß bildet meist eine Liebesgeschichte, die durch Heirat zur Vollendung gebracht wird.

Eine Weiterführung des Artusromans ist der Gralsroman mit der Suche, der »quête«. Auch hier ist Chrétien de Troyes mit seinen Romanen *Lancelot* und *Perceval* wieder das Vorbild. Nicht mehr die unterhaltsamen Abenteuer stehen jetzt im Zentrum, sondern das Streben nach ritterlicher und christlicher Perfektion. Der Kampf gegen die Heiden, die äußeren Feinde, hat sich zum Kampf gegen den alten Adam, die niederen Triebe und Instinkte, die aus dem Inneren herausdrängen, gewandelt. Die Gralssuche wird zur Gott- und Wahrheitssuche.

Daß Rabelais mit den Ritterromanen vertraut war, zeigen zahlreiche Anspielungen auf derartige Werke, insbesondere im *P.*-Prolog (B. 64 Bd. I, S. 217/218). Clement (B. 155) hat sie tabellarisch zusammengetragen (S. 153 ff.) und nennt etwa zwanzig verschiedene Romane, darunter *Fierabras, Guillaume sans paour, Huon de Bourdeaulx, Lancelot du Lac, Ogier le Danois, Perceforest, L'hystoire du Saint Grail, Les quatre fils Aymons* usw. Inhaltlich hat Rabelais wenig daraus übernommen. Ein wesensmäßiger Unterschied besteht darin, daß die Bearbeiter der Ritterromane ihren Stoff ernst nehmen, sich allenfalls von der Fabulierkunst forttragen lassen, Rabelais aber stets durch komische Verfremdung und Übersteigerung auf Distanz zu seinen Helden und seinem Werk geht.

Wichtiger scheint, daß sowohl *P.* als auch *G.*, formal gesehen, die Architektur der Ritterromane aufweisen: Im *P.* finden wir Prolog, Stammväterliste, Jugend und Erziehung sowie Heldentaten. Im *G.*-Prolog, Jugend und Erziehung, Heldentaten, und, am Rande erwähnt, die Heirat. Der Inhalt der Bücher III – V hingegen, die von der Reise zum Orakel der Dive Bouteille und den Gründen für dieses Unternehmen berichten, gleicht der mittelalterlichen Gralssuche, die in einen fernen Lebenskreis führt, der mit dem ursprünglichen nur noch wenig gemein hat. Ehe das Ziel erreicht ist, müssen zahlreiche Hindernisse überwunden werden. Wie die Gralsritter wird auch Panurge, um dessentwillen die Reise überhaupt unternommen wird, von mehreren Gefährten begleitet, mit denen er seine Abenteuer besteht.

Rabelais führt in den Büchern IV und V, wenngleich in anderem Zusammenhang, das Wort »Sangreal« ein (IV, 42, 164; IV, 43, 167; V, 10, 315), so daß man schließen darf, er habe sich erst um 1542 näher damit beschäftigt. Auch die geweihte Kapelle und ihre kostbare Ausstattung, in der die Dive Bouteille von ihrer Priesterin gehütet wird, läßt auf einen Zusammenhang mit dem Gral schließen. Allerdings verzichtet Rabelais nicht auf etymologische Spielereien, denn einmal kann man seine Schreibweise auch als »königliches Blut« (sang réal) übersetzen, zum anderen werden der Reihe nach ein guter Wein, Senf, Wind und die Flüssigkeit in einer Flasche mit dem Gral gleichgesetzt. Die Reise zum Orakel der göttlichen Flasche ist eine Pilgerfahrt auf der Suche nach Wahrheit und der Bestimmung des Individuums, und auch insofern mit der Gralsuche vergleichbar, auch wenn das Lösungswort »Trinch!« nicht eindeutig interpretierbar ist. Aber es ist eine adäquate Antwort auf den Wissensdurst der Humanisten.

Die Ähnlichkeit im Aufbau der höfischen Romane des 12. und 13. Jhdts. und ihrer späteren Prosaadaptationen mit den einzelnen Teilen der Pentalogie unterstreicht Rabelais' wirkliche Intentionen erst recht. Die Ritterromane hielten der höfischen Gesellschaft einen idealisierten Spiegel vor; der Gralsroman zeigte den Ritter auf der Suche nach Gott. Rabelais ersetzt die Erhabenheit und Idealität durch die Groteske, holt sie in die Wirklichkeit zurück und macht so deutlich, daß die idealisierte Welt der Feudalaristokratie in vielen Punkten überholt ist. Parodistisch ist auch der Gedanke, in der Gestalt des Panurge eine Person ins Zentrum der »quête« zu stellen, die die am wenigsten idealistische des ganzen Werkes ist (cf. 8.3.6.).

Bibl: Clement, B. 155; *Sainéan,* B. 317.

5.3. Die Autoren der italienischen Renaissance

Es steht außer Zweifel, daß Rabelais auch die heroisch-komischen Ritterepen der italienischen Renaissance gekannt hat.

Diese stellen selber eine Fortbildung bzw. Parodie der höfischen Ritterromane des 12. und 13. Jhdts. da, aber anders als die französischen Prosabearbeitungen des 15. und 16. Jhdts. sind sie keine Popularisierungen, sondern haben einen künstlerischen Eigenwert sowie eine neue Ideologie. Sie erfreuten sich in Italien großer Beliebtheit, waren dort auch relativ preiswert zu kaufen, so daß Rabelais sie mühelos einsehen konnte, als er verschiedentlich im Ursprungsland des Humanismus weilte. Auch drangen sie bis nach Frankreich vor.

Die wichtigsten Werke dieser Spezies sind *Il Morgante* (1466/70 geschrieben, 1478/83 erschienen) von Luigi Pulci (1432–1484), *L'Orlando innamorato* (1486) von Matteo Maria Boiardo (1441–1494) und der *Orlando furioso* (1521) von Ludovico Ariosto (1474–1533). Bei allen drei Werken handelt es sich um eine Wiederaufnahme der Rolandssage aus dem Karlszyklus, die, wie im Fall Boiardos und Ariostos, mit der »matière de Bretagne« nahtlos verschmolzen bzw. wie im Fall Pulcis durch Riesen eigener Erfindung, Morgante und Margutte, ergänzt worden ist. Rabelais ordnet zwar im *P.*-Prolog den *Orlando furioso* neben *Fessepinte* und *Robert le Diable* als »livre de heute gresse« ein, aber mehr als vage Ähnlichkeiten zwischen seinem Werk und Szenen aus den beiden Orlando lassen sich dennoch nicht nachweisen. Die Verwandtschaft besteht vielmehr in der Grundhaltung Rabelais', der sich letztlich auch von seinen Riesen distanziert, ihre Wertordnung nur teilweise übernimmt. Auch er räumt der Ironie, Burleske und Komik einen überragenden Platz ein. Die Nichtriesen haben über weite Strecken seines Romans eine ebenso große Bedeutung wie die eigentlichen Helden.

Am ehesten mag man noch in Pulcis *Morgante* ein Vorbild für Rabelais suchen, denn Morgante ist ein Riese, der von Orlando, dem Neffen Karls des Großen, zum Christentum bekehrt wird, ihm als Schildkappe dient und gegen die schurkischen Heiden zur Seite steht.

Manches seiner Abenteuer ähnelt denen Pantagruels oder Gargantuas: auch Morgante will Glocken forttragen (I, 72) und reißt mit seinen Händen bei der Belagerung von Bambillona einen ganzen Turm ein (XIX, 168–170). Eine Sturmepisode (XX, 31–44) erinnert an IV, 22, und in *Morg.* XXVII, 264 wird beschrieben, wie maurische Kriegsgefangene am Spieß geröstet werden, eine Szene, bei der wir an Panurges Aufenthalt bei den Türken denken (II, 14). Der Halbriese Margutte, der Morgantes Diener ist, ist fast genauso gerissen wie Panurge (*Morg.* XIX), aber alle erwähnten Parallelen sind letztlich höchst oberflächlich, obgleich im Einzelfall Rabelais in seinen Romanen eine Lesefrucht verarbeitet haben mag.

Mit dem *Morgante* hält aber auch das Volkstümliche erstmalig seinen Einzug in die etablierte Literatur. In Morgante und Margutte, ihrer Grobschlächtigkeit und Naivität, konnte sich das Volk bewundern. Pulci gehörte dem Hofstaat Lorenzo il Magnificos an, der, nominell ein republikanischer Herrscher, dem Volk große Sympathien entgegenbrachte und als erster die »Volksliteratur« entdeckte. Er ließ sie vermutlich sammeln und aufzeichnen, wovon die *Nencia da Barberino*, eine Art Bauerndichtung, Zeugnis ablegt.

Seit Thuasne (B. 373) ist man vielfach geneigt, auch in dem neulateinischen burlesken Opus *Baldus* von Merlin Cocaio (= Teofilo Folengo, 1491–1544) welches in den Jahren 1517, 1521, 1530 und noch einmal postum 1552 in stets divergierenden Fassungen erschien, eine der wichtigsten Quellen Rabelais' zu sehen.

Der *Baldus* ist das Hauptwerk der sog. makkaronischen Poesie, deren sprachliche Gestalt, was Flexion, Syntax und korrekt gebaute Hexameter angeht, auf dem Lateinischen basiert. Folengo, wie Rabelais ein aus der Kutte gesprungener Mönch, kreierte eine Kunstsprache aus Latein und verballhornten italienischen Wörtern in wohlausgewogener Mischung, wobei das Stilregister vom ciceronianischen Latein bis hin zur Umgangssprache der italienischen Gosse und gar dem Gaunergergo reicht.

Baldus ist die Hauptgestalt von Folengos *Macaronea*, einem Epos, das eine bewußte Trotzreaktion auf das klassische Humanistenlatein darstellt, welches nur von wenigen Gelehrten verstanden wurde und die Sprache einer kleinen Bildungselite blieb. Folengo machte den Versuch, diese Sprache zu profanieren, denn seine Hexameter sind auch für den halbwegs gebildeten Italiener noch stets verständlich.

Wie man herausgefunden hat, hat Rabelais dem *Baldus* einige Episoden abgeschaut, z. B. den Hammelkauf (IV, 5–9) zwischen Panurge und Dindenault (*Baldus*, XII). Andere kleinere Parallelen lassen sich finden. Panurge hat in Cingar, dem mit allen Wassern gewaschenen Diener des Baldus, ein Modell. Die Verwandtschaft zwischen beiden Werken besteht in der geistigen Grundhaltung, mit vorgefundenen Quellen und Motiven spielerisch umzugehen, zum anderen im Gesamtaufbau und nicht zuletzt im freien Umgang mit der Sprache. So wie Rabelais zahllose Wörter selber bildet, indem er analog der tatsächlichen Sprache suffigiert, präfigiert, Onomatopoeia kreiert, Dialektismen einflicht oder erudite Termini erfindet (cf. 8.3.7.), hat auch Folengo sein makkaronisches Latein selber gemischt.

Ein letztes Werk der italienischen Renaissance, das Rabelais beeinflußt hat und aus dem er insbesondere architekturgeschichtliche Einzelheiten für den *C. L.* bezogen hat, ist die *Hypnerotomachia Poliphili* (*Poliphilos Traumliebesstreit;* 1499) des italienischen Dominikanermönchs Francesco Colonna (1433–1527). Colonnas Nymphe Thelemia hat Rabelais möglicherweise den Namen der Abbaye de Thélème vermittelt sowie II, 5, welches Pantagruels Reise durch Frankreich schildert. Pollak nennt die *Hypnerotomachia*, ein Erzeugnis der Werkstatt des gelehrten venezianischen Druckers Aldus Manutius, mit seinen vielen Schmuckinitialen und Abbildungen »das berühmteste und schönste« Buch der italienischen Renaissance, dessen Illustrationen noch mehr gewirkt hätten als der Text. Nicht nur in Details finden sich Analogien zu Rabelais' Pentalogie, sondern auch in der Gesamtanlage. Wie Poliphilo sucht Panurge eine Frau, ohne sie jedoch zu kennen, und geht deshalb auf Reisen, bis ihm am Schluß in einer gottesdienstähnlichen Zeremonie (*C. L.*) die gewünschte Antwort zuteil wird.

Bibl.: Bart, B. 122; Bru, B. 140; Chesney, B. 153; Clements, B. 156; Eskins, B. 185; Françon, B. 192; Goebel, B. 384; Marichal, B. 267; Mombello, B. 279; Tetel, B. 365; 368; Thuasne, B. 373; Toldo, B. 374; Weinberg, B. 381.

5.4. Der Einfluß der Antike

Die Zahl der antiken Quellen, die Rabelais in seiner Pentalogie ausgewertet hat, ist, wenn man Plattards unübertroffener Gelehrsamkeit Glauben schenken darf (B. 297), umfassend, d. h. Rabelais hat indirekt oder direkt nahezu alle klassischen griechischen und lateinischen Autoren konsultiert, deren Werk damals im Urtext oder in Übersetzung vorlag. Aus seiner Bibliothek sind allerdings nur Werke von 19 klassischen bzw. humanistischen Autoren erhalten (*Perrat*, B. 292; *Porcher*, B. 55, Nr. 232–248). Plattard nennt jedoch 75 Autoren oder Werke, die Rabelais benützt habe.

Seine Einschätzung des Einflusses dieser Autoren auf die gedankliche Originalität Rabelais' ist bemerkenswert: »L'Antiquité lui a fourni, directement ou indirectement, quelques idées générales et une foule d'anecdotes, de singularités et de sentences. Ces éléments ont été pour lui sujets de réflexions morales ou philosophiques« (S. 302). Dies gilt z. B. auch für einen Autor wie Plutarch, von dem Rabelais Originaltexte besaß (B. 55, Nr. 235 und 245) und bei dem er besonders oft Anleihen machte, zumal bei den *Moralia*. Keinen anderen Autor hat er öfter zitiert, aber auch von Plutarch übernahm er nur Anekdoten, Bilder und Sentenzen. Ähnliches gilt für andere Autoren, z. B. Cicero, auch wenn ein Forscher wie Seiver (B. 350) hier eine besonders große Nähe postuliert.

Anders steht es mit zwei griechischen Autoren, die Rabelais als Geistesverwandte erkannte und auf die er sich mehrfach beruft, den attischen Komödiendichter Aristophanes (ca. 445–385 v. Chr.) und den Satiriker Lukianos aus Samosata (ca. 120–180 n. Chr.). Rabelais besaß eine lateinische Ausgabe der elf erhaltenen Komödien des Aristophanes aus dem Jahr 1539 (Basel, A. Cratander; B. 55, Nr. 243), hatte diesen Dichter aber vermutlich bereits früher gelesen. Zitate aus den *Rittern, Wolken, Wespen, Vögeln* und *Ekklesiazusen* finden sich allerdings erst im *T. L.* und *Q. L.* Neben unmittelbaren Entlehnungen hat man aber bereits früh eine Wesensgleichheit beider Autoren konstatiert (*Kummer*, B. 237). Diese ergibt sich nicht zuletzt aus den Zeitläuften. Aristophanes erlebte nach dem Dekaleischen Krieg den Umsturz der alten athenischen Polis und die Verarmung der Stadt, die Skepsis ihrer Bewohner gegenüber dem Staat, einen weit verbreiteten Materialismus und den Rückzug der Bürger aus den allgemeinen Belangen ins Privatleben mit. Hand in Hand damit ging in seinen Augen der Verfall der Philosophie.

Während Sophist ursprünglich ein Ehrenname war, der jedem zustand, der über außergewöhnliches Können und Wissen verfügte, wurde er später zum Schimpfwort, da jetzt die Philosophen statt Wahrheit persönlichen Erfolg suchten und sich nur für ihr Honorar interessierten. Sie priesen sich selber an, waren empfindlich und geschwätzig und hatten kein echtes Interesse an der eigentlichen Sache mehr. Sie wiesen fatale Ähnlichkeit mit der Scholastik und ihren Vertretern an den Hochschulen, zumal der Sorbonne, zur Zeit Rabelais' auf. Die politische Situation Frankreichs am Anfang des 16. Jhdts. ähnelte der Athens: man denke an die Italienkriege, die Auseinandersetzung mit Habsburg und die beginnende Reformation, durch die mancherlei positives wie negatives Gedankengut in die alte Gesellschaftsordnung eindrang.

Rabelais hat sich zwar nicht wie Aristophanes gegen den Staat gestellt, und wenn, dann nur den Habsburger Karl V. als den französischen Erbfeind angegriffen. Politische Fragen wie Mißstände in der Justiz, den Niedergang des Rittertums, das Verhältnis von König und Papst und ähnliches mehr hat jedoch auch er unverbrämt behandelt. Am allerhäufigsten entlädt sich sein Zorn auf die Sorbonne (cf. 8.3.8.). So wie sich

Aristophanes über die Pseudophilosophie der Sophisten lustig machte, verspottet Rabelais die Scholastik und ihre Vertreter, übrigens mit ähnlichen Stilmitteln, z. B. der Wortakkumulation (cf. *Ritter*, vv. 1375 ff.).

Verwandte Grundtöne schlägt insbesondere die Komödie die *Wolken* an. Hier wird Sokrates als Sophist karikiert, der armselige Schüler in die Mysterien einer windigen Wissenschaft einweiht, als deren Schutzpatrone ihnen irrtümlich der Chor der Wolken gilt. Wenn der Sokrates des Aristophanes sich den Kopf zerbricht, ob die Mücke mit dem Mund oder mit dem After summt oder mit Hilfe der einem Floh angegossenen Wachsschühchen die Weite des Flohsprungs in Flohfuß mißt (*Wolken*, vv. 144 ff.), sind dies Ideen von ähnlicher Bizarrerie wie bei Rabelais, der z. B. den nominalistischen Theologen Wilhelm von Ockham eine Schrift herausgeben läßt, in der dargelegt wird (I, 8, 35), daß man die Hosen ans Wams annäht und nicht umgekehrt. Beide, Aristophanes und Rabelais, geißeln den Niedergang der Philosophie, stellen der pedantisch-erhabenen und lächerlich-spitzfindigen Scheinphilosophie, die Banalitäten beweisen will, die gar keines Beweises mehr bedürfen, den praktischen »bon sens«, den gesunden Menschenverstand, gegenüber.

Lukian aus Samosata am Euphrat ist wie Aristophanes ein Lieblingsautor der Renaissance geworden. Erasmus und Thomas Morus geben 1506 bei Josse Bade gemeinsam eine lateinische Übersetzung einiger seiner Schriften heraus, und Erasmus selber wurde von Freund und Feind ein zweiter Lukian genannt. Dieses Epitheton fiel, mit noch größerer Berechtigung, auch Rabelais zu.

Wenn Julius Caesar Scaliger ihn im *Exotericarum exercitationum liber* (Paris, Vascosanus, 1557, S. 400) einen »modernen Lukian« nennt, dann hat er auch in ihm einen »diamantharten Verfolger des Aberglaubens« erkannt, denn so hatte Erasmus Lukian in einem Adagium (I. VII. LXXVII) bezeichnet. Du Bellay äußert sich in der *Deffence et Illustration* (ed. Chamard, S. 331) ähnlich und lobt Rabelais, »(d'avoir) feint si bien le nez de Lucian«.

Rabelais hat einige Episoden wie die Unterweltreise des Epistemon (II, 30, cf. *Menippus seu Necyomantia*), den Besuch des Autors in Pantagruels Mund (II, 32, cf. *Verae historiae I* u. *II*), dem baktrischen Kamel (Prolog III, cf. *Prometheus es in verbis*), der Befragungen Panurges im *T. L.* (cf. *Dialogi Meretricii*), um nur die wichtigsten zu nennen, bei Lukian abgeschaut. Aber auch hier ist die gemeinsame Geisteshaltung wichtiger: beide haben eine ähnliche Biographie, in der Unstetigkeit und Heimatlosigkeit vorherrschen, und beide haben die gleichen Gegner, Ignoranz und Leichtgläubigkeit.

Unter Lukians Namen – einiges ist auch unecht, die Chronologie vielfach unsicher – sind ca. 80 Werke überliefert. Ihnen ist ein planmäßiger Kampf gegen die falsche Philosophie zu eigen, denn zu Lukians Zeit wimmelte es von dünkelhaften, heuchlerischen und habgierigen Afterphilosophen, die dem Volk die Köpfe verdrehten und den Beutel schröpften. Den Wortkram der philosophischen Systeme hielt er für wertlos, da sie nicht dazu dienten, die Menschen gesitteter zu machen. Auch zog er gegen den Aberglauben vom Leder, der damals wahre Blüten trieb, nicht anders als zu Rabelais' Zeiten. Lukian ist zudem »Pazifist«, hat Abscheu vor zwecklosem Blutvergießen und Tierquälerei. – Aber auch in stilistischer Hinsicht ähnelt ihm Rabelais in manchem. Lukian pflegte die Parodie, häufte Zitate, Sprichwörter und Bilder aufeinander, und war ein Meister der Anekdote. Auch seine Geschichten zerfallen in einzelne Episoden, und beide Autoren sind stark in der Schilderung des sie umgebenden Alltags. Später hat man in Lukian nur den Spötter, den wendigen »Journalisten« (Wilamowitz) sehen wollen, der alles aufs Korn nahm, was sich ohne Schaden zu einem lächerlichen Effekt ausmünzen ließ. Aber seine Zeit war eine Zeit der Extreme, geprägt von Aberglauben und Rationalismus, zwischen denen er schwankte, ohne je fest Position beziehen zu können. Ein deutlicher Hang zum Pessimismus ist unverkennbar, der in Rabelais' übersteigerter Fröhlichkeit allerdings seinen Gegenpol hat.

Den Höhepunkt seines Schaffens und Meisterschaft der Satire bilden seine »Menippeischen Satiren« sowie die verschiedenen Totengespräche, in denen Lebende in die Unterwelt steigen oder Tote ans Tageslicht und die Toten miteinander und mit den Lebenden sprechen. In der *Necyomantia* erzählt der Kyniker Menippos, wie er in der Unterwelt sieht, daß die Menschen vor dem Richtstuhl des Minos von ihren eigenen Schatten angeklagt werden. Am schlechtesten ergeht es denen, die in der Welt reich und mächtig waren. Als tragfähig erweist sich nur eine Philosophie, deren einziges Streben darauf gerichtet ist, die Gegenwart zu nutzen und nichts für so wichtig zu halten, daß es einem etwas bedeutet. Auch der *Cataplus* wie andere Schriften (*Dialogi mortuorum; Charon; Navigium; Gallus* u. a.) läßt das kynische Thema vom Glück der Bedürfnislosigkeit anklingen.

Die Lukian'schen Gestalten Kyniskos, Micyllos und Menippos sind Vorbild für Rabelais geworden, der selber in das Gewand des Kynikers Diogenes schlüpft (III, Prolog; ähnlich I, Prolog) und im Kleid des Narren oder Einfältigen, der zu allen Zeiten Immunität genossen hat, seiner Epoche den Spiegel vorhält. In dieser Rolle kann er angreifen, was ihm mißfällt. Die kynische Philosophie, deren Hauptvertreter Diogenes von Sinope und Menippos von Gadara waren, zeichnete sich durch völlige Bedürfnislosigkeit, Nichtachtung der Konventionen, Individualität, Praxisnähe und eine spöttische Grundhaltung aus, alles Ideale, die auch Rabelais zu den seinen gemacht hat und die er später im Prolog zum Q. L. mit dem Begriff der »médiocrité« umschreibt. Diese Einstellung, in der sich allerdings antikes Erbe mit christlichem (z. B. Bergpredigt) mischt, ist die moralische Basis des zeitkritischen Autors Rabelais, der mehr sein als scheinen will und der dem Dichter letztlich einen höheren Rang als Fürsten, Prälaten oder Professoren einräumt.

Bibl.: Bonnard, B. 133; Coleman, B. 158; Kummer, B. 237; Perrat, B. 292; Plattard, B. 297; Rentsch, B. 309; Schultze, B. 333; Seiver, B. 350.

5.5. Die Kenntnis anderer Wissenszweige

Viele Forscher sind geneigt, Rabelais einen »uomo universale«, ein Renaissancegenie und Alleswisser, zu nennen und die Schwierigkeiten, die der moderne Leser bei der Lektüre der Pentalogie verspürt, auf dieses Faktum zurückzuführen. In der Tat müßte man Sprach- und Literaturwissenschaftler, Historiker, Theologe, Jurist, Pädagoge, Mediziner, Musikwissenschaftler, Geograph, Astronom, Ethnologe usw. in einem sein, wollte man das Werk auf Anhieb verstehen. Es reizt also zur positivistischen Auseinandersetzung, ohne die es, zum Leidwesen mancher modernen Kritiker, nun einmal nicht geht. Aber man lasse sich nicht täuschen! Die diesbezüglichen Schwierigkeiten resultieren aus dem zeitlichen Abstand, der uns von der Renaissance trennt, und aus der Veränderung aller angesprochenen Lebensbereiche, nicht so sehr daraus, daß Rabelais mit Spezialwissen mannigfacher Herkunft aufwartete. Es würde geradezu dem Ideal des »cortigiano« wie auch den künstlerischen Absichten Rabelais' widersprechen, durch Spezialistentum zu glänzen. Wenn er in andere Wissensbereiche ausgreift, dann macht er sich im allgemeinen nur die Kenntnisse zunutze, die zur damaligen Allgemeinbildung gehörten, die anders aussah als die heutige. Wäre dem nicht so, würde er sein Publikum verfehlen und abgeschreckt haben, das ja nur über eine durchschnittliche Bildung verfügte, die in manchem der unseren überlegen, in den meisten Bereichen anders war. Rabelais' Werkkomik lebt davon, daß ein Wissenskonsens zwischen Autor und damaligem Leser besteht, denn er spielt mit der Allgemeinbildung, verfremdet sie und setzt sie für komische Effekte ein (cf. 8.3.5.). Das schließt aber nicht aus, daß er in den Domänen, wo er Fachmann war – der Theologie und Medizin – bewußt oder unbewußt Probleme anschneidet und Wissen ausbreitet, das die Leser nicht hatten und haben. Allerdings nahmen zu seinen Lebzeiten, die von den Auseinandersetzungen um den wahren Glauben geprägt wurden, theologisch-philosophische Fragen einen Stellenwert ein, den sie heute nicht mehr besitzen. Kenntnisse antiker Autoren, seien sie aus erster Hand oder aus Florilegien gewonnen, gehörten ebenfalls zum guten Ton der Bildung.

Wie neuere Untersuchungen gezeigt haben (*Screech*, B. 342), stellt Rabelais zwar Wissen zur Schau, dessen Fülle auf ersten Blick beeindruckt, aber er zitiert nur das, was ein Student der *Artes liberales* aus seinen Studien kannte. Seine mannigfachen juristischen Zitate entstammen z. B. nicht der Fachliteratur, sondern studentischen Handbüchern, die das Grundwissen stichwortartig zusammenfassen wie den *Brocardia Juris*, *Flores legum* oder dem *Dictionarium* des Albericus de Rosate. Analoges gilt für andere Wissensbereiche.

Bibl.: *Antonioli*, B. 111; *Bertalot*, B. 129; *Caputo*, B. 148; *Carpenter*, B. 149; *Derrett*, B. 176; *Francis*, B. 189; *Harden*, B. 208; *Lefranc*, B. 252; *Leonarduzzi*, B. 255; *Lewis*, B. 259; *Marichal*, B. 264; 266; *Nardi*, B. 281–283; *Perrat*, B. 291; *Screech*, B. 342–344.

6. RABELAIS' VERHÄLTNIS ZUM CHRISTENTUM

6.1. Vorüberlegungen

Rabelais hat in allen Büchern seiner Pentalogie dogmatische Fragen angeschnitten, über die nicht nur die führenden Theologen seiner Zeit, sondern ganze Nationen zerstritten waren, die sich später bis aufs Blut befehdeten. Es geht in Sonderheit um die Existenz und Unsterblichkeit der Seele, die Auferstehung des Fleisches und das Jenseits, die Allmacht des Schöpfers, die Wunder Christi, die Prädestination und den freien Willen. Rabelais unterscheidet sich aber von den Fachtheologen und Pamphletisten darin, daß er unsystematisch ist und seine Anschauung in ein lustig-komisches literarisches Œuvre einbettet. Damit nimmt er den Problemen zwar nichts von ihrer Virulenz, ja, sie treten sogar deutlicher hervor, aber er entschärft sie und mildert den Ernst.

Neben dogmatischen Fragen greift er auch Probleme der religiösen Praxis auf, die die institutionalisierte Kirche und die Ausübung der Frömmigkeit betreffen. Hier geht es um die Mißstände des Mönchstums (I, 27; 39; 40; 41; III, 22; IV, 11), sexuelle Ausschweifungen des Klerus (I, 45; II, 15; III, 28), die Rolle des Papstes und der Konzilien (IV, 45–48; V, 1–8), den Ablaß- und Wunderglauben (II, 17), die Reichweite der Dekretalien und des Kirchenrechts (IV, 49–54), um wieder nur einige markante Beispiele zu nennen (cf. 8.3.6.). Die Klammer, die Glauben und Religion miteinander verbindet, ist das Evangelium, der Urtext der Bibel (III, 30), der zum Prüfstein auch von Rabelais' religiösen Positionen wird. Man kann ihn damit als einen »Evangelischen« bezeichnen. Mit diesem Namen ist aber noch nicht viel mehr gesagt, als daß er mit dem Gedankengut einiger wichtiger Denker, die in der religiösen Diskussion der damaligen Zeit eine Rolle spielten, vertraut war: Guillaume Briçonnet, Etienne Dolet, Marguerite de Navarre, Erasmus, Luther, Melanchthon, Calvin u. a. Die von Lefranc (B. 254) und seinen Schülern vertretene These vom heidnisch-materialistischen und atheistischen Rabelais wird man wohl endgültig fallen lassen dürfen und statt dessen die Nähe zum reformerisch-humanistischen evangelisch gesonnenen Erasmianismus in den Vordergrund rücken.

Bibl.: Busson, B. 142; *Febvre*, B. 186; *Lefranc*, B. 254; *Lote*, B. 260; *Screech*, B. 339.

Um Rabelais' religiöse Position zu verstehen, ist es nötig, ein Panorama der religiösen Situation Frankreichs um 1530 zu entwerfen. Zu Beginn des 16. Jhdts. dauert immer noch eine Krise des Klerus an, die bereits im 13. Jhdt. begann: der niedere Weltklerus ist ungebildet, er hat sich mit dem höheren Klerus und den Ordenspriestern weit auseinandergelebt, die im Gegensatz zu ihm eine materiell gesicherte Existenz führen. Da die geistig-seelische Bildung der Gläubigen überwiegend in der Hand des niederen Weltklerus liegt, der auf Pfründenjagd geht, wenn er sich überhaupt für etwas interessiert, sind die Gläubigen das Spiegelbild ihrer Hirten: ungebildet und desinteressiert. Mönche und Weltgeistliche arbeiten zudem gegeneinander, jagen sich wegen der Almosen die Schäfchen ab. Das Heer der Priester und Mönche, die volkswirtschaftlich einen Ausfall darstellen, ist so groß, daß ganz Europa darunter leidet. Die Bischöfe, die für die Kirchenzucht verantwortlich sind, nehmen ihre Pflichten nur ungenügend wahr. Die zeitgenössische satirische Literatur, die Farcen, Sotien und Moralités, liefern ein Bild von der desolaten intellektuellen, zumal theologischen Bildung der Mehrheit der Bevölkerung, das von neueren Spezialuntersuchungen (*Toussaert*, B. 36) bestätigt wird. Die Gläubigen kennen kaum das Glaubensbekenntnis, das Vaterunser und das Ave Maria; sie hängen altem heidnischen Aberglauben an, praktizieren nur höchst unregelmäßig, d. h. fehlen bei der Sonntagsmesse, der Kommunion und der Beichte. Größter Beliebtheit erfreuen sich hingegen Prozessionen, Pilgerfahrten, Heiligen- und Marienverehrung, Ablaßpredigten und Reliquienkult, alles, was oberflächlich-spektakulär ist oder wo sich das Kollektiv begegnet und die individuelle Spiritualität weniger gefragt ist.

Daß die katholische Kirche diese Krise überlebt hat, verdankt sie einigen Männern, die ihr neue geistige Energien zugeführt und sie so regeneriert haben, verdankt sie aber auch den Reformatoren, die sie aus ihrer Lethargie wachgerüttelt haben. An innerkatholischen Bewegungen, die eine Reform erst ermöglichten, sind die *Devotio moderna*, zum anderen der humanistische Reformkatholizismus eines Lefèvre d'Etaples (Jacob Faber Stapulensis; ca. 1460–1536) und Guillaume Briçonnet (1472–1537) zu nennen. Die *Devotio moderna* war eine Erweckungsbewegung, die sich aus der spätmittelalterlichen Mystik speiste und auf eine Vertiefung und Verinnerlichung des religiösen Lebens gerichtet war. Ihr Fernziel war eine Vereinigung der Seele mit Gott und Loslösung von irdischen Problemen. Getragen wurde diese Bewegung, die in Flandern und den Niederlanden heimisch war, sich dann über ganz Europa ausbreitete, von den »Brüdern und Schwestern vom gemeinsamen Leben«, deren Oberhaupt der Holländer Geert Groote (1340–1384) war. Um 1831 gab er der *Devotio* eine feste Organisationsform und schloß die Anhänger in Brüder- und Schwesterhäusern zusammen. Sie leiteten Schulen und übten so großen geistigen Einfluß aus. Nikolaus von Cues (1401–1464) und

Erasmus, vielleicht die bedeutendsten Humanisten ihrer Zeit, wurden bei ihnen erzogen und gaben ihr Erbe weiter. Eines ihrer Mitglieder, Thomas von Kempen (ca. 1380–1471), schrieb die *Imitatio Christi*, einen Traktat, der in der Christenheit nicht minder verbreitet wurde als die Bibel.

Jacques Lefèvre d'Etaples, ein anderer Humanist und geistiger Erneuerer, hatte eine eigenartige Synthese von Mystik und Rationalismus gefunden. Er übernahm wichtige Teile der Lehre des Aristoteles und Platons und kreuzte sie mit der paulinischen Theologie. Damit antizipierte er Erkenntnisse der späteren Reformatoren. – Positiv hebt sich aus der französischen Kirchenlandschaft zu Anfang des 16. Jhdts. (seit 1516) die Diözese Meaux, nordöstlich von Paris, heraus. Ihr Bischof Briçonnet, von Lefèvre d'Etaples und Erasmus angeregt, nahm eine gründliche Reform seines Bistums an Haupt und Giedern vor und berief Lefèvre sogar als Berater zu sich. Briçonnet wollte die geistigen und moralischen Gebrechen der Kirche heilen, ohne ihr Dogma anzutasten, und dieser Zug ist lange kennzeichnend für den französischen Reformkatholizismus überhaupt, der mit Rom viel weniger kirchenpolitische Differenzen hatte als beispielsweise der deutsche. Dies liegt daran, daß Franz I. 1516 ein Konkordat mit dem Papst abschließen konnte, das ihm das Recht einräumte, sämtliche Erzbischöfe, Bischöfe und 500 Äbte und Prioren zu ernennen, die der Papst dann kanonisch in ihr Amt einführte. Als Gegenleistung wurden Rom die jährlichen Kirchenabgaben (Annaten) zugestanden, und der König von Frankreich verzichtete auf die Anwendung der konziliaren Suprematie-Theologie, d. h. die dem Papst übergeordnete Konzilienanrufung bei Streitfragen. Diese sog. gallikanischen Freiheiten, die schon 1438 den Gegenstand der Pragmatischen Sanktion von Bourges gebildet hatten, blieben bis 1789 in Kraft und regelten das Verhältnis der relativ selbständigen französischen Kirche zu Rom, die somit den Status einer Nationalkirche einnahm und behauptete. Der König ernannte für die Führungspositionen der Kirche nur ihm genehme Magnaten und übte so innerkirchlich einen starken Einfluß aus.

Wie verhielt sich nun Franz I., der als Lehnsmann des Heiligen Vaters zur Verteidigung des wahren Glaubens aufgerufen war, gegenüber der sich anbahnenden Reformation, die seit 1520 auch nach Frankreich auszustrahlen begann? Die Druckereien in Basel, Straßburg und Antwerpen, an der Grenze zu Frankreich noch auf dem Boden des Reiches gelegen, verbreiteten die Schriften Luthers, die schon bald von dem erasmianischen Humanisten Louis de Berquin (1490–1529), dem Geistlichen Antoine d'Oraison (geb. um 1500, gest. nach 1547) und von Marguerite de Navarre, der Schwester des Königs, ins Französische übersetzt wurden (seit 1523). Franz I. schwankte zwischen Sympathie und Abneigung, rettete Berquin sogar vor einem Ketzerprozeß, lud Zwingli sogar ein, ihm sein Glaubensbekenntnis zu erklären, verhandelte mit den deutschen lutherischen Fürsten wegen eines antikaiserlichen Bündnisses und erklärte sich erst unmißverständlich gegen die neue Lehre, als am 17./18. Oktober 1534 in der »Affaire des Placards« antikatholische Pamphlete sogar an seine Schlafzimmertür geheftet wurden. Der neue Glaube war aber auch dadurch geschwächt worden, daß die Pariser Theologische Fakultät, die Sorbonne, als Schiedsrichter in Sachen der Leipziger Disputation fungierte und Luther im Frühjahr 1521 als Häretiker verdammte. Sie spielte sich hinfort als das Bollwerk des wahren Glaubens auf und wütete gegen alle Anhänger der neuen Richtung, als König Franz I. 1525 bei Pavia in kaiserliche Gefangenschaft geriet und das Land verwaist war. Als der König 1529 erneut für länger abwesend war, verurteilte die Sorbonne Berquin zum Tode und ließ das Urteil vollstrecken, ehe der königliche Protektor eingreifen konnte. Dieser mußte erkennen, daß gerade die Ordens- und niederen Weltgeistlichen, die Bürger und der Kleinadel, sich für die neue Lehre begeisterten und daraus auch politische Konsequenzen zu ziehen begannen: sie leiteten ein Widerstandsrecht gegen den König ab und forderten dessen demokratische Legitimation. Franz I. entschloß sich deshalb nach 1534, der neuen Lehre in Frankreich nicht nachzugeben, um im Innern den Status quo des Ausgleichs mit Rom zu zementieren, der Ruhe und Ordnung garantierte. Die erste reformierte Kirche im modernen Sinn wurde in Frankreich übrigens durch den später in Neuenburg und Genf wirkenden Reformator Guillaume Farel (1489–1565) im Jahr 1523 gegründet.

Anders stand es mit evangelischen Tendenzen, dem »Evangelismus«, der nie den Boden der Orthodoxie verließ und deshalb stillschweigend geduldet wurde. Er wurde durch die bereits erwähnten Lefèvre d'Etaples, Briçonnet und Marguerite de Navarre, Dolet, Erasmus, Vives u. a. vertreten. Seine wichtigsten Lehren waren der Wunsch, den reinen urchristlichen Glauben wiederherzustellen, die evangelische Heilsbotschaft Jesu und der Apostel überall zu verbreiten und stets neue Kraft aus der Bibel, insbesondere dem Neuen Testament, zu schöpfen, welches deshalb im Originalwortlaut unverfälscht gelesen werden sollte. Diese Forderungen deckten sich mit denen vieler Reformatoren, aber die Trennung erfolgte, als sich nach der Exkommunikation Luthers die Lutheraner eine eigene kirchliche Institution schufen. Bei aller Sympathie für ihr Anliegen konnten ein Erasmus, Thomas Morus, aber auch Rabelais, diesen Schritt nicht mitvollziehen.

Bibl.: Hassinger, B. 7; Imbart de la Tour, B. 25; Iserloh, B. 10; Larmat, 244; Léonard, B. 28; Mours, B. 30; Renaudet, B. 31; Toussaert, B. 36.

6.3. Rabelais und der orthodoxe Katholizismus

Rabelais ist, trotz aller Schwankungen, der katholischen Kirche nie untreu geworden. Aber er war ein Mitglied dieser Kirche, dem der Gehorsam stets schwerfiel: er hat nicht nur den Orden gewechselt, sondern später die Zucht des Klosters ganz hinter sich gelassen, Medizin studiert, als Arzt praktiziert, ein unstetes Leben geführt, Kinder gezeugt und ohne Erlaubnis seiner Vorgesetzten freimütige Bücher geschrieben. Die Langmut seiner Hirten sorgte dafür, ja selbst das Verständnis des Papstes, daß er bis zum Ende seines Lebens Priester bleiben konnte. Wie Erasmus hatte auch er keinen Grund, einer Kirche den Rücken zu kehren, die ihn so tolerant behandelte. Ja, man könnte diese Toleranz sogar als ein Zeichen der Schwäche auslegen. Rabelais' Beharren im Schoß der Kirche hat sicherlich auch psychologische Gründe: er macht sich der gleichen Verfehlungen schuldig – der Apostasie, Simonie, des Konkubinats – die er ganz allgemein an der Kirche geißelt, und er ist somit eigentlich nicht besser als die meisten seiner Mitbrüder.

Im übrigen verdankte er seiner franziskanischen Klosterbildung sehr viele Anregungen (*Krailsheimer*, B. 234). Die Franziskaner waren ein volksnaher Predigerorden und hatten im 15. Jhdt. in Olivier Maillard, Michel Menot und Robert Messier Prediger von Rang, die teilweise in der Volkssprache predigten und sehr populär waren. Ihre Hörerschaft war z. T. identisch mit dem potentiellen Lesepublikum Rabelais', der sich Stil und Themen der Franziskanerpredigt zu eigen machte: die Sprache der Schenken und der Gosse, die Umgangssprache, die von den unteren Schichten verstanden wurde, den Humor und die Parodie, die Zitierung von Beispielen einerseits; die Kritik gesellschaftlichen und auch klerikalen Fehlverhaltens und Hinführung zu spiritueller Frömmigkeit andererseits. Auch divergierende intellektuelle Positionen waren in seinem ersten Orden diskutiert worden wie Platonismus, Voluntarismus und Stoizismus, lange bevor diese im 16. Jhdt. intellektuelles Allgemeingut wurden. Johannes Bonaventura (1217/18–1274) hatte Mystik und neuplatonische Ideenlehre miteinander verbunden und ein spekulatives Element in den Orden eingeführt; Duns Scotus (ca. 1265–1308) hatte in seinem theologischen System den Vorrang des freien Willens und der Liebe Gottes herausgestellt. Bei Wilhelm von Ockham (ca. 1290/1300–1349/50), dem Erneuerer des Nominalismus, hatte Rabelais seine Begrifflichkeit geschärft und gelernt, daß alle Dinge nur empirisch erfahren werden können, die Bezeichnungen nur aufgeklebte Namensetiketten sind. Rabelais fand also im Franziskanerorden ein geistiges Klima vor, das sehr lebhaft war, und wenn man auch annehmen muß, daß er sich den Orden nicht ganz freiwillig ausgesucht hatte, so hatte er es nicht schlecht getroffen. Man muß hinzufügen, daß die Franziskaner das Armutsgelübde besonders ernst nahmen und damit ein soziales Engagement für die unteren Schichten des Volkes kombinierten, wie es im Ordensideal der »caritas« deutlich zum Ausdruck kommt.

Trotz dieser Aufgeschlossenheit für geistige und soziale Probleme war der Orden insgesamt gesehen eher rückwärtsgewandt, denn die neuen humanistischen Studien, nicht zuletzt die Bibelphilologie, hatten dort keine Anhänger gefunden. So muß man mit Krailsheimer (S. 90) festhalten, »Rabelais joined the right order at the wrong time«. Im Hinblick auf Späteres gilt auch hier wieder ein psychologisches Moment, »one always comes back to the first principle; in the beginning was the friar.«

Bibl.: Gilson, B. 199; Krailsheimer, B. 234.

6.4. Rabelais und Luther, der Reformkatholizismus und Calvin

Mit wenigen Ausnahmen sind sich die Rabelais-Forscher heute darüber einig, daß Rabelais der Reformation zu Beginn Sympathien entgegenbrachte und mit wesentlichen ihrer Forderungen übereinstimmte. Als Beleg dienen seine Schriften der Anfangsphase, der *P.* (1532), der *G.* (1534) und die *Pantagrueline Prognostication* (B. 73). Wie insbesondere Screech (B. 340) nachgewiesen hat, ist der frühe Rabelais von Luther beeinflußt: er übernimmt von ihm die Rechtfertigung durch den Glauben, die Vorstellung von der Unbegrenztheit und Bedeutung des Glaubens, der Berge versetzt sowie die Auffassung von der Freiheit des Christen, der niemandem verpflichtet ist als seinem Gewissen. Dies genügte für die Sorbonne, Rabelais als »luthéraniste« abzustempeln und seine Werke zu indizieren. Die gelehrten Herren übersahen dabei das Trennende. Rabelais hält nämlich an der Bedeutung der guten Werke für die Erlösung des Menschen fest, wie es in der orthodoxen Formel »fides charitate formata« zum Ausdruck kommt, die Gargantua seinem Sohn (II, 8,262) besonders ans Herz legt. Während nach Luther der Mensch nur durch Gottes Willen aus seiner Sündhaftigkeit errettet werden kann, nicht aus eigenem Zutun, verbindet Rabelais diese neue Deutung mit der traditionellen Auffassung von der »caritas«. Ihre Praktizierung ist die manifeste

Form des Glaubens, der sich nicht in der Abstraktion erschöpfen darf, sondern der Nächstenliebe benötigt.

Nicht lutherisch gedacht ist es aber auch, wenn Rabelais am freien Willen festhält, wie es die Episode der Abbaye de Thélème (I, 50–58) eindringlich belegt: Gott hat zwar alles vorherbestimmt, aber dem Menschen nicht seine verantwortliche Entscheidung genommen. Sein Wille ist durch Gottes Willen nicht ausgelöscht, er selber nicht zu Passivität und Quietismus verdammt, wie Luther annimmt, für den die Erbsünde den Menschen so deformiert hat, daß nur die Erlösungstat Christi ihn noch retten kann. Rabelais geht also in zwei entscheidenden Fragen ein Stück mit Luther, greift aber dann auf orthodoxes Gedankengut zurück und gehört damit zur Gruppe derer, die Luther in der *Galaterexegese* (B. 106, Bd. 40, 1, S. 352; 590; 626; 40, 2, S. 127; 166 u. ö.) vom Jahr 1535/38 angreift.

Einig mit Luther und anderen Reformatoren ist Rabelais auch darin, daß die Heilige Schrift einzige Quelle des Glaubens sein müsse. Er weist die Lehrautorität des Papstes, der Konzilien, ja auch der Kirchenväter zurück, da sie menschlichen Ursprungs sei (II, 7). Christus habe das Gesetz der Juden unterdrückt, sei Fleisch geworden, um den Menschen zu erlösen und sofort zu Gott hinzuführen, da er Gottes Sohn sei (II, 8, 257). Die Vermittler, die Jungfrau Maria und die Heiligen, seien nicht nötig, um Zugang zu Gott zu gewinnen (IV, 23, 109 f.). Wie Luther greift Rabelais (Thélème) auch den Monachismus an, aber nicht nur wegen seiner Exzesse, sondern weil er sich anmaße, den Menschen Gottes Gnade zuzumessen. Gleiche Vorwürfe treffen ein falsch verstandenes Priesteramt (IV, 48, 180 f.), das Rabelais sonst hoch bewertet, da er vom Priestertum aller Gläubigen ausgeht. Faßt man das Gesagte zusammen (Belege bei *Screech*, B. 340), so darf man den lutherischen Einfluß im Denken des frühen Rabelais weder unter- noch überbewerten und spricht unseres Erachtens am besten von einer Luther-Sympathie.

Schaut man genauer hin, ist Rabelais auch diesmal wieder ein janusköpfiges Wesen, das sich, wie Screech (S. 95) sagt, eine Reform wünscht, die »presque autant catholique qu'évangélique« ist. Ohne Vorbehalt ist Rabelais sich mit Luther in Fragen der kirchlichen Lehrautorität einig, und dies rückt ihn nicht so sehr ins Lager der deutschen Reformatoren, auch nicht des dogmatischen Calvinismus, sondern eher der anglikanischen Kirche, wie sie Heinrich VIII. begründete, den der Papst noch kurz zuvor mit dem Titel »Defensor fidei« für seine Verdienste im Kampf gegen das Luthertum ausgezeichnet hatte. Mit der Suprematsakte von 1535 wurde die englische Nationalkirche begründet, die die meisten Dogmen, die Liturgie und die Hierarchie der katholischen Kirche beibehielt. Aber diese Übereinstimmung ist eher zufällig, entspringt zeitbedingten Strömungen. Rabelais hatte seine ersten Werke bereits geschrieben, als Heinrich VIII. sich von Rom lossagte.

Wenn Rabelais nicht mit Rom brach, so auch deshalb, weil es um 1530 in Frankreich keine geistige Führerpersönlichkeit wie Luther in Deutschland gab, noch keine feste kirchliche Organisation bestand und in fast allen religiösen Problemen Ungewißheit herrschte. Die französischen Protestanten begannen erst spät, sich zu organisieren, zu einem Zeitpunkt, als Rabelais schon tot war. Ehe nicht Calvin in Genf (ab 1541–64) sein Kirchenregiment aufgebaut hatte, waren die französischen Protestanten nach Straßburg hin orientiert, d. h. zum deutschen Luthertum. Hier holten sie sich auch eine Zeitlang ihre Prediger, die mancherlei Verfolgungen ausgesetzt waren, denn Heinrich II. errichtete 1547 beim Pariser Parlament eine eigene Kammer für Ketzerprozesse, die »Chambre ardente«. Von 1555/62 sandte die »Compagnie« von Genf jedoch 88 Pastoren nach Frankreich, die ihr gefährliches Amt ausübten. Zwar wagten es die Calvinisten, 1558 in Paris öffentlich Psalmen zu singen, aber die Anhänger der neuen Lehre ließen ihre Kinder oft in der alten Kirche taufen und nahmen noch an der Messe teil, um Nachteile für ihr Leben zu vermeiden. Erst im Edikt von Nantes (1598) wurden ihnen Religionsfreiheit und andere Sicherheiten garantiert.

Dies alles erlebte Rabelais nicht mehr, aber er erlebte es noch, daß Calvin ihn 1549/50 in seinem Traktat *De Scandalis* namentlich verdammte (B. 93, Bd. 36 col. 44 ff.):

»Die anderen wie Rabelais, Gouvea, Despériers und viele andere, die ich zum gegenwärtigen Zeitpunkt nicht nennen will, wurden von der gleichen Blindheit geschlagen, nachdem sie bereits vom Evangelium gekostet hatten. Wie konnte dies anders geschehen, als daß sie bereits damals in teuflischer Vermessenheit dieses heilige und unverbrüchliche Pfand des ewigen Lebens entweiht hatten?«

Rabelais und Calvin kannten sich vermutlich nicht persönlich und gehören verschiedenen Generationen an. Aber es sind nicht so sehr die fünfzehn Jahre Altersunterschied, welche sie trennen, als die gegensätzlichen Auffassungen. Als Reformator der zweiten Generation und auch aufgrund seiner geistigen Struktur sowie seines juristischen Studiums – in Theologie war Calvin ein eindrucksvoller Autodidakt – ist Calvin viel mehr Systematiker als Luther. In seiner *Institutio religionis christianae* (1536; später auch in französische Prosa übersetzt, *Institution chrétienne*) hat er eine geschlossene Dogmatik hinterlassen. Calvin betont die göttliche Vorsehung (I, 16–18), die in der Prädestinationslehre zugespitzt wird. Gott erwählt die Menschen zum Heil, kann sie aber auch in Sünde und Verderben stürzen. Weder gute Werke noch bedingungsloser Glaube können Gottes Willen beeinflussen. Der Mensch ist zwar dadurch nicht aus seiner Verantwortlichkeit entlassen, aber das Geheimnis seiner Gnade und Rechtfertigung ist in seiner höheren Gerechtigkeit für ihn unentwirrbar. Der Mensch kann allenfalls die Gemeinschaft mit Gott im Glauben und im Abendmahl suchen. Hier macht sich ein zweiter Unterschied gegenüber Luther bemerkbar. Calvin denkt noch stärker ekklesiologisch! Die universale Herrschaft Gottes wird konkret sichtbar in der verfaßten Kirche (Buch IV). Die Kirche ist ein äußeres Mittel, durch welches Gott den Menschen zur Gemeinschaft mit Christus einlädt. Diese Kirche muß einheitlich sein. Calvins Ziel ist es, durch die Reformation die ursprüngliche katholische Universalität wiederherzustellen, die durch das Papsttum zerrüttet worden sei. Unerbittlich hat er deshalb in Genf Abweichlern von seinem Dogma und seiner Kirchenauffassung den Prozeß gemacht, Castellio, Bolsec und Servet. Er muß Rabelais mit seinem Dogmatismus und Institutionalismus deshalb nicht weniger kritikbedürftig als die römische Kirche erschienen sein. Hier konnte es keine Gemeinsamkeit geben, zumal Calvin auch ein offizieller Gegner des französischen Königs war und seine Lehre als staatsgefährdend galt. Er hatte Anhänger in allen Schichten bis hin zum Hochadel: das mühsam errichtete Gebäude des absolutistischen Staates zeigte schon feine Risse, bis es fürs erste nach dem Blutbad von Vassy (1. März 1562) in Krieg und Mord zerbrach.

Für Calvin war Rabelais ein »Nikodemit«, d. h. jemand, der aus dogmatischen Gründen beim alten Glauben beharrte, statt sich offen als Anhänger der neuen Lehre zu bekennen und von Rom loszusagen. Bereits 1544 hatte Calvin in seiner *Excuse à Messieurs les Nicodémites* (B. 93, Bd. 6 col. 600) den gleichen Personenkreis angesprochen:

»Ceste bende est quasi toute de gens de lettres; non pas que toutes gens de lettres en soyent; car j'aimerais mieux que toutes les sciences humaines fussent exterminées de la terre que si elles estoyent cause de refroider ainsi le zéle des Chrestiens et les destourner de Dieu.«

Er stellt sie auf eine Stufe mit den »Lucianiques ou Epicuriens qui font semblant d'adhérer à la parolle et dedans leurs cuers s'en moquent et ne l'estiment non plus qu'une fable«. Dieser gegen Schriftsteller gerichtete Antiintellektualismus ist bezeichnend für Calvins verhärteten Dogmatismus und mußte Rabelais um so bitterer verletzen, als auch die Sorbonne die Verbreitung seiner Werke rücksichtslos verfolgte.

Fast gleichzeitig mit *De Scandalis* wurde Rabelais auch von orthodoxer Seite attackiert: 1548 ließ der Mönch Gabriel Du Puy-Herbault aus Fontevrault (bei Saumur) oder sein Freund François le Picart seine Kampfschrift *Theotimus* (B. 107) erscheinen, in welcher er Rabelais zu Calvin nach Genf schickt, wo er hingehöre (Zitat bei *Heulhard*, B. 214, S. 264 f.). »Aber dieser Rabelais hier bei uns, was fehlt noch an seiner vollkommenen Verkehrtheit, da er Gott nicht fürchtet und die Menschen nicht respektiert und alles Göttliche und Menschliche mit Füßen tritt?«

Die Gründe für den Angriff Du Puy-Herbaults alias Picarts sind eine Replik auf die kurz zuvor im Q. L. ergangenen Attacken gegen die Sorbonne und die orthodoxen Theologen. Beide Verfasser mußten sich als strenggläubige Priester davon (IV, 48–54 u. a.) getroffen fühlen. Weiterhin wollten sie Rabelais bei Kardinal Du Bellay anschwärzen, der sich jedoch nicht beeindrucken ließ. Während der *Theotimus* nicht zuletzt persönlicher Animosität entsprang, sind die Angriffe Calvins, wie Busson (B. 144) zeigt, grundsätzlicherer Art und deshalb ernster zu nehmen.

Bibl.: *Busson*, B. 144; *Droz*, B. 183; *Haupt*, B. 212; *Heulhard*, B. 214; *Iserloh*, B. 10; *Lote*, B. 260; *Screech*, B. 340.

6.5. Rabelais und Erasmus

Wenn die Nähe im Denken Rabelais' und Erasmus' erst verhältnismäßig spät den Gelehrten auffiel, so liegt das daran, daß Erasmus im 19. Jhdt. noch so gut wie unbekannt war. Zu seinen Lebzeiten und kurz nach seinem Tod war dies noch anders gewesen. Der Franziskaner Nikolaus von Herborn, ein zeitgenössischer Beurteiler der Reformationsepoche, hatte noch sagen können: »Luther hat einen großen Teil der Kirche erobert, Zwingli und Oekolampad einen gewissen Teil, Erasmus jedoch den größten...« (*Kohls*, B. 229, S. 3). Bei allem Intellektualismus ist Erasmus ein Mann gewesen, der sich aus den theologischen Streitigkeiten seiner Zeit heraushalten und letztlich seine Ruhe haben wollte, um seinen gelehrten Neigungen ungestört leben zu können. Ihm bedeuteten Dogmen und ihre Auslegung wenig; ihm ging es um Herzensfrömmigkeit und intellektuelle Bildung. Er wiegte sich in der Illusion, die Einheit der Kirche könne durch Besinnung auf die Einfachheit der apostolischen Urkirche, durch Rückgriff auf die Heilige Schrift und Beschränkung auf die Grundwahrheiten des Apostolischen Glaubensbekenntnisses gewahrt bzw. wiederhergestellt werden (*Liber de sarcienda ecclesiae concordia*, 1533; *Explanatio Symboli*, 1533). Durch seine Kompromißbereitschaft und sein Versöhnlertum hat er nach Meinung der Fachtheologen aus beiden Lagern die Kirchenspaltung jedoch mehr gefördert als verhindert.

Dem am 28. Oktober 1469 in Rotterdam als zweitem unehelichen Sohn des Priesters Rotger Gerhard und einer Arzttochter geborenen Desiderius Erasmus fehlte der Hang zum Prinzipiellen, fehlte das teutonisch-faustische Alles oder Nichts. Daran mögen der Makel der Geburt, der eine größere Sensibilität und Anpassungsnotwendigkeit bewirken, schuld sein, aber auch die Lebenserfahrung. Er studierte und lehrte abwechselnd in Frankreich, England, Deutschland und der Schweiz und starb am 12. Juli 1536 in Basel in protestantischer Umgebung, ohne den Beistand eines katholischen Priesters erlangt zu haben, obwohl er mit der Kirche nie gebrochen hatte. Er wurde auch als Protestant begraben, Symbol seines Internationalismus. Diese Wechselfälle sind zugleich Zeichen dafür, daß Erasmus zwischen beiden Lagern hin- und herpendelte, räumlich wie geistig.

Mit Luther hatte ihn anfangs eine große gegenseitige Wertschätzung verbunden, Luther ihn als »unsere Zierde und Hoffnung« begrüßt, ohne dessen bibelphilologischen Studien er nichts habe ausrichten können und sich als »seinen kleinen Bruder in Christus« bezeichnet. Sie zerstritten sich über die Frage des freien Willens, und da Luther mit allen, die nicht seiner Meinung waren, hart umsprang, hatte er auch bald Erasmus gegen sich. Für Erasmus hatte Luther so geschrieben, daß kein Platz mehr für eine Freundschaft blieb. Später bezog Erasmus endgültig Stellung gegen die Reformation mit einem Satz, der für seinen Skeptizismus, seine intellektuelle Reserve und Angst sich festzulegen und zu engagieren, charakteristisch ist:

»Parteien habe ich immer gehaßt. Bisher habe ich allein bleiben wollen, von der katholischen Kirche wollte ich mich nicht trennen. Von ihr bin ich niemals abgefallen. Deine Kirche [sc. an Luther gewandt] habe ich niemals so nennen wollen... Ich weiß, daß in der Kirche, die ihr die papistische nennt, viele sind, die mir mißfallen, aber solche sehe ich auch in deiner Kirche. Doch Übel, an die man gewöhnt ist, tragen sich leichter. Ich ertrage also diese Kirche, bis ich eine bessere sehen werde, und sie ist ebenfalls genötigt, mich zu ertragen, bis ich besser geworden bin. Man fährt nicht unglücklich, wenn man zwischen zwei Übeln den Mittelkurs hält.« (Zit. nach *Iserloh*, B. 10, S. 154; Original B. 94, X col. 1257 CF).

Der Dissens mit Luther schwelte aber schon länger. Im September 1524 war Erasmus' Schrift *De libero arbitrio diatribe sive collatio* fertig. Wenn Luther dem Menschen den freien Willen absprach und alles von der Gnade Gottes und dem Glauben der Menschen abhängig machte, wenn die orthodoxe Kirche den guten Werken einen so gewichtigen Platz einräumte, so sah Erasmus den Menschen zwischen der Scylla des Fatalismus und der Charybdis des Vertrauens auf seine Werke und mochte sich mit keiner Extremhaltung abfinden. Es geht hier natürlich nicht um die moralische Freiheit ganz allgemein, wie später bei Rabelais, sondern um die Rolle des menschlichen Willens bei der Verwirklichung des Heils. Für Erasmus steht fest, daß der Mensch einen Rest von Wahlfreiheit hat, sein Wille frei ist, weil sonst das Evangelium gar keinen Sinn ergäbe. Erasmus räumt der Gnade mehr Gewicht ein als dem Willen, versucht aber auch hier wieder, zwischen Luther und der Orthodoxie zu vermitteln.

Luther ließ sich Zeit mit seiner Antwort, aber 1525 lag sie mit dem programmatischen *De servo arbitrio* vor. Luther wirft Erasmus vor, er habe nicht verstanden, daß Gott absolut und unbedingt, der Mensch von ihm in allem abhängig sei. Er, Erasmus, lege die Schrift falsch aus, sei ein Atheist und Zerstörer des Christentums, ein Heuchler, Lästerer und Skeptiker. Luther macht seine rigorose Auffassung von der Gebundenheit des menschlichen Willens mit einem plastischen Bild deutlich:

»So ist der menschliche Wille in die Mitte gestellt zwischen Gut und Böse wie ein Lasttier; wenn Gott darauf sitzt, will er und geht er, wohin Gott will... Wenn der Satan darauf sitzt, will er und geht er, wohin der Satan will, und es liegt nicht in seiner freien Wahl, zu einem von beiden Reitern zu laufen oder ihn zu suchen; viel mehr kämpfen die Reiter selbst darum, ihn festzuhalten und in Besitz zu nehmen« (zit. nach *Iserloh*, B. 10, S. 153; Original B. 106 18, 635, 17–22).

Damit ist Luther nicht mehr fern von Calvin; der Mensch kann nur hoffen, daß Gottes Gnade ihm zuteil wird und wenn nicht, daß er einen gerechten und gnädigen Richter findet. Für Erasmus ist dies unerhört, und er führt, bezeichnenderweise, die Tradition der Kirche und das Zeugnis der Heiligen dagegen an. Luthers Gott bleibt verborgen, verbirgt seine Güte und Barmherzigkeit unter seinem Zorn, seine Gerechtigkeit unter scheinbarer Ungerechtigkeit, und daran zu glauben, ist die höchste Stufe des Glaubens. Im *Hyperaspistes diatribae* (1526/27) hat Erasmus noch einmal deutlich gemacht, daß er am freien Willen festhalten wolle, aber seine Worte interessieren Luther nicht mehr.

Rabelais hat sich schon früh Erasmus nahe gefühlt, wie sein Brief aus dem Jahr 1532 belegt:

»Mit großer Freude, mein Vater und Lehrer, benutze ich diese Gelegenheit, dir einen Dienst zu erweisen und damit zu zeigen, mit welcher Liebe und welchem Respekt ich dich verehre. Ich habe dich Vater genannt und würde dich auch Mutter nennen, wenn du mir dies in deiner Güter erlaubtest« (B. 64, S. 497).

Diese Nähe ist zuerst einmal eine biographische! Beide waren »clerici vagantes«, emanzipierte Mönche, die den Staub des Klosters von ihren Füßen geschüttelt hatten, ein unstetes Leben führten, um ihre intellektuelle Freiheit auszukosten. Wie Erasmus lehnt auch Rabelais den Zwang der kirchlichen Institutionen ab, bejaht er die Ehe als menschenwürdigste Form der Kommunikation, ist er Pazifist (Belege bei Rabelais z. B. I, 27; I, 50–58; II, 8; I, 25–49 u. ö.). Der Mensch ist ihm von Natur aus gut; es kommt daher auf seine guten Absichten an, nicht auf Gehorsam gegenüber irgendwelchen Instanzen, auch nicht auf blinden Dogmatismus. Damit sind Erasmus und Rabelais diesseitsbezogener als die Reformatoren, vertrauen auf die Mündigkeit des Menschen, der aus eigenem Wollen ein gottgefälliges, aber auch auf »caritas« gegründetes Leben zu führen vermag.

Diese Bodenständigkeit lähmt das Individuum nicht und erlaubt ihm, richtig angeleitet und instruiert, sich selber zu verwirklichen. Zu diesem Optimismus paßt es auch, wenn weder ein düsterer Vatergott mit dem Flammenschwert der Vernichtung droht, noch der Mensch mit blindem kindlichen Vertrauen zu diesem Allvater aufschaut, da alle sonstigen Freuden ertötet sind, sondern wenn Heiterkeit und Lebensfreude, aber auch Spott und Ironie, erlaubt sind. Durch sie kann sich der Mensch auf harmlose Weise verwirklichen und Konflikte abbauen.

Auch diesbezüglich hat Rabelais von Erasmus gelernt, der insbesondere im *Morias Enkomion* (1511) die Narrheit selber auftreten läßt. Er unterscheidet zwischen der heilsamen Torheit, die die wahre Weisheit ist, und der eingebildeten Weisheit, die nur Torheit ist. Erasmus hält den Leser dazu an, nicht alles todernst zu nehmen und die verhärteten Fronten der Dogmen und Ideologien durch Lachen aufzubrechen. Diese Sehweise ist dem romanischen Charakter wohl näher als die germanische Schwarzweißmalerei, die den Gegner gleich verteufelt und Kritik stets persönlich nimmt. Das *Morias Enkomion* war

Erasmus' größter literarischer Erfolg, der noch bis heute andauert. Ähnlich zeitkritisch sind die *Familiorum colloquiorum formulae* (1518), geistreiche und scharfzüngige Satiren auf Bräuche und Mißbräuche der Zeit, die keinen Stand aussparen.

Es gibt aber noch einen dritten Grund, warum sich Rabelais in die geistige Gefolgschaft des Erasmus begibt: Wie kein anderer Reformer will Erasmus nämlich die Schätze der antiken Bildung heben und intendiert somit eine Synthese von Antike und Christentum. Dieses humanistische Ziel unterscheidet ihn wesentlich von der deutschen Reformation, die muttersprachlich orientiert ist und die Erkenntnisse der humanistischen Studien allenfalls für die Lösung bibelphilologischer Probleme einsetzt. Anders Erasmus, und anders auch Rabelais, der den Franziskanerorden wechselte, um ungestört Griechisch zu lernen und die Schriften der Antike zu lesen. So hat ihn Erasmus nicht nur in religiöser und weltanschaulicher Hinsicht geprägt, sondern auch, oder insbesondere, als Vermittler der Antike. Erasmus' wichtigstes diesbezügliches Werk sind die *Adagia* (1500), eine Sammlung antiker Sprichwörter, die zum Zweck haben, den Menschen unablässig an den Gebrauch der Vernunft zu ermahnen. Delaruelle (B. 175) und Smith (B. 352) haben gezeigt, daß Rabelais manchen antiken Autor nicht selber im Original gelesen hat und nur in der Vermittlung des Erasmus kannte. Nicht minder wichtig sind die acht Bücher *Apophtegmata*, Aussprüche berühmter Männer, Philosophen und Weisen, die Erasmus zusammengetragen hatte.

Die Vernunft ist die vornehmste Gabe Gottes an die Menschen, das Vertrauen in die *ratio* einer der wesensmäßigen Grundzüge der religiösen Haltung des Erasmus. Hinzu kommt eine spezifisch christliche Frömmigkeit, deren Grundlagen Erasmus im *Enchiridion militis christiani* (1502) in spielerischer Form ausbreitet. Wichtiger als die Dogmen ist die Tugend der *caritas*. Die praktische Nächstenliebe darf nicht bloßer Zeremoniendienst, aber auch nicht übersteigerter Dogmatismus noch mönchische Weltflucht sein – Fehler, die Erasmus unter dem Begriff des Judäismus zusammenfaßt. Sein religiöses Ideal speist sich aus der *Devotio moderna* und der antiken Moralphilosophie und ist somit eine Fortsetzung des christlichen Humanismus, für den im 14. Jhdt. bereits Petrarca einsteht. Neben dem Neuen Testament, das Erasmus 1518 im griechischen Urtext in mustergültiger Form edierte, und den Quellen der Antike möchte er auch die altchristliche Väterlehre wieder lebendig machen, weil dort Antike und Christentum in Einklang gebracht sind. Seine Lieblingsautoren werden Hieronymus und Origenes, die von allen Kirchenvätern die klassischen Autoren wohl am gründlichsten kannten und sich am eindringlichsten mit dem Problem der Verwendbarkeit für den Christen auseinandergesetzt hatten (cf. 4.5.). Von Erasmus haben wir glänzende Patristikereditionen, die einen Großteil seiner Schaffenskraft absorbierten, wie man überhaupt sagen kann, er habe vielfach publiziert um des Publizierens willen und sei der Druckerpresse hörig gewesen.

Nach dem Gesagten kann man Rabelais fast einen »Affen des Erasmus« nennen, jedenfalls was die theologischen, philologischen, pädagogischen und philosophischen Ideen angeht. Seine Originalität liegt, wie noch zu zeigen sein wird (cf. 8.), im Schriftstellerischen. Rabelais greift, wie sein Lehrmeister, die scholastische Pädagogik mit ihrem Disputationsstil des *pro et contra*, ihrem sturen Büffeln und Pauken und ihren Spitzfindigkeiten an. Beide ersetzen den mittelalterlichen Lehr- und Ausbildungsstil durch ein humanistisches Studienprogramm enzyklopädischen Zuschnitts, welches insbesondere auf die Lektüre der Bibel im Originalwortlaut vorbereiten soll (*Béné*, B. 125; *Telle*, B. 363). Weiterhin betonen beide die Autonomie des menschlichen Willen, und Rabelais' Motto des »fais ce que vouldras« ist vielleicht eine Übernahme aus dem *Hyperaspistes II*. Zu jedem wichtigen Gedanken, den Rabelais in seiner Pentalogie, zumal den beiden ersten Büchern, zum Ausdruck bringt, kann man, wenn man sich Mühe gibt, eine Parallelstelle in einer der philologischen, theologischen, pädagogischen oder literarischen Vorlagen des Erasmus finden (cf. 7.3.; 7.5.).

Bibl.: Béné, B. 125; *Delaruelle*, B. 175; *Dresden*, B. 182; *Febvre*, B. 186; *Iserloh*, B. 10; *Kohls*, B. 229; *Lebègue*, B. 246; *Neubert*, B. 287; *Schmitt*, B. 330; *Screech*, B. 345; 346; *Smith*, B. 352.

7. Rabelais' politische Ideenwelt

7.1. »Religion, estat politicq et vie oeconomique«

Im G.-Prolog lädt Rabelais seine Leserschaft ein, in seinem Werk nach einem verborgenen Sinn zu suchen (cf. 4.5.), der sie in die Geheimnisse der Religion, der Politik und des Hauswesens einweihen werde, »car en icelle bien aultre goust trouverez et doctrine plus absconce, laquelle vous révélera de très haultz sacremens et mystères horrificques, tant en ce que concerne nostre religion que aussi l'estat politicq et vie oeconomique« (B. 64, Bd. I, S. 8). Man kann davon ausgehen, daß »vie oeconomique« und »estat politicq« (*Bichon*, B. 130; 131) das Hauswesen und die Verwaltung von Staaten, Kommunen und Städten betreffen, eine Bedeutungsreihe, die seit Brunetto Latini (ca. 1220–ca. 1295) und Nicolaus von Oresme (ca. 1320–1382) den Gebildeten vertraut ist. Eine gewisse Schwierigkeit liegt darin, daß die Pentalogie von Königen handelt. Ihre »vie oeconomique« ist die Verwaltung des Königreiches, ihr »estat politicq« betrifft ihr Verhältnis zu den Untertanen, »il [Rabelais] appelle donc économie ce que nous appelons politique, et politique ce que nous appelons éducation et culture« (*Bichon*, B. 131, S. 118). Da das Werk aber nicht für Könige allein geschrieben ist, muß man, abweichend von Bichon, die Trias »religion, estat politicq et vie oeconomique« in absteigender Linie als das Verhältnis des Menschen zu Gott, zu seinen Mitbürgern und zu seiner Familie deuten.

Dieser Hinweis im G.-Prolog ist in mehrfacher Hinsicht aufschlußreich: er lehrt uns, das Rabelais nicht, wie viele seiner Zeitgenossen (Thomas Morus, Erasmus, Machiavelli) ein politisches System, eine durchgängige politische Theorie, aufstellen wollte, sondern daß er vereinzelte Aussagen dazu macht, die man wie die Steine eines Mosaiks erst mühsam zusammensetzen muß.

Wenn man von Rabelais' politischer Ideenwelt spricht, behandelt man im allgemeinen seine Auffassung von der Monarchie, von der Außen- und Innenpolitik, wobei letztere Probleme der Rechtsprechung, der Militärverfassung, der Steuerpolitik etc. mit umfaßt, erstere das Verhältnis von Krieg und Frieden, Kolonialismus und internationale Beziehungen beinhaltet. Wir wollen uns diesem Aufbau anschließen und dann prüfen, inwieweit Rabelais den französischen und europäischen Realitäten seiner Zeit Rechnung trägt. Dies ist deshalb von Belang, weil Lefranc (B. 254, S. 256; 297) behauptet hatte, daß Rabelais im Auftrage des Königs schreibe, und Lote in Rabelais' politischen Ideen gar »des impératifs royaux« sehen wollte. Rabelais habe erst durch seinen Dienst bei Kardinal Du Bellay, als G. und P. bereits geschrieben gewesen seien, Berührung mit dem Hof bekommen. Akzeptiert man indes Lotes These, die auch neuerdings noch Befürworter findet, dann stempelt man Rabelais leicht zum Opportunisten ab, der um eines Druckprivilegs willen, seine innerste Überzeugung geopfert habe. Allerdings fällt auf, daß Rabelais in P. und G. Angriffskriege scharf ablehnt und allenfalls Verteidigungskriege billigt, dann aber im Vorwort des *T. L.* (B. 64, Bd. I, S. 397) den Krieg preist und zum Vater aller Dinge erhebt (*Keller*, B. 222, S. 244; 246). Einen Meinungswandel auf eine Textstelle zu gründen, ist leichtfertig, zumal man diese durchaus ironisch auslegen kann. Wäre Rabelais tatsächlich die Stimme seines Herrn, dann wäre ihm kaum eine eklatante Fehleinschätzung unterlaufen, wie sie seine Attacke gegen die Dekretalen (IV, 51–53) darstellt, zu einem Zeitpunkt, als sich Heinrich II. längst mit dem Papst verglichen hatte. Dennoch erhellt aus dem vorher Gesagten, daß Rabelais keineswegs königsfeindlich ist, ohne daß man ihn gleich zum königlichen Propagandisten abstempeln müßte Auch hier wird seine Affinität zu Erasmus uns wieder das Verständnis seiner Position erleichtern. Dennoch wird man Lote (B. 260, S. 555) zustimmen, der ihn einen politischen Traditionalisten nennt: »Ce révolutionnaire, ce fervent défenseur des doctrines nouvelles ... est aussi un conservateur très attaché à quelques principes qui lui semblent fondamentaux, un traditionaliste dont le plus haut souci est de protéger l'état et la famille.« Rabelais wird stets einer bäuerlich-patriarchalischen Wertordnung verpflichtet bleiben, und dies ist ein weiterer Einwand gegen die Thesen von Bachtin (B. 116; 117), Beaujour (B. 124), Paris (B. 290) u. a. Seine politische Konzeption läßt sich, um noch einmal Lote zu zitieren, auf folgenden Nenner bringen: »La royauté, le culte de la science, la propriété, l'autorité familiale et la famille« (S. 347).

Bibl.: Aronson, B. 114; *Bichon*, B. 130; 131; *Janeau*, B. 217; *Keller*, B. 222; *Larmat*, B. 244; *Lefranc*, B. 254; *Lote*, B. 260; *Plaisant*, B. 294.

Rabelais entwirft in seiner Pentalogie das idealisierte Bild eines Philosophenkönigs, der in der Realität keine Entsprechung hat, wenn auch Züge der Könige, unter deren Herrschaft er gelebt hat, in sein Bild des Monarchen eingeflossen sind: Ludwig XII., »le père du peuple«, Franz I., der Förderer des Humanismus und Gegenspieler Karls V., und Heinrich II., der die Politik seines Vaters erfolgreich fortsetzte; aber auch die Brüder Du Bellay haben in seinem politischen Denken ihre Spuren hinterlassen. Rabelais zeigt drei Könige in der Pentalogie: Großvater (Grandgousier), Vater (Gargantua) und Sohn (Pantagruel). Trotz ihrer verwandtschaftlichen Nähe und gewisser gemeinsamer Grundeigenschaften sind sie recht wesensmäßig unterschieden, denn Grandgousier gehört noch der guten alten Zeit an, ist ungeschlacht und plump, eine zwar verehrungswürdige, aber archaische Gestalt. Gargantua ist halb dem finsteren Mittelalter, halb der Zeit des lichten Humanismus zuzurechnen (II, 8, 259). Er erkennt, daß sich die Welt weiterentwickelt und er mit seinem Wissen nicht mehr Schritt halten kann. Er bemüht sich aber, sich weiterzubilden und beginnt noch in hohem Alter Griechisch zu lernen. Er führt die Druckerkunst in seinem Land ein. Was er für sich selber erhoffte, aber nicht mehr für seine Person verwirklichen konnte, gibt er seinem Sohn Pantagruel mit, der der Prinz der neuen Zeit ist. Er ist im Sinn des humanistischen Bildungsideals erzogen, das auf eine harmonische Ausbildung von Körper und Geist abzielt. Er lernt mehrere Sprachen, Geometrie, Arithmetik, Musik, Astronomie, Geographie, Biologie, Zoologie, Medizin, Zivilrecht, Theologie, kabbalistische Geheimlehren usf. (II, 8). Er soll sich aber nicht nur mit Wissen vollstopfen, denn »science sans conscience n'est que ruine de l'âme« (II, 8, 261/262).

Pantagruel vereinigt in sich nicht nur Wissen, sondern auch sittliche Einsicht, Besonnenheit, Gerechtigkeit, Weisheit und Tapferkeit. Es nimmt alle Dinge heiter und gelassen und wird damit zur Verkörperung der fundamentalen Geisteshaltung des Pantagruelismus, die eine zentrale Aussage des Werkes ist (cf. 4.4.). Nach Janeau (B. 217, S. 20) sind »piété, sagesse und bonté« die bedeutsamsten Eigenschaften, die einen König zieren. Aronson (B. 114) spricht davon, der König müsse »chevalier, savant et philosophe« sein (S. 89). Er muß also seinen Untertanen intellektuell und charakterlich überlegen, kurz ein Philosoph sein. Man kann aber auch sagen, daß die Trias

»piété, sagesse und bonté« sich auf die drei Bereiche Religion, Staat und Hauswesen erstreckt und der König somit zum nachahmenswerten Vorbild für alle Untertanen wird. Danach bemessen sich auch seine Funktionen, die, wie wir später erfahren, darin bestehen, sein Reich zu verwalten, Recht zu sprechen und die religiösen Angelegenheiten zu ordnen, »sa justice apparoistra en ce que par la volunté et bonne affection du peuple donnera loix, publiera edictz, establira religions, fera droict à un chascun« (III, 1, 408).

Der König ist kein einfacher Sterblicher, sondern nimmt einen besonderen Platz ein. Er hat nämlich eine Art Mittlerfunktion zwischen Gott und den übrigen Menschen. Es versteht sich von selber, daß er Künste und Wissenschaften fördert. Fehlt eine seiner Eigenschaften, hat er seine herausragende Stellung verwirkt und wird zur Karikatur. Rabelais hat in Picrochole und Anarche im *G.* und *P.* derartige Monarchen gezeichnet, die die moralischen und religiösen Gesetze brechen und somit ihr Amt verwirken. Sie gehen ihrer Herrschaft verlustig und werden zu Unpersonen.

Rabelais äußert sich aber auch über die Form der Monarchie, wie sie ihm vorschwebt: es handelt sich um eine gemäßigte Erbmonarchie, die nicht göttlichen Ursprungs ist. Zu Beginn des *G.* stellt Rabelais nämlich fest, es gebe heutzutage Kaiser, Könige, Herzöge, Fürsten und Päpste niedrigster Abstammung; andererseits gebe es Lumpen und Hungerleider, die aus dem Geschlecht und Blut großer Könige und Kaiser entsprossen seien (I, 1, 11/12). Die Erblichkeit der Monarchie, die Rabelais nicht antastet, beruht auf einem ungeschriebenen Vertrag mit den Untertanen. Der König übt eine gerechte Herrschaft aus und beschützt sie im Krieg; sie ihrerseits gehorchen ihm, respektieren sein Amt und kommen für seinen Unterhalt auf. Auch hier bestätigt sich Rabelais' patriarchalisch-feudale Auffassung vom Amt und der Bedeutung des Königs.

Die meisten Aussagen zum Herrscherbild Rabelais' finden sich im *P.* und *G.*, so als ob hier das Ideal entworfen worden wäre, das dann der Wirklichkeit weichen mußte, als Rabelais in das Gefolge der Du Bellays eintrat. Im *Q. L.* und besonders im *C. L.* gewinnen dann Königinnen an Bedeutung. Im *Q. L.* ist es Niphleseth (IV, 42), die Königin der Würste; im *C. L.* die Quinte Essence (V, 17; 19–25) der Entelechia, später die Reine des Lanternes (V, 32). Während Rabelais im *P.* und *G.* eher das Bild einer bäuerlich-austeren Monarchie entwirft, zeigt er uns jetzt die funkelnde Welt des Hofes mit Hofstaat, Bällen, üppigen Diners und Festlichkeiten (*Aronson*, B. 113).

Ein weiteres Element ist erwähnenswert: die Königin Entelechie ist »thaumaturge«, ist eine Wunderheilerin, die durch ihr Orgelspiel alle möglichen Krankheiten heilt. Rabelais macht sich ganz offenkundig über das Handauflegen der französischen Könige lustig (V, 19), denen diese Fähigkeit noch bis 1789 zugesprochen wurde; sie heilten allerdings nur die Skrofeln, eine Art Tuberkulose (*Bloch*, B. 132).

Aronson erklärt das Auftreten von Königinnen gegen Ende der Pentalogie damit, daß diese Passagen kaum noch von Rabelais selber stammen, sondern nach 1559 geschrieben sein müssen, dem Todesjahr Heinrichs II., als Katharini von Medici die Regentin ihrer unmündigen Söhne wurde. Die königliche Macht verfiel, die Religionskriege brachen 1562 mit dem Massaker von Vassy los. Aronson bringt weitere Belege, daß Quinte Essence mit Katharina von Medici identisch ist, da sich beide für Alchimie interessieren und glänzende Hoffeste geben.

Ohne hier erneut auf die Authentizitätsfrage eingehen zu wollen (cf. 4.2.), lassen sich die Königinnen-Episoden aber auch aus der Sicht von Rabelais' politischen Anschauungen deuten. Eine ironische Grundhaltung ist bereits im Q. L. erkennbar, wo Niphleseth samt Tochter dem König von Frankreich lehnspflichtig wird (IV, 43, 163). Will man eine unmittelbare politische Anspielung darin erkennen, so kann man an die »promenade dans l'Est« (1552) denken, als Katharina kurze Zeit für ihren Mann die Regentschaft führte, der im Felde gegen Habsburg stand. Man kann darin aber auch, unabhängig davon, ein Bekenntnis Rabelais' zum salischen Gesetz sehen, das die Königin in Frankreich stets von der Salbung und Königsweihe ausschloß. Ein derartiger »Konservatismus« stimmt nämlich gut mit seinen sonstigen politischen Anschauungen überein.

Bei allem darf man nicht vergessen, daß Rabelais nicht die Realität abschildert, sondern eine Utopie schreibt. Die Riesenkönige sind Könige von Utopien und damit der Gegenwart entrückt. Sie sind als Idealgestalten deutlich gekennzeichnet. Das utopische Reich hat Gargantua allerdings von seiner Frau Badebec geerbt, die die Tochter des utopischen Amaurotenkönigs ist (II, 2, 228). Dieser Vorgang unterstreicht einmal mehr die Bedeutung des salischen Gesetzes.

Bibl.: *Aronson*, B. 113; 114; *Bloch*, B. 132; *Bourrilly*, B. 135; *Janeau*, B. 217; *Plaisant*, B. 295; 296; *Saulnier*, B. 328.

7.3. Außenpolitik

Rabelais ist, was die Außenpolitik angeht, relativ explizit. Auch hier finden sich wieder die meisten Hinweise in *G.* und *P.*, allerdings ist auch die Episode des Würstekriegs in IV, 35–42 aufschlußreich. Seine außenpolitischen Vorstellungen haben entweder mit Krieg und Frieden oder dem Völkerrecht zu tun. Rabelais ist Pazifist und verdammt jeglichen Eroberungskrieg. Ein Souverän soll alles in seiner Macht stehende tun, um militärische Konflikte zu vermeiden. Rabelais kennt die Auswirkungen des Krieges, weiß, was Plünderung und Brandschatzung bedeuten, zumal für die Bauern, die unter einer marodierenden Soldateska, Einquartierungen und Requirierungen zu leiden haben. Sein Pazifismus geht allerdings nicht ganz so weit wie bei Erasmus, für den ein Satz aus der *Querela Pacis (Pacis Querimonia)* gilt, »Kein Friede kann so ungerecht sein, daß er nicht besser ist als der gerechteste Krieg« (B. 103, S. 32; B. 94, Bd. IV col. 636).

Rabelais hielt den Krieg dann für legitim, wenn das nationale Territorium bedroht war. Die höchste Pflicht eines Königs ist ja der Schutz seiner Untertanen. Hat sich ein Krieg als unausweichlich erwiesen, muß er mit größter Humanität geführt werden. Der Monarch soll nicht nur das Leben seiner Untertanen, sondern auch seiner Gegner schonen. Rachsucht und Grausamkeit sollen keinen Platz in seinem Denken einnehmen. Ist ein Krieg siegreich beendet, so dürfen die Schuldigen zwar bestraft, nicht jedoch die besiegte Bevölkerung unterjocht oder drangsaliert werden.

Auch hier hat sich Rabelais entwickelt: der *G.* ist menschlicher als es noch der *P.* war, denn im Dipsodenkrieg wird Dipsodien kolonisiert, wird die Stadt der Almyroden, die sich nicht sofort ergibt, geplündert und in Brand gesteckt, das eroberte Territorium als Beute an bewährte Feldherren verteilt. Trotz gewisser Modifikationen, die man aus dem Prolog des *T. L.* herauslesen kann, ist Pantagruel stets ein auf Vermittlung bedachter Friedensfürst, wie auch sein Vater Gargantua, für die das erasmianische Adagium IV. I. I. Motto zu sein scheint, »Der Krieg ist nur denen angenehm, die ihn nicht kennen«.

Rabelais setzt sich auch für freundschaftliche diplomatische Beziehungen zwischen den einzelnen Königreichen ein, weiterhin dafür, daß Verträge gehalten werden. Wenn Picrochole mehr noch als Anarche die Verkörperung des schlechten Herrschers ist, gegen dessen Ansprüche nur noch ein Krieg hilft, so hat Karl V. diesem sicherlich Modell gestanden. Rabelais wirft ihm vor, nach der Weltherrschaft zu streben, die ihm nicht zustehe. Die anderen Könige Europas seien nicht minder souverän als er. Zu Beginn des *G.* (I, 1, 12) bekennt sich Rabelais noch zur Lehre der mittelalterlichen *Translatio imperii* und läßt die Herrschaft von den Assyrern auf die Meder, Perser, Makedonen, Römer, Griechen und dann auf die Franzosen übergehen, schreibt seinem eigenen Land den Anspruch auf die Universalmonarchie zu, da die Franken sich auf Aeneas zurückleiten können. Die Gefangennahme Franz' I. durch Karl V. nach der Schlacht bei Pavia (I, 39, 149) hält er für einen Mangel an »vertu« der königlichen Offiziere, die ihren Herrn im Stich gelassen hätten, aber auch des Kaisers, der Seinesgleichen nicht gefangensetzen dürfe. Er stellt diesem Vorgehen dasjenige Grandgousiers entgegen. König Alpharbal von Kanarien hatte ihn überfallen und war besiegt worden (I, 50, 184). Grandgousier habe ein hohes Lösegeld beanspruchen und ihn und seine Kinder sogar als Geiseln nehmen können. Er habe aber nicht strafen, sondern einen Bündnispartner gewinnen wollen und Alpharbal statt dessen in Ehren heimgeschickt. So habe er Freundschaft gestiftet, statt Rache zu nehmen. Später einmal kreidet Rabelais Karl V. an, den Landgrafen von Hessen ebenfalls durch Wortbruch in seine Gewalt gebracht zu haben (IV, 17, 92). Der Kaiser sicherte ihm nämlich zu, ihn nach einer Auseinandersetzung ohne »enige gefangniss« (= ohne jegliche Gegängnishaft) anzunehmen, änderte aber einen Buchstaben seines Briefes, so daß daraus ohne »ewige gefangniss« wurde und setzte den Hessen fest. Rabelais verdammt gleichzeitig aber auch das mailändische Unternehmen Franz' I., das nur Geld verschlingt und nichts einbringt (Prolog IV, 21). Dadurch ist auch eine überseeische Kolonialisierung unmöglich, die in der Tat unter Franz I. der Privatinitiative eines Giovanni Verrazano und Jacques Cartier überlassen blieb (cf. 8.3.4.).

Bibl.: Aronson, B. 113; 114; *Benson*, B. 126; *Cooper*, B. 161; *Keller*, B. 222; *Larmat*, B. 244; *Plaisant*, B. 296.

7.4. Innenpolitik und soziale Verhältnisse

Zwischen König und Volk gibt es keine institutionalisierten Zwischengewalten, keine demokratischen Substrukturen. Dennoch erfahren wir von Rabelais immer wieder, wie wichtig gute Berater sind (I, 28, 114; I, 46, 171; II,23–31, Dipsodenkrieg; I, 25–50, Picrocholinischer Krieg; IV, 36, 147). Die Könige entscheiden nicht alleine, sondern holen Rat ein, ohne aber daran gebunden zu sein. Schlechte Berater führen einen König und damit das gesamte Gemeinwesen ins Verderben, wie das Beispiel Picrocholes zeigt (I, 50, 185). Am ausführlichsten hat Rabelais die Berater Gargantuas und Pantagruels porträtiert (cf. 8.3.6.), deren Ämter noch sehr persönlich gebunden sind und nichts mit modernen »Ministerien« zu tun haben.

Die vornehmste Aufgabe des Königs ist es, Recht zu sprechen. Er muß dem Recht überall zur Geltung verhelfen und für einen zügigen Verlauf der Prozesse sorgen (I, 20). Gargantua urteilt (I, 51) nicht nur nach den Taten, dem objektiven Tatbestand, sondern auch nach den Absichten, dem subjektiven Vorsatz, was äußerst modern ist. Rabelais hat mit den Juristen nicht viel Gutes im Sinn. Sie bilden im Königreich zwar einen wichtigen Stand, leben aber davon, daß ein normaler Mensch sich im Gewirr der Partikularrechte und spitzfindigen Formalismen nicht zurechtfindet. Es gibt das römische Recht, lokales Gewohnheitsrecht und königliche Ordonnanzen. Die Städte sprechen Recht, die Provinzparlamente, die königlichen Beamten und das Pariser Parlament. Der König soll über dem kleinlichen juristischen Alltag stehen.

Obwohl das 16. Jhdt. von den Historikern als Zeit des Umbruchs angesehen wird, in der sich die Bourgeoisie emanzipiert und die Grundlagen des Absolutismus gelegt werden, erscheint die Gesellschaft in der Pentalogie vorwiegend als eine feudalbäuerliche. Rabelais hat in dem Handelszentrum Lyon gelebt, wo die ersten modernen Großbanken entstanden, und doch ist der Stand der Kauflaute kaum in seinem Werk repräsentiert. Wenn sie vorkommen, wie im Lob auf Schuldner und Borger (III, 2–5), die Genuesen (Prolog IV) oder Dindenault (IV, 6 ff.), so sind sie als raffgierige Kapitalisten gezeichnet, deren materialistischen Ungeist Rabelais ablehnt, oder sie werden gar übertölpelt und kommen zu Tode wie Dindenault. Rabelais weist merkantilen Wagemut zurück, wie er für kaufmännische Erfolge nötig ist, wenn er auch die Bedeutung des Kaufmannsstandes nicht verkennt. Bezeichnend ist die Hierachie der Berufe in I, 40, 152:

»Desgleichen der Mönch (ich meine nur die müßiggängerischen Mönche): Er ackert nicht wie der Landmann, schützt nicht das Land wie der Krieger, heilt nicht die Leute wie der Arzt, predigt nicht noch unterweist er die Leute wie der gute Verkünder des Evangeliums und der Pädagoge, er schafft auch dem Staate nicht die nöti-

gen Bequemlichkeiten und Gebrauchsgüter herbei wie der Kaufmann«
(B. 79, S. 215).

Bauer, Soldat, Arzt, Humanist, Pädagoge, Kaufmann –
Mönch, das ist die Abfolge. Oft hat Rabelais die Bauern gelobt
als eine bescheidene Klasse, die in Frieden arbeiten will und
zum Erhalt des Staates beiträgt, und damit seine Ursprünge
nicht vergessen.

Auch die Manufakturarbeiter hat er nicht besonders erwähnt,
obwohl es diesen Stand zu seiner Zeit bereits gab. In Lyon und
Paris fand 1539–43 der »grand tric«, der Streik der Drucker,
statt, die für bessere Lohn- und Arbeitsbedingungen kämpften.
Rabelais hatte nahe Berührung mit diesem Milieu (*Kline*, B.
226), aber diese Revolte scheint ihn weniger getroffen zu haben als der gleichzeitige Aufstand der Gascogner, den er erwähnt (IV, Prolog, S. 17). Die dortige Bevölkerung empfand
das königliche Besteuerungssystem, die »Gabelle«, als zu drük-
kend und erhob sich.

In IV, 48 entwirft Rabelais ein Bild des französischen Stän-
desystems, wie er es sich vorstellt. Die Reisenden sehen auf sich
zukommen

»vier unterschiedlich gekleidete Leute . . .: der eine im Mönchshabit
mit Dreck und Speck, der andere als Falkner mit einem Köder und
Beizhandschuh, der dritte als Prozeßanwalt mit einem Sack voller
Aktennotizen, Vorladungen, Schikanen und Vertagungen in der
Hand, der vierte als Orleaneser Winzer mit schönen Tuchgamaschen,
einem Korb und einer Hippe am Gürtel« (B. 79, S. 1034).

An ihren charakteristischen Gewändern erkennt man leicht
den Klerus (Mönch), den Adel (Jäger), die Bourgeoisie (Parla-
mentsjurist) und die Bauern (Winzer). Diese Einteilung er-
staunt, denn traditionell gibt es in Frankreich nur drei Stände:
Adel, Klerus und Dritten Stand (Tiers Etat). In der Tat war
aber der Tiers in den Provinzständen oft geschieden; seit dem
Ende des 14. Jhdts. und vermehrt seit der Herrschaft Franz' I.
strebte die Bourgeoisie danach, in den Adel aufgenommen zu
werden. Diese Aufsteigermentalität scheint Rabelais fremd gewesen zu sein, der den »roturiers«, den Juristen, die sie zumeist
waren, nicht sehr wohl gesonnen ist. Eigenartigerweise klammert Rabelais auch hier wieder die Kaufleute aus, die ebenfalls soziale Aufsteiger waren. Rabelais verkennt zwar die stän-
dischen und ökonomischen Unterschiede nicht, geht aber davon
aus, daß alle Menschen von Natur aus gleich sind. Dies könnte
auch Bestandteil seines franziskanischen Ideengutes sein (cf.
6.3.), »La Nature nous a fait égaux, mais la fortune en a élevé

96

quelques-uns et abaissé d'autres« (II, 9, 265). In seiner Werte-hierarchie, die in der Ansprache Eudaimons an Gargantua (I, 15, 63) deutlich wird, nehmen die charakterlichen und intellek-tuellen Fähigkeiten den Platz vor der adeligen Abstammung ein. Adel ist für Rabelais Seelenadel, ist, einer antiken und mit-telalterlichen Tradition zufolge, Streben nach dem Guten und hat wenig mit Stand und Herkommen gemein. So wird man auch die Aussagen über die Abbaye de Thélème (I, 50–58) deuten müssen, die den Gelehrten viel Kopfzerbrechen bereitet haben. In Thélème werden die »nobles chevaliers«, die Anhän-ger des Evangelismus, und die »dames de hault paraige« (I, 54, 196–197) aufgenommen. Es handelt sich um eine geistige Elite und ist nicht auf Titel bezogen, sondern auf moralische wie in-tellektuelle Eigenschaften. Rabelais nimmt soziale Unterschiede hin; sie sind ihm aber nicht gottgewollt, sondern haben ökono-mische und andere Ursachen. So sagt er in seinen astronomi-schen Schriften einmal *(Pantagrueline Prognostication*, B. 73, S. 14), die Gestirne schienen für alle gleich, ob einer nun Kö-nig, Papst oder Bettler sei. Und Epistemon muß in der Unter-welt (II, 30) erleben, wie im Jenseits die irdische Sozialhierar-chie umgekehrt wird (*Bambeck*, B. 119; *Brent*, B. 138; *Wil-liams*, B. 383): Könige werden zu Bettlern und umgekehrt.

Ansonsten spielt der Adel keine große Rolle, allenfalls eine negative, denn Rabelais lastet ihm in III, 3–5 Verschwen-dungssucht und Schuldenmacherei an; er schmarotze, statt sei-nen Lebensunterhalt selber zu verdienen (»travailler et guai-gner«). – So ist auch das Bild der Gesellschaft, welches Rabe-lais entwirft, ein idealistisches und speist sich vorwiegend aus Jungenderinnerungen. Rabelais rekonstruiert sozusagen eine utopische Gesellschaft, in der jeder an seinem Platz steht und dort bleiben soll, indem er gesellschaftsnotwendige Funktionen ausübt. Eine Ausnahme macht allein der C. L., der die Bedeu-tung des Hofes aufwertet, aber besonders die Raffgier der »chatz fourrés« karikiert, der Inkarnation der »roturiers«, die später die „noblesse de robe" bilden werden (V, 14 f.). Sie ha-ben sich durch Ämterkauf derart vermehrt, daß sie sogar die Aristokraten auffressen (V, 14, 327):

»Ihre Väter haben die guten Edelleute aufgefressen, die sich von Standes wegen der Falkenbeize und der Jagd befleißigten ... Nach-dem nun diese Katzbalger ihnen ihre Schlösser, Ländereien, Domä-nen, Besitzungen, Renten und Einkünfte vernichtet und verschlungen haben, trachten sie außerdem noch nach ihrem Blut und ihrer Seele im anderen Leben« (B. 79, S. 1187 f.).

Noch im Q. L. war es umgekehrt gewesen; man vergleiche die bekannte Episode des edlen Herrn von Basché und der Juristen-Chiquanous (IV, 13 ff.), die sich für Schmerzensgeld von den Adeligen schlagen lassen (*Marcu*, B. 262; *Marichal*, B. 264). Hier ist die Sozialordnung noch intakt, denn es sind die Adeligen, die zwar von den Chiquanous vor Gericht zitiert werden, sie aber verdreschen und niederschlagen, auch wenn sie teuer dafür bezahlen müssen. Der Herr voe Basché bleibt zum Schluß mit einer List sogar der Sieger. Wenn sich die Verhältnisse im C. L. gewandelt haben und Rabelais dies negativ bewertet, so wird man darin seinen Wunsch erblicken dürfen, die Hierarchie der alten Zeit zu bewahren und die mit Macht aufstrebende Bourgeoisie an ihren Platz zu verweisen. Es ist keinesfalls ein Eintreten für die Aristokratie! Man kann in diesem Zusammenhang natürlich auch wieder die Echtheitsfrage stellen (cf. 4.2.).

Faßt man das Gesagte zusammen und fragt sich, inwieweit Rabelais der französischen Realität Rechnung trägt, so sollte man bedenken, daß das Bild des Monarchen wie auch der Gesellschaft von ihm stark idealisiert wird. Dennoch stellt er gewisse Errungenschaften der französischen Monarchie wie die Erblichkeit des Thrones, das Richteramt des Königs, seine Gesetzgebungskraft, seine Schutzpflicht gegenüber den Untertanen, seine Christlichkeit, seine territoriale Oberhoheit u. a. nicht in Frage. Sein König besitzt alle nötigen Attribute seines Amtes: er ist »roi« (vom Papst unabhängiger König), »seigneur« (Lehnsherr) und »propriétaire« (Großgrundbesitzer). Rabelais ist monarchiefreundlich und nimmt die französischen Könige oft zu Vorbildern seiner Philosophenkönige. Dennoch darf man die beträchtlichen Unterschiede nicht übersehen. Rabelais lehnt das Gottesgnadentum ab, seine Könige schöpfen ihre Legitimation aus dem Naturrecht, nicht aus göttlichem Recht. Sie haben die Aufgabe, den Glauben zu verteidigen, aber das ist sicherlich nicht der orthodoxe Katholizismus, sondern ein evangelisch geläuterter Glaube. Rabelais trägt auch der entstehenden Administration nicht gebührend Rechnung. Seine königlichen Berater haben eher Hofämter im mittelalterlichen Sinne inne, die persönlich zu verstehen sind; sie sind keine modernen Verwaltungsbeamten oder repräsentieren Institutionen wie Parlement, Cour des Comptes, Grand Conseil, Conseil Secret usw., die sich im 15. Jhdt. bereits herausbildeten. Man darf die Vorbilder seiner politischen Ideenwelt nicht nur im französischen Alltag suchen, sondern muß an sein bäuerli-

ches Herkommen denken und nach den von ihm verwendeten
literarischen Quellen fragen.

Bibl.: Aronson, B. 114; *Bru,* B. 140; *Caputo,* B. 148; *Derrett,* B. 176;
Dumont, B. 184; *Larmat,* B. 244; *Marichal,* B. 266; *Nardi,* B.
281–283; *Screech,* B. 342.

7.5. Literarische Quellen seines politischen Denkens

Rabelais wertete Platon und Aristoteles aus, wobei dahinge-
stellt bleiben mag, ob er sie wirklich im Original kannte (cf.
5.1.). Beide hatten für agrarische Gesellschaften geschrieben,
was ihn ansprechen mußte. Bei Platon, *Politeia,* fand er das
Ideal des Philosophenkönigs, bei Aristoteles, *Politika,* eine Ab-
lehnung der Angriffskriege. Auch Renaissanceautoren wie Machiavelli (*Dell'arte della guerra; I Discorsi*) – *Il Principe*
wurde erst 1553 übersetzt – und Baldassare Castiglione, *Il libro del Cortegiano,* waren ihm nicht fremd, und es versteht
sich von selber, daß er die politischen Theorien eines Thomas
von Aquin, *De regimine principis,* Marsilius von Padua, *Defensor Minor* und *Defensor Pacis* (mit heftiger Kirchenkritik),
Wilhelm von Ockham, *Tractatus de potestate imperiali* (über
die Trennung der geistlichen und weltlichen Gewalt) kannte.
Überall hat er das herausgegriffen, was mit seinen Ideen übereinstimmte.

Eine gewisse Bedeutung kommt Claude de Seyssel (ca.
1450–1520) zu, der 1519 *La (Grant) Monarchie de France*
veröffentlichte (B. 109), worin er gegenüber Franz I. die Politik von dessen Vorgänger Ludwig XII. verteidigte.

Seyssel ist ein Konservativer, der den im Gefolge der Italienkriege
entstehenden Nationalismus und den durch die Legisten vorbereiteten
Absolutismus ablehnte. Noch nachhaltiger als in der *Grant Monarchie* hat Seyssel in seinem Panegyrikus auf Ludwig XII., *Les Louen-
ges du Roi Louis XII* (1508), auf Rabelais eingewirkt, den Poujol (B.
109, S. 49) einen »mythe du bon vieux temps« nennt oder eine »critique du nouveau régime naissant, sous l'aspect d'un éloge du régime
antérieur«. Bei Seyssel findet sich ebenfalls die Idee vom Philoso-
phenkönig, der ein »père du peuple« ist. Rabelais und Seyssel hängen
einem patriarchalischen Regierungssystem an, sehen in der Familie
die Keimzelle des Staates, lehnen Angriffskriege und Autoritarismus
ab, kurz, idealisieren die Vergangenheit. Damit fällt allerdings Lefrancs These, daß Maître Alcrofrybas ein Propagandist Franz' I. gewesen sei, und Saulnier (B. 46) leitete spätestens die Revision in die
Wege. Der späte Rabelais hat sich jedoch dem politischen Gedankengut Franz' I. angenähert.

Für Auerbach (B. 115) ist die *Utopia* des Thomas Morus ein richtungsweisendes Werk für Rabelais, dem er besonders viel schulde. Diese Behauptung ist sicherlich überzeichnet, aber Rabelais kannte die *Utopia* natürlich und nannte die Heimat seiner Riesenkönige in freundlicher Reminiszenz Utopia. Morus bringt die Wünsche und Sorgen der damaligen Humanisten, unabhängig von ihrer nationalen Zugehörigkeit, deutlich zum Ausdruck. Er kritisiert die institutionalisierte Kirche und die Priester, die Intoleranz und den Alleinherrschaftsanspruch der Regenten. Er mißt dies alles, und das ist typisch humanistisch, an der Ethik der Moralphilosophie. Auch Morus ist Pazifist, verteidigt eine agrarisch-patriarchalische Gesellschaft. Morus schrieb zu einem Zeitpunkt, als Luthers Thesen noch nicht angeschlagen waren, als die Humanisten noch glauben durften, den Gang der Politik mitbestimmen zu können, als noch alles offen schien (*Saulnier*, B. 328).

Fast alle Gewährsleute Rabelais' waren aktiv am politischen Leben beteiligt, ihre Ideologie deshalb vom Pragmatismus gesteuert. Dies gilt jedoch nicht für Erasmus, der viele Ideen, die Rabelais lieb und wert waren, am reinsten zum Ausdruck brachte. Rabelais muß nicht immer alle zeitgenössischen humanistischen Quellen gelesen und ausgebeutet haben. Er war selber ein Mitglied der humanistischen Elite und dachte in mancher Hinsicht wie eine internationale Gelehrtenschicht in ganz Europa. Wenn deren Ideen ihrer Intention nach uns Heutigen konservativ erscheinen, so liegt dies einmal an der Rückwärtsbezogenheit auf die Gewährsleute der Antike, die unter ganz anderen soziologischen Bedingungen gelebt und geschrieben hatten, zum anderen aber auch an ihrem reformerischen Impetus. Sie wollten nichts prinzipiell Neues schaffen, sondern Vorhandenes zu seiner wahren Bedeutung und Gestalt zurückführen; sie wollten Re-form und Re-naissance, keinesfalls Re-volution! Die innigste Verbindung von christlicher Ethik, humanistischer Bildung und schriftstellerischem Glanz erzielt Erasmus mit seinen Werken. Er schaute dem Zeitgeschehen stets aus Distanz zu und blieb ein reiner Theoretiker. Rabelais ist ihm darin ähnlich, auch er hat vermutlich (cf. *Marichal*, B. 263) nie ein politisches Amt ausgeübt und weist biographisch wie künstlerisch große Affinität zu Erasmus auf (cf. 6.5.). Wir können deshalb bei Erasmus fast alle politischen Ideen Rabelais' wiederfinden und brauchen wahrscheinlich kaum andere Primärquellen zu konsultieren.

Erasmus ist zwar kein Systematiker, seine Werke umfassen die verschiedensten literarischen Genera, aber, wie Henri Pirenne einmal sagt, hat Erasmus versucht, alles zu humanisieren, »politique, morale, religion ... et cela sans révolution violente, par la seule force de la raison et du savoir« (zit. nach *Mesnard*, B. 14, S. 89). Bei aller Berufung auf Vernunft und Wissen ist aber stets das Evangelium die maßgebliche Richtschnur des Denkens und Handelns. Wir können in diesem Zusammenhang nicht den gesamten Kosmos von Erasmus' Ideen wiedergeben, sondern wollen uns auf drei Aspekte beschränken: seine Auffassung von der Monarchie, vom Krieg und von der Aristokratie.

Aussagen über Rolle und Funktion des Monarchen finden sich z. B. im *Enchiridion militis christiani* (1503), *Morias enkomion* (1511) und der für den späteren Karl V. geschriebenen *Institutio principis christiani* (1515/16; B. 101). Im *Enchiridion*, einer methodischen Anleitung zum christlichen Leben, stellt Erasmus die Christenheit in drei konzentrischen Kreisen dar. Christus bildet den Mittelpunkt, um ihn ranken sich die Priester, Fürsten und das Volk (B. 96, Bd. 1, S. 21 ff.). Der König hat demnach eine halb priesterliche Funktion, ist Mittler zwischen dem Volk und den Verkündigern des Wortes Gottes. Im *Enkomion* (B. 94, Bd. IV col. 479) führt Erasmus aus, daß auch ein König vor Gott für seine Taten verantwortlich ist wie der gemeinste Mensch. Er wird aber nicht nur nach seinen Taten beurteilt, sondern auch nach dem Beispiel, das er bietet. So wird das Amt zur Bürde, das seinen Träger nicht nur heraushebt, sondern auch niederdrücken kann.

Die Formel vom Philosophen-König hatte Rabelais wahrscheinlich auch nicht von Platon selber, sondern aus dem *Enkomion* (Kap. 55; B. 96, Bd. II, S. 156 ff.) und der *Institutio* (B. 94, Bd. IV col. 565B; 566A). Danach ergibt sich folgendes Gesamtbild: der Staat soll Treuhänder für Eintracht und Wohlfahrt der Untertanen sein; der Fürst soll integer und pflichtbewußt handeln. Erasmus spricht sich gegen das Gottesgnadentum und die Privilegierung der Herrscher aus. Der Fürst ist ein Mensch wie jeder andere, er zeichnet sich allenfalls dadurch aus, daß er das spezifisch Humane und Christliche exemplarisch vorlebt. Die wenigsten Fürsten sind nach Erasmus jedoch für die Herrschaft geboren, denn erbliche Abkunft für sich alleine besagt noch nichts. Der christliche Friedensfürst muß erst entsprechend erzogen werden, weshalb bei Erasmus Politik und Pädagogik eng miteinander verzahnt sind (so auch bei Rabe-

lais, *Leonarduzzi*, B. 255). Ein Herrscher soll verwalten, nicht
unterwerfen; er ist frei von Machtgelüsten und lehnt den Im-
perialismus ab. Seine Herrschaft ist Verantwortung für den
Frieden und die durch den Frieden zu gewährleistende Bildung
und Frömmigkeit. Nicht von ungefähr ist das Schlußkapitel
XI der *Institutio,* das Leitgedanken der *Querela pacis* poin-
tiert, eine heftige Absage an den Krieg, der unter allen Umständen vermieden werden soll.

Aus dem Gesagten wird deutlich, daß Erasmus die „virtus"
über die adelige Geburt stellt. Darin mochte ihn das moralische
Bild bestärken, welches der Adel zu jener Zeit bot. Die Grundlagen des Feudalismus, die Lehnspflicht und der ritterliche
Kampf, waren nicht mehr gegeben, und dennoch hielt der Adel
an seinen aus dieser Epoche datierenden Privilegien fest. Viele
Adelige lebten über ihre Verhältnisse, waren sogar Strauchdie-
be, schmarotzten und machten Schulden. In einem seiner *Colloquia familiaria,* dem Ἱππεὺς ἄνιππος *sive ementita nobilitas* (B.
94, Bd. I col. 836A ff.), entwirft Erasmus ein äußerst negatives
Bild der Adeligen, und zwar derer von Geblüt wie derer, die
sich in diesen Stand einkaufen. Oder man lese das bezeichnen-
de 56. Kapitel im *Morias enkomion* (B. 96, Bd. II, S.
160/161 ff.). Nach dem Ausgeführten ergibt sich, daß Rabelais
bei Erasmus auch seine politischen Ideen findet, ohne daß man
jedoch so weit gehen müßte wie De Nolhac (B. 102, S. 6), der
alles, was Rabelais geschrieben hat, nurmehr als einen Abglanz
erasmianischer Gedanken sieht, »il [sc. Rabelais] savait bien et
reconnaissait hautement, étant honnête homme, que toute sa
formation intellectuelle venait de son maître [sc. Erasme]. Il lui
doit sa meilleure substance. Qu'on le dise une bonne fois, sans
diminuer la gloire du conteur: si Erasme n'avait pas écrit, Rabelais ne ferait pas figure de penseur!«

Bibl.: Auerbach, B. 115; *Cooper*, B. 161; *Ianziti*, B. 216; *Poujol*, B.
109; *Saulnier*, B. 328.

8.1. Forschungsstand und Selbstaussagen Rabelais'

Als Leo Spitzer (1882–1960) im Jahr 1931 von Marburg nach Köln berufen wurde, hielt er seine fulminante Antrittsvorlesung über das Thema *Zur Auffassung Rabelais'* (B. 356) und griff damit eine Frage auf, die er bereits 1910 in seiner Wiener Doktorarbeit (B. 355) unter dem Einfluß von Heinrich Schneegans (1863–1914) behandelt hatte. Diese Antrittsvorlesung bedeutet in der Rabelais-Forschung einen Einschnitt, denn Spitzer rechnet mit der damals führenden Forschungs-Richtung, wie sie von der Lefranc-Schule vertreten wurde, ab. Spitzer wirft ihr eine einseitige Konzentration auf positivistisches Sammeln von Realien vor. Sie sehe in Rabelais immer nur den Abschilderer der Realität, nie den Künstler. Spitzer verkennt nicht, daß die SER wichtige Grundlagen für das Werkverständnis Rabelais' gelegt habe, aber sie sei in ihrem »verbohrten Ideologismus« und ihrer »amusischen« Verzeichnung weit über das Ziel hinausgeschossen.

Spitzer wendet sich auch gegen die Minimalisierung der deutschen Rabelais-Forschung aus französischer Sicht (*Plattard*, B. 83, S. 76). Spitzer dreht den Spieß um und wirft den Franzosen vor, immer noch im Banne der Klassik zu stehen, alles Maßlose, Kolossale und Dionysische »zu dämpfen« und zu unterdrücken und kein Gespür für das Chthonische, Dionysische, Kindlich-Vitale, Urkräftige und ungeschliffen Volkstümliche aufzubringen. So erkläre sich, daß Rabelais später rein ideengeschichtlich und ästhetisch verdammt worden sei (cf. 2.7.). Die Auseinandersetzung um das richtige Rabelais-Verständnis wird somit zur Frage der Völkerpsychologie! Deutschland erscheint Spitzer viel geeigneter, Rabelais wiederzuentdecken, denn die Kategorien des Grobianismus, des Ungeschliffenen, Kolossalen, Trunkenen, Übersteigerten lägen den Deutschen näher als den Franzosen. Schneegans habe bereits 1894 (B. 331), lange vor der Gründung der SER, das Augenmerk auf das Unreale und Unrealistische in Rabelais' Werk und auf die Werkkomik gelenkt, ohne jedoch das Satirische und damit das zeitkritische Element zu vernachlässigen. Zusammenfassend kann man Spitzer zitieren (B. 356, hier B. 53, S. 37):

»Jetzt wird uns klar, daß in der *Spannung des Lesers zwischen Irrealem und Realem,* in unserem Schwanken zwischen Schauer und

Komik, zwischen Verzerrtem und Lebendigem, zwischen kindlichem Grausen und kindlicher Daseinsfreude das eigentlich Rabelaisische liegt und daß es keinen Sinn hat, etwa die Wirklichkeitsbezüge, wie die Romantik geneigt war, zu leugnen oder aber sie allein gelten zu lassen, wie die positivistische Literaturwissenschaft es will.«

Es ist sehr zu bedauern, daß Spitzers Aussagen in Frankreich und anderswo nicht früher ernst genommen worden sind, denn sie hätten denjenigen Rabelais-Forschern Rückhalt gegeben, die vom Positivismus und seiner Einseitigkeit genug hatten, hätte sie aber auch warnen müssen, ins Gegenteil zu verfallen. Wenn im Gefolge der Semiotik und verwandter Methoden Rabelais' groteske Verfremdung der Welt neuerdings ausschließlich als sprachliches und stilistisches Phänomen aufgefaßt wird, so bedeutet dies eine einseitige Verzerrung, die nicht minder gravierend ist als die der Lefranc-Schule! Damit ist aber auch die Frage Tetels (B. 367, S. 5) nach dem Zweck von Rabelais' Komik beantwortet, der zwischen einer »valeur symbolique du rire«, einem didaktischen Lachen, und einer »valeur thérapeutique du rire«, einem Lachen, das nur befreit, unterscheidet. Eines läßt sich nicht vom anderen trennen und beide Verständnisweisen sind stets impliziert, wenn Rabelais lachen macht.

Daß eine einseitige Auslegung des Lachens nicht in Rabelais' Sinn ist, belegen seine Selbstaussagen. Der Ausgabe des G. von 1542 ist der bekannte Dizain vorausgestellt, dessen zehnte Zeile lautet, »pour ce que rire est le propre de l'homme«, »Das Lachen ist allein des Menschen Art«. Dies ist ein Satz des Aristoteles (*De part. an.* III, 10). Lachen unterscheidet den Menschen vom Tier, ist wesensmäßiger Bestandteil der Humanitas. So ist es auch nicht weiter verwunderlich, daß gerade die Pantagruelisten große Lacher sind, die nichts übelnehmen und keine Traurigkeit kennen. Lachen ist zudem ansteckend und bezieht sogar oft den mit ein, der lächerlich ist, über den gelacht wird. Ein derartiges Beispiel gibt Rabelais mit Janotus de Bragmardo (I, 20), der die entführten Glocken von Notre-Dame von Gargantua zurückholen soll (*Defaux*, B. 163). Er hält aus diesem Anlaß eine so unsinnige Ansprache, daß Ponocrates und Eudémon darüber in schallendes Gelächter ausbrechen, in das Janotus einfallen muß, ob er will oder nicht (I, 20, 76). Rabelais beruft sich dabei auf ein erasmianisches Adagium (I. X. LXXI), das man frei übersetzen kann mit „Lachen steckt an!“ Aus dem satirischen wird so ein befreiendes Lachen.

Wichtiger aber noch ist in diesem Zusammenhang der *G.*-Prolog, in dem Rabelais sein Werk unter Berufung auf Platon mit einem Silen vergleicht, der mehr *ist,* als er *scheint.* Hinter einer lächerlichen Fassade verbirgt sich nämlich ein substantieller Kern (cf. 4.5.). Rabelais zitiert nicht von ungefähr Platon, denn auch seine Pentalogie ist im weitesten Sinn neuplatonisch, nur daß die Vorzeichen verkehrt werden.

Die eigentliche neuplatonische Dichtung verfolgt pädagogische Ziele. Der Ästhetik fällt eine wichtige Rolle bei der Konstituierung der *dignitas hominis* zu. Die bedichtete Schönheit – und das gilt *mutatis mutandis* auch für ihren Gegenpol, die Häßlichkeit – ist nicht Selbstzweck. Sie ermöglicht demjenigen, der sie aufnimmt, eine geistig-moralische Aufwärtsentwicklung. Schönheit manifestiert sich aber nicht nur im Sinnfälligen, sondern auch, oder vor allem, in der abstrakten Harmonie. Die auf Nachahmung basierende Kunst vermag Schönheit allenfalls annäherungsweise darzustellen und bedarf deshalb noch der Figuraldarstellung, eines Hauptverfahrens der Allegorese, um das tiefere Geheimnis der Welt zu erschließen (cf. 4.5.). Alle Phänomene deuten nämlich über sich selber hinaus; im Unterschied zum Mittelalter jedoch nicht auf einen von der Heilsgeschichte vorgegebenen Ordo, sondern auf eine vom autonomen Menschen erst noch zu konstituierende Ordnung. Ausgehend von der realen Existenz der Dinge wird versucht, ihre Essenz zu bestimmen. Das ist im Humanismus ein stark pragmatisch-empirisches Element, welches dem Mittelalter fremd war, wo man eher den umgekehrten Weg ging. Die Kunst der Renaissance stellt jeweils einen Idealzustand dar, der aus der Realität abgeleitet wird, sie jedoch transzendiert. Die petrarkistische Liebesdichtung, die die ideale Entwicklung des Individuums beschreibt, und die Utopie, die die ideale Gemeinschaft des Zusammenlebens entwirft, sind die wichtigsten literarischen Ausformungen dieses Denkens. Auf Rabelais übertragen bedeutet dies, daß der Silen zur wichtigsten *figura* wird. Rabelais' Leistung ist es, die ihn andererseits auch vom Neuplatonismus abhebt, daß für ihn das Komische, Derbe oder auch Häßliche statt des Schönen zum „Surrogat des Anagogischen" (H. Bauer; K. Ley) werden.

Bibl.: Beaujour, B. 124; *Butor/Hollier,* B. 146; *Claude,* B. 154; *Glauser,* B. 200; *Keller,* B. 224; *Paris,* B. 290; *Spitzer,* B. 355; 356; *Tetel,* B. 267; *Vachon,* B. 376.

8.2. Komik und Komiktheorien

Ohne hier auf die zahlreichen Komikdefinitionen und -theorien einzugehen, die das 19. und 20. Jhdt. hervorgebracht haben, läßt sich ganz allgemein sagen, daß die immer wieder festzustellende komische Verfremdung oder Überhöhung im Werk Rabelais' auf einer dialektischen Spannung beruht, die verschieden gestaltet sein kann. Zweck der Komik sind Emotionalisierung und Problematisierung. Rabelais weckt durch die Komik im Leser Zweifel, stellt seine eigenen Modelle in Frage, und, indem er sich scheinbar von ihnen distanziert, regt er zu ihrem Durchdenken an. Dieses dialektische Verfahren ist ein Grundmerkmal der Renaissance, die im Unterschied zu anderen Epochen das Gegebene nicht hinnimmt, sondern auf sein Zustandekommen und sein Sosein befragt. Bowen (B. 136) spricht in diesem Zusammenhang von einer »bluff-Technik«, die es darauf abgesehen habe, zu stimulieren und zu schockieren.

Eine ähnliche Funktion hat die Erzählhaltung des Autors, der, allwissend, ab und an seine Leser auch unmittelbar in der Ich-Form anspricht oder sich unter seine Protagonisten mischt (z. B. II, 17; 32; 34; IV, 5 und im Verlauf des Q. L. öfter), der Raum und Zeit beliebig relativiert (*Distelbarth*, B. 179) und damit die vermeintliche Distanz zwischen Autor und Leser, zwischen Erzählzeit und erzählter Zeit, überbrückt oder gar die Fiktion in Realität überführt. Analoges gilt für die vielen Fabeln und eingestreuten Erzählungen, die immer wieder den bisweilen mechanistischen Handlungsfluß unterbrechen (*Keller*, B. 223; 224) und den Perspektivenreichtum der Pentalogie vergrößern, indem sie andere Erfahrungswirklichkeiten einbeziehen. Die Gattungsfrage ist deshalb nicht eindeutig zu beantworten; die Pentalogie ist ein *mixtum compositum* aus Volksbuch, Märchen, Reisebericht, »satire ménippéenne« (*Coleman*, B. 158; 159) und Roman.

Der damalige wie heutige Leser muß jedoch stets den sich darbietenden komischen Kontrast verinnerlichen, d. h. einen Vergleich zwischen seiner (Normal-)Vorstellung und der Abweichung im Werk Rabelais' vollziehen. Von hier aus kann auch der heutige Leser noch einen Zugang zu Rabelais finden, wenngleich ihm die enzyklopädischen Kenntnisse eines gebildeten Lesers des 16. Jhdts. fehlen (cf. 5.5) und er nicht mehr identischen zeitbedingten Zwängen und Hemmungen ausgesetzt ist. Da die Pentalogie aber humane Grundsituationen wie Geburt, Tod, Adoleszenz, Ehe, Krieg usw. erzählt, kann sich auch heute noch ein Lachen entzünden, das durch die eben aufgezeigten Veränderungen eine Quelle überzeitlicher Heiterkeit bildet. In vielen Fällen stellt sich das Lachen jedoch erst ein, wenn man sich den Kenntnisstand der Zeitgenossen Rabelais' erarbeitet hat. Die Heiterkeit ist dann zwar nicht kleiner, aber es dauert alles ein wenig länger.

Komik ist aber bereits ein Ergebnis, welches sich einstellen kann, wenn Realität und Irrealität in Kontrast miteinander geraten. Statt wie die Theoretiker des Komischen abstrakte Regeln aufzustellen, wie und wann Komik entsteht, wollen wir empirisch aufzeigen, wie Rabelais den Boden des Gesicherten, Bekannten, Vertrauten, den Rahmen von Nation, Ordnung und Hierarchie, das Gefüge von Bildung, Geschichte und Wissen verläßt und dies alles so verfremdet und übersteigert, daß es schwankend und fragwürdig wird.

Rabelais kennt mannigfache diesbezügliche Vorgehensweisen wie

1. den Gigantismus;
2. den Karneval;
3. den Alp- und den Wunschtraum;
4. die phantastische Reise;
5. die Parodie;
6. die Satire;
7. den Wortwitz,

um nur die wichtigsten zu nennen. Es gibt auch Verfremdungsweisen, die ernsthaft gemeint sind wie die Utopie, die ebenfalls vorkommt (Abbaye de Thélème), oder die Idealisierung, die Rabelais auch nicht fremd ist, z. B. des Pantagruelismus.

Während die ersten fünf genannten Termini meist komische Aussageweisen meinen, bei denen die Komik durch einen ungewohnten Sachzusammenhang bewirkt wird, finden wir bei den letzten beiden (Satire und Wortwitz) fast das gesamte typenhafte Inventar der antiken Komödie, z. T. auch der mittelalterlichen Farce und verwandter Gattungen wieder, wie Personen-, Situations- und Wortkomik. Wir werden deshalb bei der Behandlung dieser Bereiche auch allgemein über die Sprachauffassung Rabelais' und seine Porträtkunst handeln müssen.

Bibl.: Bamann, B. 118; *Bowen,* B. 136; *Coleman,* B. 158; 159; *Distelbarth,* B. 179; *Greene,* B. 205; *Kaiser,* B. 221; *Spitzer,* B. 356.

8.3. Komische Verfahrensweisen im Werk Rabelais'

8.3.1. Gigantismus

Die Erfindung der Riesenwelt ist keine bloße Anlehnung an die *Grandes chroniques* und damit eine Verwendung eines Sagen- und Märchenmotivs, dessen Zweck es wäre, ein kindliches Publikum gruseln und staunen zu machen. Rabelais will vielmehr die Sicherheit unseres Weltbildes relativieren, denn die Riesenwelt spielt zugleich in seiner eigenen Heimat, der Touraine. So mischen sich vertraute Ortsnamen mit einem phantastischen Nirgendwo, spiegelt die Realität die Phantasie und umgekehrt. Wenn Rabelais aber seine Ideale, z. B. sein Erziehungsprogramm (I, 23) oder das Ideal des Pantagruelismus (cf. 4.4.) an Riesen exemplifiziert, so nehmen diese nicht nur riesige, für den normalen Erdenbürger unangemessene Dimensionen an, sondern Rabelais verdeutlicht auch seine Absichten. Der Humanismus steigert im Vergleich mit der Vergangenheit den Wissensstand, aber auch die Kräfte des Menschen ins Gigantische. Durch Entdeckungen und Erfindungen wird die Abgeschlossenheit des mittelalterlichen Weltbildes gesprengt, werden neue Horizonte aufgerissen, die das Vergangene als zwergenhaft erscheinen lassen. Der Riese bleibt nicht nur unerreichbare Übersteigerung: er wird zum Idealbild eines prinzipiell realisierbaren Bildungs- und Charakterideals, wenn auch der Grenzwert unerreichbar ist. So hat die Riesenwelt die Funktion, unsere gewöhnliche Realität ihrer Selbstverständlichkeit zu entkleiden und Leitbild für eine neue Gestaltung der Welt zu sein. Es wäre deshalb falsch, mit Thibaudet von einem »gigantisme momentané« der Riesen zu sprechen, d. h. so zu tun, als ob Gargantua, Pantagruel und die anderen Riesen nur zeitweilig, des Spaßes halber, Riesen, im nächsten Augenblick wieder gewöhnliche Menschen seien; im Gegenteil: sie sind Riesen und zeitweilig normale Menschen, der Realismus ist »momentané«! Die Riesenwelt wird als selbstverständlich hingestellt, als wäre sie normal und nicht unsere gewöhnliche Welt, und dadurch, daß die irreale Welt real geschildert wird (z. B. II, 32), erscheint die bekannte reale Welt als irreal. Der Leser ist verwirrt, desorientiert, muß sich mit sich und seinen Lebensbedingungen intensiver auseinandersetzen.

Bibl.: Auerbach, B. 115; *Lefranc,* B. 253; 254; *Spitzer,* B. 356.

8.3.2. Karneval

Der mittelalterliche Mensch lebte zwei nahezu gleichberechtigte Leben, ein offizielles und ernstes, das von hierarchischen Strukturen, Zwängen, Unterdrückung, Angst und Lebenskampf gekennzeichnet war und daneben, als Gegenpol, ein karnevaleskes, das sich hauptsächlich auf dem Marktplatz, bei Jahrmarktfesten, abspielte. Es war an bestimmte Zeiten gebunden, an die Vorfastenzeit und die offiziellen Feste des Kirchenkalenders, und belegt so die Polarität zum hierarchisierten »öffentlichen« Leben des Mittelalters. Es unterstreicht seinen privaten Charakter. Der Karneval kennt Festumzüge, Theaterspiele und Festbankette; die Stimmung ist im allgemeinen zügellos. Während der Festgelage werden freizügige Tischlieder gesungen, deren Inhalt von Wein, körperlicher Liebe oder dem Wechselspiel von Leben und Tod bestimmt ist. Auffällig ist die fast brüderliche Einigkeit aller Beteiligten. Bei Umzügen und Spielen treten groteske Gestalten auf: der Narr und der Riese, der Zwerg und das Monstrum, die gebärende Alte und der jungfräuliche Tod. An ihrem Äußeren fällt die provokative Hervorhebung aller Extremitäten auf: Phallus, Nase, geöffneter Mund, Bauch und Gesäß. Die typischen Funktionen dieses grotesken Körpers sind Begatten, Wachsen, Essen, Trinken, Ausscheiden, Werden und Vergehen. Herausragendes Ereignis des karnevalistischen Treibens ist die Wahl und der anschließende Sturz des Karnevalskönigs. Die karnevaleske Sprache unterstreicht noch die Ambivalenz und Freizügigkeit der Formen und Gestalten; denn sie besteht aus Flüchen und Schimpfwörtern, aus Segnung und Lob, und kennt keine Stiltrennung. Endlose Aneinanderreihungen und hyperkorrekte Angaben kennzeichnen sie. Der grammatikalische und semantische Kontext ist oft nur schwer erkennbar; sie bildet eine eigene Einheit. Im Karneval gibt es weder Akteure noch Zuschauer; jeder ist gleichermaßen beteiligt. Für die Dauer der Festlichkeiten sind die gesellschaftlichen Schranken und Hierarchien eingerissen, ist das Unterste zuoberst gekehrt. Ohne wie Bachtin (B. 116; 117), dem wir die meisten Erkenntnisse über die Bedeutung des Karnevals für die Interpretation von Rabelais' Werk verdanken, diesen als Ergebnis einer jahrtausendealten Lachkultur werten zu wollen, die bis zu den römischen Saturnalien zurückreicht, lassen sich doch zahlreiche Werkepisoden aus dem Geist des Karnevals erklären.

Die Art und Weise, wie Rabelais seine Leserschaft in den

Prologen anspricht, weist starke Analogien zu den Anpreisungen der Händler auf den mittelalterlichen Jahrmärkten auf, die ihre Waren an den Mann zu bringen versuchten und zu diesem Zweck die Käuferschaft provozieren mußten. Die Könige Picrochole (I, 49) und Anarche (II, 31) werden degradiert und erniedrigt, Epistemon berichtet aus der Unterwelt (II, 30), wie die Mächtigen dieser Erde dort die niedrigsten Tätigkeiten ausüben müssen und die Philosophen hingegen zu Königen werden. Der Habenichts Panurge wird aus der Gosse geholt und von Pantagruel erhöht (II, 9). Immer wieder wird die Größe und Wichtigkeit des erigierten Phallus herausgestellt (I, 8; II, 15; III, 8, »Wieso der Latz das wichtigste Stück am Harnisch der Kriegsleute ist«, darin B. 79, S. 569: »Ist der Kopf verloren, so geht nur der Mensch drauf; gingen aber die Schellen verloren, so ginge die ganze menschliche Natur zugrunde.«). Und auch der Rausch ist kreativ, setzt erst die exuberante Sprache frei, die nicht weniger realitätsstiftend ist (cf. 4.3.) als wirkliche Aktionen. Wichtig sind auch Urin (I, 13; 38; II, 28; 33), Darmwinde (I, 13; II, 28) oder Exkremente (I, 13). Alles Geheiligte und Tabuisierte wird temporär seiner Wichtigkeit entkleidet. Im Karneval überwindet der Mensch die mystische, natürliche und die Gottesfurcht, jedenfalls auf Zeit. Wenn Rabelais sich solcher Elemente bedient, will er aber nicht die gesellschaftlichen Hierarchien prinzipiell in Frage stellen, sondern zeigen, daß Narrheit Weisheit und vermeintliche Weisheit Narrheit ist oder doch oft sein kann. Einige Interpreten (*Bowen*, B. 136, S. 83) haben z. B. in fast allen Figuren, die im *T. L.* vorkommen, Narren sehen wollen; Panurge sei der größte Narr von allen.

Bibl.: Bachtin, B. 116; 117; *Bowen*, B. 136; *Chesney*, B. 153; *Colie*, B. 160; *Hardt*, B. 209; *Jüttner*, B. 220; *Kaiser*, 221; *Könneker*, B. 230; *Kristeva*, B. 235; *Rigolot*, B. 310; *Schneegans*, B. 331.

8.3.3. Wunschtraum, Vision, Alp

Was wir als Wunschtraum bezeichnen, kann leicht die Form des Alptraums annehmen und könnte schlechthin als Übermaß an Einbildungskraft bezeichnet werden. Die zu nennenden Beispiele sind zwar nicht überreich, doch lebt fast der gesamte *T. L.* von der Schreckensvision Panurges, daß ihm seine zukünftige Frau Hörner aufsetzen könnte (III, 9). Die Konsultationen, die diesen Teil der Pentalogie ausfüllen, sind nur wegen Panurges Furcht vonnöten, desgleichen die Reise zum Orakel der

Dive Bouteille im Q. L. und C. L. Panurge leidet überhaupt an einem Zuviel an Phantasie, wie der Q. L. belegt, dessen Komik nicht am wenigsten aus dieser Veranlagung Nutzen zieht. Man denke an die Sturmepisode (IV, 19 ff.), in der alle mit anpak-ken, um das Schiff zu retten, allein Panurge sich als Hasenfuß erweist, der sich schon auf dem Grund des Meeres wähnt, während das Schiff noch munter schwimmt. Ähnlich ergeht es, als die Reisenden (IV, 55) an der Grenze zum Eismeer dem Auf-tauen gefrorener Wörter beiwohnen, *de facto* ehemaligen Kriegsgeschreis, und Panurge sogleich die Flucht ergreifen möchte, was nur die Tatsache verhindert, daß man sich auf ho-her See befindet. In IV, 66 läßt Pantagruel bei dem Eiland Ganabin Salut schießen, um die Musen zu grüßen. Panurge verkriecht sich, weil er glaubt, die Hölle sei hereingebrochen, so sehr betäuben ihn Lärm und Pulverdampf. Er fürchtet, der Teufel packe ihn schon mit seinen Krallen. In Wirklichkeit ist es nur die Schiffskatze Rodilardus, die ebenfalls Angst hat und sich an ihn krallt.

Panurge ist in allen Szenen dieses Buches komisch, weil er natürliche Vorgänge, denen nichts Mysteriöses anhaftet, falsch interpretiert oder überbewertet. Seine Angstausbrüche sind aber schon fast Satire! – Es gibt aber auch positive Wunsch-träume, die mit den negativen gemein haben, daß sie das Er-träumte als schon Vorhandenes, ja Vergangenes annehmen und sich so in die real-irreale Grundstimmung des Rabelais'schen Werkes einreihen lassen. Es sei in diesem Zusammenhang an die megalomanen Welteroberungspläne Picrocholes (I, 33) erinnert, die ihm von seinen Hofschranzen eingegeben werden, welche den Wunsch schon für die Tat nehmen. Picrochole, zum Krieg gegen seinen Nachbarn aufgebrochen, wird ein zweiter Alexan-der. Man muß das ganze Kapitel lesen, um sich an Rabelais' Assoziationsketten zu ergötzen.

Bibl.: Goodrich, B. 202; *Saulnier*, B. 324.

8.3.4. Phantastische Reisen

Schon bei oberflächlicher Lektüre der Pentalogie fällt auf, welchen Stellenwert Rabelais dem Reisen einräumt. Wir finden eine Jenseitsreise (II, 30), eine Reise in das Innere von Panta-gruels Mund (II, 32), aber auch Reisen von Frankreich nach Utopien (II, 23) oder die Reise von Saint-Malo zum Orakel der Göttlichen Flasche (Q. L.; C. L.). Die ersten beiden Reisen sind Rabelais durch Lukian und andere Jenseitsreisen (Nekyia) bei Homer, Vergil, Dante, wie sie die Epik zumal kennt, vor-gegeben.

Erwähnung verdient Lukians Werk *Verae historiae*, ein zweibändi-ger Reise- und Abenteuerroman, der eine Reise zum Mond und den Sternen, zur Sonne, die Erlebnisse im Bauch eines Walfischs (I 30–42 und II 1–2), die Irrfahrten zur Käseinsel, zu den Inseln der Seligen, der Insel der Verdammten, zur Trauminsel sowie andere bi-zarre Abenteuer enthält. Die *Verae historiae* sind aber ihrerseits Pa-rodie (cf. 8.3.5.) der seit Homers *Odyssee* so beliebten pseudohistori-schen und pseudogeographischen Abenteuerliteratur.

Bei der Reise in das Innere von Pantagruels Mund und Epi-stemons Jenseitsreise spricht der Humanist Rabelais und stellt antike Bildungswelt und Realität seines Werkes gegeneinander. Er ist in beiden daheim, laviert zwischen beiden und relati-viert. Er zeigt auch, daß einem normalen Menschen derartige Reisen möglich sind, die den Horizont erweitern und als das Natürlichste von der Welt erscheinen.
Schwieriger steht es mit den geographischen Reisen, zu de-nen Rabelais durch die Entdeckungsreisen seiner Zeit inspiriert werden mochte.

Von 1534–42 erforschte der Bretone Jaques Cartier (1491–1557) Kanada, 1545 erschien sein Reisebericht. Giovanni da Verrazano (1485–1528), Jean Ango (1480–1551), Jean Parmentier (1494–1530), Oronce Fine (1494–1555), Jean-François de Roberval (1500–1561), André Thevet (1503/04–1592), Guillaume Postel (1510–1581), Pierre Belon (gest. 1565) und wie die anderen franzö-sischen Entdecker der Zeit alle heißen mögen, folgten oder waren vorausgegangen. Verrazano sollte 1524 im Auftrag Franz' I. die Nord-westpassage nach Indien und China um Nordamerika herum finden, die man für einen einzigen Kontinent hielt. Die Franzosen hatten den Beginn der Kolonisierung verschlafen und Spanien und Portugal das Feld überlassen. Um diese Scharte auszuwetzen, entsandte Franz I. Verrazano, der 1524 die Küste der USA abfuhr und einen Bericht darüber verfaßte, welcher auch gedruckt wurde. Franz I. wollte auf diese Weise Karl V. Konkurrenz machen.

Lefranc (B. 252) hat die bei Rabelais vorkommenden Reisen mit viel Scharfsinn verfolgt und kommt zu dem Schluß, daß die erste Reise Pantagruels, die von Rouen über Honfleur, Por-to Santo auf Madeira, die Kanarischen Inseln, Kap Blanco, den Senegal, Kap Verde, Gambia, Liberia, Melinde bei Mombassa, Aden (= Meden, Uti, Udem), Ceylon (= Gelasim) nach Uto-pien in China führt, mit der Ostindienroute der Spanier iden-tisch ist (II, 24, 340).

Rabelais habe als Fortsetzung des *P.* eine zweite Reisebeschreibung geplant, die in II, 34, 385 in Aussicht gestellt wird (cf. 3.2.), wo es heißt, das folgende Buch werde zeigen, wie er den Atlantik überquere, die Kanibalen besiegte, die Perleninseln (= Kleine Antillen) erobere und die Tochter des sagenhaften Priesterkönigs Johann freie, der in China und der Mandschurei beheimatet sei. Diese Route sei die andere Indienroute auf dem Westweg, die man damals noch für möglich gehalten habe. Im Gefolge der französischen Entdeckungen habe sich Rabelais auf seine nationale Pflicht besonnen und die Nordwestpassage zum Thema des *Q. L.* und *C. L.*, welches Lefranc deshalb in weiten Teilen für authentisch hält, gemacht.

Sie führt nämlich von Saint-Malo (IV, 1) über Neufundland, Kanada und Alaska nach Catay (China), wo das Bacbuc-Orakel angesiedelt ist (IV, 1, 34). Pantagruel gelingt damit etwas, was erst 1850–53 einer Expedition unter Robert John McClure (1807–1873) gelang. Den Steuermann von Pantagruels Flotte, Jamet Brayer, identifiziert Lefranc mit Jacques Cartier, den Piloten Xenomanes mit dem Seefahrer Jean Alfonse de Saintongeois. Insgesamt betrachtet hat Pantagruel, der von Catay nach Olonne nach vier Monaten zurückkehrt, einmal den Globus umrundet.

So ingeniös diese Deutung vom geographischen Realismus Rabelais auch erscheinen mag, so birgt sie doch viele Ungereimtheiten in sich. Wieso muß Pantagruel, der doch in Utopien (China) beheimatet ist, den Globus umdrehen, um das Orakel zu finden? Oder sollte die Pointe gerade darin liegen, daß die Fahrt im Kreise geht und die Reisenden wieder zu sich selber zurückführt, die Antwort auf die Frage in ihr Innerstes verlegt? Davon sagt Lefranc aber nichts, der in seinem Bemühen, Realitätsbezüge nachzuweisen, Rabelais' Technik der Kontrastierung verkennt. Der Reiz der Orakelfahrt liegt darin, daß der mit dem damaligen Tagesgeschehen vertraute Leser immer wieder glaubt, geographische Gegebenheiten und Entdeckungen erkennen zu können, die sich dann sofort wieder in Nebel auflösen, aber auch darin, daß die Reise im Kreise geht.

Bibl.: Auerbach, B. 115; *Lefranc*, B. 252; *Rentsch*, B. 309; *Schultze*, B. 333; *Spitzer*, B. 356.

8.3.5. Parodie

Unter Parodie verstehen wir die verzerrende Nachahmung ernster literarischer Vorlagen bzw. wissenschaftlicher Verfahrensweisen mit dem Ziel, diese ins Lächerliche zu ziehen. Der Autor verwendet die Formen etablierter literarischer Gattungen und wissenschaftlicher Methoden, zumal der erhabenen Literatur, bewußt kontrastiv zu dem burlesken Stoff seiner Pentalogie. Die Herabsetzung des Alten, Feierlichen soll die Diskrepanz zwischen Ideal und Wirklichkeit offenbar machen. Rabelais will nicht so sehr die ernsten Gefühle und erhabenen Gegenstände selber lächerlich machen, sondern generell auf die Hohlheit erstarrter Konventionen aufmerksam machen, die ihren Sinn verloren haben. Wichtig für die Parodie ist, daß die parodierte Vorlage stets noch erkennbar bleibt. Nur so kann sie wirklich verstanden werden. Allerdings wird die Zahl der Leser, die die literarischen Parodien goutieren können, zwangsläufig auf die »lecteurs instruits« eingeschränkt, was jedoch nicht für Mönchs-, Juristen- und Ärzteparodie gelten muß. Einige Parodien sind jedoch nur mit genauer Kenntnis der Mythologie der Antike vollständig zu verstehen.

Zunächst ist das Werk als Ganzes ein »pastiche« aus Elementen der antiken Heldenepen, des mittelalterlichen höfischen Romans und der burlesken Ritterepen der italienischen Renaissance, die ihrerseits bereits selber Parodien waren (cf. 5.2.–5.4.). Rabelais übernimmt das Schema von Abstammung, Geburt, Jugend, Waffentaten und Abenteuersuche (»quête«) aus diesen Vorlagen, unterscheidet seine Darstellung jedoch dadurch von der seiner Vorgänger, daß er dem Ganzen ein ins Gigantische vergrößertes Ausmaß verleiht, andererseits jedoch immer wieder in die unheldische normale Realität zurückverfällt. Rabelais hat aber auch einzelne Epenszenen parodiert, z. B. die Konsultation der Sibylle von Cumae durch Aeneas (*Aeneis* VI, 10) ist das Modell für den Besuch Panurges bei der Sibylle von Panzoust (III, 16–18; das trojanische Pferd erscheint als hohle Sau, in der sich im Würstekrieg die Köche verstecken (IV, 40) usw.

Eine zweite bedeutsame Gruppe von Parodien stellen die satirischen Eulogien dar (*Colie*, B. 160; *Rigolot*, B. 310), die schon bei Lukian vorkommen und in der italienischen Renaissance in Francesco Berni (1497–1535), dem Verfasser der *Capitoli*, einen kongenialen Fortsetzer gefunden haben. Mit großer Feierlichkeit werden Trivialitäten gelobt (Nachttopf, Stechmücke, Pantoffel usw.), die eigentlich negativ oder unbedeutend gesehen werden oder doch solchen poetischen Aufwand nicht verdienen. Rabelais konnte sich natürlich auch an Erasmus' *Morias enkomion* orientieren! (cf. S. 85).

Der *T. L.* ist besonders reich an solchen Eulogien, z. B. des Schuldens und Borgens (III, 3–5), des Hosenlatzes (III, 8), des Pantagruelions, eines wunderbaren Krautes (III, 48–51; cf. *Saulnier*, B. 325). Diese Kapitel stellen in der Nachfolge Lukians aber auch Parodien des platonischen Dialogs bzw. der von Marsilio Ficino (1433–1499) entwickelten neuplatonischen Amorlehre dar. Aus anderen Kapiteln ragt der Pentalogie das Lob des Krieges (III, Prologue) bzw. die Verherrlichung von Messer Gaster, dem Bauch, als allbewegendem Weltprinzip (IV, 61–62; cf. *Marichal*, B. 268), hervor.

Die in der Pentalogie vorkommenden Ansprachen (Ulrich Gallet an Picrochole, I, 31; die Siegesrede Gargantuas nach der Schlacht, I, 50 u. a.) sind Parodien auf die ciceronianische Oratorik (*Seiver*, B. 350); andere Beispiele ließen sich finden. Aber nicht nur antike Quellen werden parodiert, sondern auch biblische und liturgische (*Febvre*, B. 186; *Gilson*, B. 199), weiterhin die syllogistischen Disputationsverfahren der Scholastik (Janotus de Bragmardo, I, 19; Thaumaste, II, 18–20; *Screech*, B. 341), die juristischen Plädoyers (Baisecul und Humevesne, II, 11–12; Bridoye, III, 39–43; *Screech*, B. 342), die medizinischen Befunde (Geburt Gargantuas, I, 6; *Screech*, B. 343; Bruder Jahn in der Schlacht, I, 27; Heilung des geköpften Epistemon, II, 30; Pantagruels Krankheit, II, 33), der Studentenjargon mit seinem gelehrten Kauderwelsch (Ecolier Limosin, II, 6; *Berschin*, B. 128; Panurge, II, 9; *Bastiaensen*, B. 123).

Parodistischen Stellenwert haben auch zahlreiche Rätsel und Rätselgedichte im Werk, auch wenn sie scheinbar nicht ernst gemeint sind (Fanfreluches antidotées, I, 2; Les propos des bien yvres, I, 5; Enigme en prophétie, I, 58; Pantagruelion, III, 48–51; Grippeminault, V, 12). Die Funktion dieser Rätsel liegt auf der Hand, zumal sie entweder kaum erkennbare oder doch mehrere Lösungen haben. Sie verunsichern den Leser im höchsten Maß, da er gerne die richtige Lösung finden möchte, auch wenn es keine gibt. Rätselstruktur haben übrigens fast alle Episoden des *Q. L.* und *C. L.*, da man erst bei jeder Reisestation den gemeinten Ort identifizieren muß (*Bowen*, B. 136).

Bibl.: *Bowen*, B. 136; *Colie*, B. 160; *Lebègue*, B. 247; *Meyer*, B. 276; *Mombello*, B. 279; *Rigolot*, B. 310.

8.3.6. Satire und Porträttechnik

Während die Parodie Verfahrensweisen karikiert oder gar lächerlich macht, richtet sich die Satire gegen Personen, Stände und Institutionen und ist gesellschaftlich orientiert. Ihre Ausdrucksmöglichkeiten sind, bezüglich ihrer Intensität, sehr vielfältig. Sie kann von überlegener Heiterkeit über beißende Schärfe bis zum Pathos reichen. In ihrer Kritik bietet die Satire keine positiven Alternativen an, sondern impliziert diese durch ihre Gegenbilder. Ihre Aussagen sind indirekt; sie destruiert, um bloß- und dadurch richtigzustellen. Je nach dem Temperament dessen, der sie verwendet, kann sie undifferenzierte Invektive, massive Polemik, aggressives Zuschlagen oder subtiles Dekuvrieren sein. Rabelais betont eher die letzte Seite und lenkt die Aufmerksamkeit von den eigentlichen Kritikpunkten auf die komische äußere Form. Während in den ersten Büchern die satirische Absicht oft hinter der Burleske in den Hintergrund tritt, rückt ab dem Q. L. die Satire in den Vordergrund.

Rabelais kennt nicht nur die Ständesatire (Juristen, II, 10–13; III, 39–43; IV, 12–16; V, 11–18; Kleriker, I, 40; III, 30; IV, 48–54; V, 1–10; Ärzte, III, 31; IV, 17), sondern auch die Charaktersatire, wie sie in der antiken Komödie, den mittelalterlichen Farcen und Fabliaux und später der Commedia dell'arte begegnet. Wir treffen Narren (Triboullet, III, 37; 44–45), Prahler (I, 33), späte Jungfrau und geile Alte (II, 17; III, 17), Pedanten (Thaumastes, II, 18–20; Trouillogan, III, 35–36), Fresser (Saint Panigon IV, 10; Bringuenarilles, IV, 17; Mardigras, IV, 22; Messer Gaster, IV, 57–62), den verprügelten Ehemann (II, 31), den Aufschneider (I, 25 f.) usw.

Es fällt auf, daß insbesondere die engsten Gefolgsleute Pantagruels, Panurge und Frère Jean, als komische Figuren gezeichnet sind, die mehrere komische Einzeltypen in sich vereinigen. Frère Jean ist ein aus der Kutte gesprungener Mönch, der sich durch Kampfesmut (I, 41–44), Freß- und Sauflust, überschäumende Lebenskraft und Derbheit auszeichnet. Panurge, der mit allen Wassern gewaschene, ist Schelm, Schürzenjäger, Prahlhans, Taschenspieler, Hofnarr, Verschwender, Hasenfuß in einem.

Dennoch sollte man nicht bei dieser oberflächlichen Betrachtungsweise stehenbleiben, sondern sich ein wenig ausführlicher mit Rabelais' Porträttechnik befassen, der auch zahlreiche Arbeiten der Sekundärliteratur gewidmet sind.

Die einzigen Gestalten der Pentalogie, die neben den weitgehend idealisierten Riesenkönigen individuelle Züge tragen, sind Panurge und Frère Jean. Die übrigen Begleiter Pantagruels bleiben profillos. Gerade Panurge hat es mit der Vielfalt seiner Eigenschaften den Interpreten angetan, und man hat ihn 1. moralisierend-allegorisch, 2. ideologisch-geistesgeschichtlich, 3. psychologisch und 4. ästhetisierend gedeutet (*Schrader*, B. 332,

S. 33–43), ohne jedoch seiner Heterogenität gerecht zu werden. Erst Schrader hat das Problem systematisch angepackt und belegen können (B. 332, S. 135 ff.), daß hinter der Vielschichtigkeit von Panurges Charakter System steckt. Es zeigen sich deutlich vier unterschiedliche Aspekte: ein schelmisch-komischer, ein gelehrt-bürgerlicher, ein gefährlich-unheimlicher und ein freundlich-vermittelnder, die durch zahlreiche Korrespondenzen (Charaktereigenschaften, Verhaltensmuster, Kenntnisse, Äußerungen etc.) miteinander verbunden sind. Ein und dieselbe Anlage kann sich gleichzeitig unter verschiedenen Aspekten äußern. So entsteht eine zwar widersprüchliche, bei aller inneren Gegensätzlichkeit jedoch geordnete Charakterkomposition. Alle Aspekte sind vom *P.* an, in dem Panurge erstmalig auftaucht, stets nebeneinander vorhanden. Als Vorbild Panurges konnte Schrader den griechischen Gott Hermes oder Merkur identifizieren, allerdings nicht nur in seiner klassischen Gestalt, sondern auch in seinem nachklassischen Weiterleben als unmoralischer Dämon, Erfinder, Gelehrter, Arzt, als personifizierter Logos und als Geist der Alchimie. Panurges Name πανοῦργος, »der alles zu tun im Stande ist, das Gute wie das Böse«, bringt die Doppelbödigkeit seines Charakters gut zum Ausdruck. Der Taugenichts Panurge ist ein Nachfahr des Hermes δόλιος (= listenreich), wobei dieses Epitheton für alle schelmischen Züge gelten soll. Dem gelehrten Panurge leiht der λόγιος der euhemeristischen und allegorischen Tradition, der Meister des Wortes und Gründer der Wissenschaft, seine Züge. Hinter dem unheimlichen, gar gefährlichen Panurge steht der Hermes ψυχοπόμπος, der Zauberer und Teufel, hinter dem Helfer und Beschützer Panurge der göttliche Begleiter der homerischen Epen, der Patron der Reisenden und Kaufleute, der Hermes φιλάνθρωπος.

Bei Schrader fehlt eine weitere Ausdeutung dieses Charakters und seiner Funktion. Er weist nämlich je zwei positive und zwei negative Grundstrukturen auf und ist deswegen weder nur gut noch nur schlecht. Da Panurge zur zentralen Gestalt des Werkes wird, darf man in ihm den Menschen schlechthin sehen, in dem sich Gut und Böse die Waage halten, obwohl das Gute vielleicht ein wenig überwiegt.

Nicht deutlich genug ist bisher die Rolle Frère Jeans in der Forschung abgehandelt worden, der eine Komplementärgestalt zu Panurge ist und ab dem *T. L.* gleichrangig neben ihn tritt (*Frame*, B. 187). Auch für ihn gibt es verschiedene Deutungen. Villey (B. 378) sieht in ihm das Sprachrohr von Rabelais'

Mönchskritik; Weinberg (B. 379) einen Verteidiger des Evangeliums, Mayer (B. 273) glaubt in ihm einen Nachfahren des Lukianschen Menipp sehen zu dürfen, der selber Kyniker ist und doch die Philosophen angreift. Eine kohärente Deutung steht noch aus.

Auch hier fällt auf, daß Frère Jean gute und böse Eigenschaften hat, wie seine Freß- und Sauflust, sein blindes Dreinschlagen, seine Derbheit, seine fehlende Bildung usw. Einige Züge gehören zum Bild des Pantagruelisten, der kein Kind von Traurigkeit ist (cf. 4.4.), und hier decken sich die Charaktere Frère Jeans und Panurges weitgehend. In anderen ist er das diametrale Gegenbild von Panurge, so daß wir hier ebenfalls vier Aspekte herausstellen können: 1. einen biederkomischen, 2. einen ungehobelt-mönchischen, 3. einen erdverbunden-vertrauten und einen 4. freundlich-vermittelnden. Während sich der erste und vierte mit Panurges Eigenschaften überschneiden, unterscheiden sich zwei und drei besonders. Eins und zwei sind eher negativ, drei und vier eher positiv.

Frère Jean ist eine spätere literarische Erfindung als Panurge und dessen Widerpart oder andere Hälfte. Rabelais gelingt es auf diese Weise, die Vielschichtigkeit des menschlichen Charakters besonders deutlich zu machen, nicht zu werten und zum Nachdenken anzuregen. Auch diesmal arbeitet er wieder mit Kontrasten und Ambivalenzen.

Bibl.: Butor, B. 145; *Defaux*, B. 164; 167; 169; *Downes*, B. 181; *Frame*, B. 187; *Frohock*, B. 196; *Goodrich*, B. 202; *Griffin*, B. 206; *Mayer*, B. 273; *Ragland*, B. 307; *Roques*, B. 315; *Russell*, B. 316; *Schrader*, B. 332; *Schwarz*, B. 334; *Screech*, B. 339; *Villey*, B. 378; *Weinberg*, B. 379.

8.3.7. Sprachauffassung

Es ist eine bekannte Tatsache, daß Rabelais ein Wortschöpfer und Wortakrobat war, der mit seinen Kreationen nicht nur Heiterkeit erregte, sondern auch seine Opfer bloßstellte. Seine diesbezügliche Technik ist vielfältig. Um sie zu verstehen, muß man sich zunächst kurz über die sprachgeschichtlichen Hintergründe und Zusammenhänge klar werden und dann diejenigen Werkepisoden betrachten, in denen er selber Aussagen über die Sprache macht.

Das 16. Jhdt. ist von Anbeginn durch das unaufhaltsame Vordringen des Französischen in Domänen gekennzeichnet, die bis dahin ausschließlich dem Latein vorbehalten waren wie Theologie, Jurisprudenz und Naturwissenschaften. Für die bedeutendsten französischen Humanisten war das Sprachenproblem Latein/Französisch noch nicht primär, denn sie schrieben lateinisch. Allein König Franz I., der im Lateinischen nicht besonders gewandt gewesen sein soll, aber auch aus Gründen der staatlichen Vereinheitlichung an der Herausbildung einer allen verständlichen Amtssprache interessiert war, förderte das Französische. In § 111 der »Ordonnance de Villers-Cotterets« erklärte er die französische Muttersprache (»langage maternel françois«) zur alleinigen Rechts- und Urkundensprache.

Die Humanisten waren aufgrund ihres Bildungsideals eher international eingestellt und pochten deshalb auf das Latein als Universalsprache. Gegen diese Ansicht erhoben sich seit Anfang des 16. Jhdts. verschiedene Autoren, die dem Hof nahestanden, und der französischen Schriftsprache zum Durchbruch verhelfen wollten. Als erster ist der Typograph, Drucker und Schriftsteller Geoffroy Tory (ca. 1480–ca. 1535) mit seinem Werk *Champfleury* zu nennen (1529). Tory wendet sich gegen die Vorliebe der Franzosen (*Pfister*, B. 302), ihre Sprache, »une des plus gracieuses de toutes les langues humaines«, im Übermaß zu latinisieren bzw. mit italienischem Sprachgut zu überfrachten. Wie später die Mitglieder der Pléiade (Du Bellay, Ronsard) war sich auch Tory darüber im klaren, daß es nötig und zugleich möglich sei, die französische Sprache anderen Volkssprachen und sogar dem Latein ebenbürtig an die Seite zu stellen. Um dies zu bewirken, mußte aber das mittelalterliche Französisch durch eben diese Sprachen bereichert werden, denn nur so konnte es für alle Lebensaufgaben eintreten. Während jedoch die Rhétoriqueurs oder Latineurs, auf deren Seite die Pléiade stand, ausschließlich lateinische und griechische Vokabeln unverändert übernehmen wollten, wollten Tory und Rabelais die Quellen der französischen Sprache selber ausschöpfen und z. B. veraltete Wörter, die im Begriff waren zu verschwinden, wieder aufgreifen oder gar Dialektismen in die Hochsprache aufnehmen (*Poirier*, B. 303). Auf Latein, Griechisch und Italienisch sollte nur dann zurückgegriffen werden, wenn es unbedingt notwendig war. Diese Sprachen sollten zudem nicht blind ausgebeutet werden, was man leicht verächtlich als »écorcher, excorier, écumer, déspumer« (= abhäuten, abschäumen) bezeichnete.

An der Notwendigkeit einer Bereicherung des Französischen aus anderen Sprachen konnte für niemanden ein Zweifel bestehen, weil gerade das an Cicero geschulte klassische Latein nur deshalb zu einer toten Sprache wurde, weil es keine neuen Elemente mehr aufnahm und dadurch verkrustete. Das vorhumanistische mittelalterliche Latein (Kirchen-, Küchen- und makkaronisches Latein) war diesbezüglich viel großzügiger gewesen, ähnlich wie das Merowingerlatein, und hatte der gesprochenen romanischen Spontansprache große Konzessionen gemacht. Nur so konnte es jahrhundertelang seinen Platz neben den Volkssprachen behaupten.

Rabelais hat sich nicht generell gegen eine Bereicherung des Französischen durch das Latein gewandt, und dieses Verfahren selber gehandhabt, indem er lateinische Wortstämme mit französischen Endungen versah (perspec-tif, acquil-in), französische mit lateinischen (miraculi-fique, diabli-culer) oder bei Bedarf völlig neue Wörter schuf respektive übernahm, die das Griechische und Lateinische so nie gekannt hatten (symptomatique, hieroglyphe, gallicisme). Rabelais' Verständnis von der Sprache ist mithin ein unorthodoxes, denn er macht sich alle Verfahrensweisen zu eigen, die seiner Meinung nach geeignet sind, seine eigenen Ausdrucksmöglichkeiten zu vergrößern. Er lehnt nur jedes Zuviel und jeden Zwang ab, ohne jedoch selber ganz konsequent zu sein. So enthält der Prolog zum *C. L.* (B. 64, Bd. II, S. 283) auch eine Absage an die Pléiade und wertet das Französische auf. Rabelais erweist sich auch hier als Individualist, der die Sprache so handhabt, daß sie unnachahmlich wird. Es versteht sich von selber, daß Du Bellays Vorstellungen praktikabler waren und Gemeingut wurden.

So frei Rabelais auch seinen Satzbau gestaltete (*Huguet*, B. 215), und dies angesichts der Tatsache, daß der Satzbau eigentlich schon festgelegt war, galt auch ihm die ciceronianische Satzperiode als Vorbild. Nicht von ungefähr fordert Gargantua seinen Sohn in seinem programmatischen Brief auf (II, 8, 260), »et que tu formes ton stille, ... quant à la Latine, à Ciceron«. Er übernahm auch das humanistische Stilideal der *copia verborum,* des sprachlichen Reichtums, wie er sich in wohlabgewogene Synonymreihen und rhetorischer Ausschmückung äußert. Ein wichtiger Aspekt der antiken Stillehre, das Zitat als Werkzeug der unmittelbaren Vergegenwärtigung eines Autors und der Illustration eines durch umfassende Lektüre erworbenen Bildungscharakters, taucht ebenfalls bei ihm auf.

Rabelais, der ein Übermaß an antikem Einfluß im Französischen ablehnt, kennt jedoch selber mit seinen Wortkaskaden keine Grenzen. Eine Fundgrube ist IV, 15, das mit dem Sechzigbuchstabenwort »morderergrippipiotabirofreluchamburelurecoquelurintimpanemens« (IV, 15, 83) und ähnlichen Wortungetümen den Höhepunkt der Rabelais'schen Exuberanz bildet. Sein Stilideal ist das der Stilmischung, des grotesk-komischen niedrigen Stils mit dem pathetisch-feierlichen hohen, wie sie bereits in der spätmittelalterlichen Predigt zu beobachten ist (cf. 6.3.). Durch das Nebeneinander von eruditen, philosophischen, volkstümlichen und vulgären Elementen erzielt Rabelais leicht besondere Kontraste. Ganz explizit belegen auch die Episoden des »écolier limosin« (II, 6) und die erste Begegnung zwischen Pantagruel und Panurge (II, 9) Rabelais' Sprachverständnis.

In der ersten Episode, einer parodistischen Nachbildung der bei den Humanisten so beliebten Schülergespräche (*Berschin*, B. 128), bei denen es neben klassizistisch-puristischer Sprachhaltung um pädagogische Vermittlung von Moral geht, trifft Pantagruel, selber noch Student, vor Orléans einen Studenten aus dem Limousin, der ihm auf die Frage nach dem Wohin des Weges in einem latinisierten Französisch antwortet, das grotesk wirkt. Er behauptet zwar, er wolle das Französische »locupléter de la redundance latinicome«, aber Pantagruel züchtigt ihn dafür so sehr, daß er einen psychischen Schaden davonträgt, der einige Jahre später zum Tod durch Verdursten führt. Dies ist die »vengeance divine« für jemanden, der nicht »selon le langaige usité« spricht; denn unnatürliches Sprechen sei zu vermeiden wie »les patrons des navires evitent les rochers de mer«. Zwar ist der »beanus«, der »potache« (= Fuchs, Schüler), durch seinen Jargon immer amüsant und komisch, aber der »écolier limosin« übertreibt dieses Procedere und wird dafür schwer bestraft. Interessant ist, daß der Scholar in seiner Todesnot, als ihn Pantagruel an der Gurgel packt, »natürlich« spricht, d. h. in seinem limousinischen Heimatdialekt (II, 6, 247).

Im Zusammenhang damit muß man auch II, 9 lesen. Pantagruel begegnet vor Paris Panurge, der ihm sogleich gefällt, und den er ebenfalls nach seinem Herkommen fragt. Panurge antwortet ihm in dreizehn Sprachen (deutsch, antipodisch, italienisch, englisch – ursprünglich keltisch/schottisch –, baskisch, laternisch, niederländisch, spanisch, dänisch, hebräisch, griechisch, utopisch, lateinisch), d. h. zehn echten und drei erfundenen (*Pons*, B. 304), ehe er in seiner Muttersprache sagt, was auch der Inhalt dieses babylonischen Sprachengewirrs ist: er habe Hunger und Durst. Seine Polyglottie dient dazu, Aufmerksamkeit zu erwecken, nicht zu prahlen, und sie erregt auch tatsächlich Pantagruels Interesse und Mitleid, nicht seinen Zorn, wie bei dem Limousiner. Panurge tut damit nichts anders als der Autor selber, der die Sprache einsetzt, um den Leser auf das aufmerksam zu machen, was ihm wichtig ist. Sprachliche Fülle hat Zeichenfunktion! Auch die Sprache ist ein Silen, ist außen lustig und innen ernst, wie Panurge dies mit seinem Kauderwelsch bedeutete (*Roloff*, B. 314).

Metasprachlich höchst aufschlußreich ist auch der Q. L., der, wie Bowen gezeigt hat (B. 136), davon lebt, das Rabelais Redewendungen und Sprichwörter »wörtlich« nimmt. Hier hat das Spiel mit der Sprache die Aktionen verdrängt. Das gesamte

Buch stellt im wesentlichen Abstraktionen konkret dar, macht Gedanken und Ideen sichtbar, was gegen Ende in der Episode der gefrorenen Worte (IV, 55–56), die in der Wärme auftauen, noch einmal sinnfällig wird (*Guiton*, B. 207; *Jeanneret*, B. 218; *Keller*, B. 225). Die Szenen, die nicht von materialisierten Sprichwörtern leben, haben mit der Orakelsuche, die ebenfalls Suche nach einem »Wort« ist, wenig zu tun, sind Gesprächsepisoden, Erzählungen und Anekdoten oder handeln vom Wort Gottes. Die Gaster-Episode (IV, 57–62) krönt das Ganze, denn der Materialismus wird hier zum Weltprinzip erklärt. Es ist, als ob Rabelais von der Kraft des Wortes nicht mehr fest überzeugt sei und auch andere nicht mehr überzeugen wolle. Ideen haben für ihn einen konkreten Hintergrund, und das ist es letztlich, was jetzt noch für ihn zählt.

Bibl.: Bastiaensen, B. 123 *Berschin*, B. 128; *Bowen*, B. 136; *Brunel*, B. 39; *Brunot*, B. 40; *De la Juillière*, B. 174; *Guiton*, B. 207; *Herman*, B. 44; *Huguet*, B. 215; *Jeanneret*, B. 218; *Keller*, B. 223–225; *Lebègue*, B. 245; *Pfister*, B. 302; *Poirier*, B. 303; *Pons*, B. 304; *Roloff*, B. 314; *Sainéan*, B. 319; *Spitzer*, B. 355.

8.3.8. Wortkomik

Erwähnen wir zum Abschluß die einzelnen Besonderheiten der Wortverwendung, insbesondere der Wortkomik, die im Unterschied zu den früher beschriebenen komischen Verfahrensweisen immer punktuell ist, dem Augenblick lebt und nicht die nachhaltige Bedeutung hat wie komische Personen oder Episoden, deren wichtigstes Akzidenz sie allerdings darstellen. Auch die Wortkomik operiert mit dem Kontrast.

Verdichtung und Zusammenziehung: Rabelais hat mit seinem Haß die Theologen der Pariser Sorbonne verfolgt, und dieser Haß ist sprachlich in Schmähworten wie »sorbillans, sorbonagres, sorbonigenes, sorbonicoles, sorboniformez, sorboniseques, niborcisans, sorbonisans, saniborsans« oder dem hyperbolischen, kaum noch zu übertreffenden »sorbonicolificabilitudinissimement« sogar produktiv geworden. Alle diese Bildungen sind vom damaligen Sprachzustand her gerechtfertigt. Dem Element Sorbonne werden Suffixe wie »-gene, -forme, -cole« usw. angehängt, die aus Bildungen wie »oxigène, multiforme, agricole« usw. bekannt sind. Ein besonderer Kalauer ist »sorbonagre«, wo Sorbonne mit dem gr. ὄναγρος (= wilder Esel) gekreuzt ist, humanistische Rache an einer scholastischen Institution! Alle diese hybriden Bildungen knüpfen an das schon bestehende »sorbonien«, Doktor der Sorbonne, an, entstellen, parodieren, verballhornen es und schaffen durch diese Vervielfältigungen des Grundetymons eine ganze hydraartige Wortfamilie von Unholden (*Spitzer*, B. 356, S. 38 ff.; B. 355, S. 67 ff.).

Doch dies ist nicht die einzige derartige Wortfamilie, die Rabelais gezüchtet hat. In ähnlich negativer Absicht entstanden z. B. die Ableitungen zu pape (papeligosse, Papstfresser; papimanie; papefigue = dem Papst die Feige zeigen) und decretalistes (Kirchenrechtslehrer), nämlich »decretalifuges, decretalicides, decretalipotens, decretaliarche, decretalictones«.

Das gleiche Verfahren setzt Rabelais aber auch ein, um positive Eigenschaften zu bezeichnen. Von dem Namen Pantagruels leitet er eine Wortfamilie ab (pantagruélin, pantagruélique, pantagruéliste, pantagruélisme, pantagruéliser, pantagruélion), die facettenhaft die Rabelais'sche Philosophie, die Lebenseinstellung des Pantagruelismus, beschreibt und beschwört (*Saulnier*, B. 327). Seine Lieblingswörter »couille« (= Hodensack), »braguette« (= Hosenlatz) und »vit« (= männliches Geschlechtsteil) haben ebenfalls übermütig-groteske Blüten getrieben wie »couillaud, couillart, couillaust, Coullatris bzw. braguemard, braguatine, braguettodyte, Bragueta iuris bzw. Vitet, Vitault, Vitvani, Vitneuf, Vitvieulx, Vitelle« als Eigennamen. Hier hat die Wortbildung eindeutig einen zärtlichen Unterton. Die Liste der Verdichtungen und Zusammenziehungen ließe sich noch weiter fortführen.

Doppelsinn: Diese Gruppe ist z. T. mit der Zweideutigkeit, der Blasphemie u. ä. (s. u.) identisch. Ein schönes Beispiel liefert I, 27, 110, ein Kapitel, in welchem beschrieben wird, wie Bruder Jean den Abtei-Garten von Seuillé vor der Plünderung der Feinde schützt und heftig dreinschlägt. Wenn er einen Gegner trifft, ruft dieser: »Ha, Frere Jean, mon amy, Frere Jean, je me rend!« – »Ach, Bruder Johann, lieber Freund, Bruder Jahn, ich ergeben mich!« Und dieser antwortet, »Il t'est bien force; mais ensemble tu rendras l'ame à tous les diables.« – »Was bleibt dir anders übrig? Doch zugleich ergibst du deine Seele allen Höllenteufeln.« – Ein anderes Beispiel liefert II, 17, wo Panurge beschreibt, wie er zu Geld kommt. In mehreren Pariser Kirchen kauft er Ablaßbriefe, was für seinen christlichen Lebenswandel spräche. Er deutet aber den Satz der Priester, die diese Ablässe veräußern, »centuplum accipies« – »Gott wird es dir hundertfach vergelten«, imperativisch um in

»du sollst hundertfach nehmen!« und tut bei jedem Ablaßkauf
einen tiefen Griff in den Opferstock. – Am bekanntesten ist
aber wohl die Episode des Guichet (V, 11 ff.), wo Grippemi-
naud mit den Seinen wohnt (Klaufretter und die Katzbalger),
ein Abbild des raffgierigen Steuereinnehmers. Seine Reden
spickt er mit vielen »or sa«, was »nun wohlan«, aber auch
»Geld her!« heißen kann (dt. »her, gelt – Geld her«).

Zweideutigkeit: Diese Gruppe ist eng mit der vorangehenden
verwandt und unterscheidet sich allein durch die obszöne Deu-
tungsmöglichkeit. Unzählig sind die Beispiele, denn Rabelais
hat eine wahre Manie, Gegenstände, Körperteile, Tätigkeiten
oder Eigennamen zweideutig aufzufassen. Ganz explizit ist Rabelais im Neuen Prolog zum Q. L. (B. 64, S. 22 f.) bezüglich
der Axt des Bauern Couillatris (Hodian). Ähnlich derb ist die
Fabel vom Fuchs und vom Löwen (II, 15), die mit dem Wort
»moucher, esmoucher« (= fegen), das immer wieder in anderem
Zusammenhang aufgenommen wird, spielt und im Französischen wie im Deutschen eine deutlich obszöne Bedeutung hat.

Volksetymologie: Auch hierin ist Rabelais ein Meister! Bereits der Name Gargantuas (I, 7, 33) wird volksetymologisch
erklärt. Der Knabe hat bei der Geburt so großen Durst, daß er
immer wieder »a boyre« ruft, weshalb der Vater ihn »Que
grand tu as (le gousier)« – »welch großen Schlund du hast!«
nennt. – Der Wald von Beauce, den Gargantuas Mähre mit
Schwanzhieben niederstreckt und in eine Ebene verwandelt (I,
16), heißt deshalb so, weil Gargantua sich über das Treiben seines Pferdes unbändig amüsiert, »Je trouve beau ce« (B. 64, Bd.
I, S. 67). – Der alte Name von Paris, Leucece (auch: Lutece),
die »Weiße« (I, 17, 69), wird von Rabelais mit den weißen
Schenkeln ihrer Bewohnerinnen erklärt; der neue, Paris, damit,
daß Gargantua seinen Hosenlatz lupft und die Stadt zum
Spott (»par rys«) mit seinem Harn zum Willkommen tauft.

Kalauer: Von hier ist es zum Kalauer nicht mehr weit, den
Rabelais ebenfalls weidlich pflegt. Als der angeheiterte Bruder
Jean bei der Verteidigung der Abtei Seuillé den Gottesdienst
stört, ruft ihm der Prior zu: »Que fera cest hyvrogne icy?
Qu'on me le mene en prison. Troubler ainsi le service divin«
(I, 27, 108). Bruder Jean antwortet schlagfertig: »Mais le service du vin, faisons tant qu'il ne soit troublé; car vous mes-
mes, Monsieur le Prieur, aymez boyre du meilleur.« – An anderer bezeichnender Stelle seines Werkes hat Rabelais aber derartige Wortspiele verurteilt und spricht von »läppische, witzlo-
se, bäurische und abgeschmackte Homonyme, daß man einem

jeden sollte einen Fuchsschwanz ans Koller binden und ihm eine Larve aus Kuhdreck aufschmieren, wenn er in Frankreich nach dem Wiederaufleben der wahren Künste und Wissenschaften künftig noch derlei Unsinn vorbringen wollte« (I, 9, 41; B. 79, S. 51 f.). Rabelais geißelt aber natürlich nur diejenigen, die derartige Spielereien ernst nehmen.

Zynismus: Auch der Zynismus ist Rabelais nicht fremd, und zwar immer dann, wenn es um Scholastiker, Geistliche oder Juristen geht. In II, 16, 304 erklärt Panurge die Länge der Eselsohren damit, daß ihnen die Eselmutter keine Mütze aufsetze. Aus dem gleichen Grund hingen den Pfaffen die Hodensäcke bis zum Knie; sie trügen eben keine Hosen unter ihrem Habit.

Blasphemie: Blasphemien begegnen, dem Zeitgeist entsprechend, häufig. Wenn in »Les propos des bien yvres« (I, 5) ein Zecher »sitio« ausruft (S. 27), verwendet er ein Wort des sterbenden Christus am Kreuz. Nicht minder schockierend für einen gläubigen Leser wirkt das »Lamah hazabthani« (II, 24, 339), das in einen Ring mit einem falschen Diamanten eingraviert ist. Eine Dame aus Paris sendet ihn Pantagruel. Die Botschaft lautet folglich entschlüsselt: »Dy amant faulx, pourquoy me as-tu laissé?« Die hebräischen Worte sind der Schrei der Agonie des sterbenden Christus am Kreuz. Mit den höchsten Werten der Religion spielt auch Panurge, der seine ganze Habe verschleudert und dann ausruft (III, 2, 414): »Consummatum est!« – »es ist vollbracht«, aber auch, »es ist aufgezehrt«, im ersten Sinn ein Wort, das Christus in seiner Todesnot am Kreuz ebenfalls verwendet. – In I, 40, 154 macht Frère Jean eine deutliche Anspielung auf die Größe des männlichen Gliedes in Relation zur Nase, »ad forman nasi cognoscitur ad te levavi«, letzeres der Anfang des 122. Psalmes, »Ich erhebe meine Augen!«

Übertreibung: Berühmt ist das Beispiel, wo Rabelais schreibt, bei den Klöstern sei allein der Schatten fruchtbar (I, 45, 169). Frère Jean warnt damit die Pilger vor der sexuellen Gier der Klosterinsassen und bereitet sie darauf vor, ihre Frauen nach der Rückkehr von der Pilgerfahrt geschwängert vorzufinden, unterstreicht zugleich aber auch die Sterilität und Sinnlosigkeit des monastischen Daseins. – Übertreibungen sind aber auch alle Zahlenangaben, die Rabelais zu wahren arithmetischen Kaskaden auftürmt (*Francis*, B. 189). Der komische Effekt resultiert aus der Hyperexaktheit in bezug zur gigantischen Größe, angesichts derer genaue Zahlen lächerlich wirken müssen,

z. B. I, 8, 35 ff., die Kleider Gargantuas: 900 Ellen Tuch werden für sein Hemd, 813 Ellen Seide für sein Wams, 1105 Ellen Wollstoff für die Strümpfe, 16 Ellen für den Hosenlatz usf. benötigt. Oder I, 4, 21, wo 367014 Ochsen geschlachtet und eingepökelt werden; I, 26, wo Picrochole 16014 Schützen und 30001 Mann aufbietet; III, 2 die Burgvogtei Salmiguondin, die jährlich 6789106789 Realen Einkommen bzw. 2435768 bis 2435769 Langwollenhammel Naturalien bzw. 1234554321 Serafinen Ertrag bringt. – Oft ist es Panurge, der sich darin hervortut und z. B. angibt, in neun Tagen in Paris 417 verschiedene Frauen beschlafen zu haben (II, 15, 299).

Unangemessenheit sprachlicher Mittel: Sie resultiert oft aus automatischen Denkfehlern und begegnet häufig. Ein schlagendes Beispiel liefert Frère Jean (I, 39, 148), der in Form einer scholastischen Disputation mit Argumentationsketten (natürlich obszöner Art!) belegt, warum Jungfrauenbeine stets frisch seien:

»Aus drei Gründen, ..., aus denen ein Ort auch sonst frisch und kühl ist: *Primo,* weil er von einem Bächlein berieselt ist; *secundo,* weil es ein schattiger, dunkler und finsterer Ort ist, wohin nie die Sonne scheint; und drittens, weil er allezeit von den Lüftchen aus dem Zugloch der Föhnwinde, des Hemdes und obendrein des Hosenlatzes bestrichen wird« (B. 79, S. 211).

In diesen Zusammenhang gehört auch I, 13, 118. Als Grandgousier aus dem Krieg zurückkehrt, ist sein Söhnlein fünf Jahre alt und ein aufgewecktes Kerlchen. Es stellt seinen wunderbaren Geist und sein Vermögen, Probleme systematisch zu lösen, dadurch unter Bweis, daß es seinem Vater neunundfünfzig Arten vorstellt, sich den Hintern zu wischen. Gargantua offenbart ein völlig ungebrochenes Verhältnis zur Analität und zur Sexualität, denn er wischt seine Kehrseite an allem, was weich ist, bis er das beste Putzmittel gefunden hat: eine flaumige junge Gans, deren Kopf er zwischen den Beinen reibt.

Karikatur: Rabelais setzt sie ein, wenn er die Protestanten z. B. mit Würsten vergleicht (IV, 35 ff.); das *tertium comparationis* sind ihre Gefräßigkeit und sexuelle Gier, weiterhin Form und Inhalt der Wurst. Ähnlich plastisch ist V, 8, wo der Papst und die kirchliche Hierarchie durch einen Papagei, Kardinalsvögel, Dompfaffen u. a. dargestellt werden.

Damit sind nur einige wichtige Arten des Wortwitzes vorgestellt, deren Rabelais sich bediente. Retourkutsche, Spitzfindigkeit, Widersinn, Binsenweisheit, Bizarrerie u. a. treten noch hinzu, sind aber unter anderen Begriffen subsumiert worden. Wortkomik ist immer punktuell, dient entweder der Übertreibung, der Satire oder der Porträtierung.

Bibl.: La Charité, B. 238; *Saulnier*, B. 327; *Spitzer*, B. 355; *Tetel*, B. 366; 367.

1483 Geburtsdatum Rabelais', wenn man dem Totenbuch der Kirche St. Paul in Paris Glauben schenkt, wo es heißt: »François Rabelais, 70 Jahre alt, wohnhaft in der rue des Jardins, verstorben am 9. April 1553, ist auf dem Friedhof von St. Paul beerdigt worden.« – Er ist der Sohn des Advokaten Antoine Rabelais aus Chinon und wird entweder in Chinon selber oder auf dem Meierhof »La Devinière« vor der Stadt geboren.

1483, 10. Nov. Martin Luther in Eisleben geboren.

1483 Tod Ludwigs XI. (seit 1461); Thronbesteigung Karls VIII. (bis 1498).

1492 Columbus sucht den Seeweg nach Indien und entdeckt dabei Cuba und Haiti.

1494 Aufgrund der sonstigen Lebensdaten wahrscheinliches und heute allgemein akzeptiertes Geburtsdatum Rabelais'.

1494 Karl VIII. eröffnet die Italienfeldzüge, die eine Periode von 65 Kriegsjahren einleiten; er erobert Neapel.

1494 Sebastian Brant, *Das Narrenschiff*.

1494 Franz I. geboren.

1498 Ludwig XII. König von Frankreich (bis 1515).

1506 Tod von Christopher Columbus, der glaubt, den Seeweg nach Ostindien gefunden zu haben.

1508 Guillaume Budé legt seine *Annotationes in Pandectas* vor und wendet erstmalig die Methoden der Textkritik auf die Erkenntnis des römischen Rechts an.

1509 Der Humanist Jacques Lefèvre d'Etaples veröffentlicht erste bibelkritische Studien (*Quintuplex psalterium* u. a.) und erklärt den Glauben zur alleinigen Quelle der menschlichen Rechtfertigung.

1509 Desiderius Erasmus von Rotterdam, *Morias enkomion (Lob der Torheit)*, Thomas Morus gewidmet (ersch. 1511).

1510/11 (?) Eintritt Rabelais in das Franziskanerkloster La Baumette bei Angers.

1511 Papst Julius II. schließt gegen Frankreich die »Heilige Liga« und will Ludwig XII. absetzen, der von den französischen Humanisten unterstützt wird.

1513 Tod Papst Julius' II.

1514 Niccolò Machiavelli, *Il Principe (Der Fürst)*, ersch. 1532.

1514–17 Kd. Francisco Jiménez de Cisneros veröffentlicht die 6 Bde. der polyglotten Bibel.

1515–47 Franz I. französischer König.

1515 Franz I. erobert Mailand zurück und besiegt die Schweizer bei Marignano.

1516 Konkordat Franz' I. mit Leo X., das die Wahl der Bischöfe und Äbte dem König überläßt, der dafür auf die Anwendung des Grundsatzes der Konzile von Konstanz und Basel verzichtet, ein allgemeines Konzil stehe über dem Papst.

1516 Franz I. ernennt Geoffroy d'Estissac zum Bischof, der der Protektor Rabelais' wird.

1516 Thomas Morus, *Utopia;* Erasmus, erste Ausgabe des griechischen Neuen Testaments mit lateinischer Übersetzung.

1517, 31. Okt. Luther schlägt seine 95 Thesen an die Tür der Schloßkirche zu Wittenberg; Beginn der Reformation in Deutschland.

1519 Tod Maximilians I. (seit 1493), Thronbesteigung seines Enkels Karls V. (bis 1556), seit 1516 Kg. von Spanien. Franz I. macht ihm die Kaiserkrone streitig. Karl V. erbt von Maximilian die habsburgischen Erblande und die Niederlande; sein Bruder Ferdinand I. erwirbt Böhmen und Ungarn dazu.

1519–22 Erste Erdumsegelung unter Fernão de Magalhães.

1520 Rabelais ist vermutlich schon Mönch im Franziskanerkloster Fontenay-le-Comte (Vendée), wo Pierre Amy, einer seiner Mitbrüder, ihn in das Studium des Griechischen einführt und zur Korrespondenz mit Guillaume Budé ermutigt.

1521 Zweiter (erhaltener) Brief Rabelais' an Budé, ersters sicheres Zeugnis über den Autor, der mit den Gelehrten in Fontenay-le-Comte (André Tiraqueau, Amaury Bouchard) verkehrt.

1521 Luther vom Papst gebannt.

1523/24 Schwierigkeiten Rabelais' mit seinen Oberen wegen der Lektüre griechischer Bücher, die in seiner und Amys Zelle konfisziert werden; Flucht Amys nach Orléans, dann Basel.

1524 Dritte Auflage von Tiraqueaus *De legibus connubialibus et jure maritali,* einer maßgeblichen Quellen zur Frauenfrage, die im Zentrum von Rabelais' *T. L.* stehen wird.

1524/25 Durch päpstliches Indulgenzschreiben wird Rabelais erlaubt, zu den Benediktinern von Maillezais (Poitou) überzuwechseln. Der Abt des Klosters, Geoffroy d'Estissac, macht ihn zum Hauslehrer seines Neffen und ermöglicht ihm humanistische Studien, die bei den Franziskanern verboten waren. Rabelais lebt ab und an in Estissacs Priorat Ligugé b. Poitiers und nimmt Kontakt zur dortigen Juristenfakultät auf; er lernt den Rhétoriqueur Jean Bouchet kennen, der ihn in die Dichtung einweist.

1524–25 Bauernkrieg in Deutschland.

1525, 24. Febr. Schlacht bei Pavia, Sieg der Spanier unter Pescara und der deutschen Landsknechte unter Georg v. Frundsberg über die Franzosen, deren Vorherrschaft in Italien endet. Franz I. wird gefangengenommen.

1526 Der Friede zu Madrid beendet den »Ersten Krieg« zwischen Franz I. und Karl V. Franz I. erhält seine Freiheit, muß aber zwei

Söhne als Geiseln stellen und gibt das Herzogtum Burgund heraus. Später erklärt er den Frieden für erzwungen und schließt mit Clemens VII., Venedig, Florenz und Mailand die Liga von Cognac gegen Karl V.

1526 Erster Reichstag zu Speier, der den Evangelischen günstige Bedingungen für die Ausbreitung ihrer Lehre einräumt.

1526/27 Rabelais verläßt das Poitou aus unbekannten Gründen; er geht vermutlich für einige Zeit nach Paris, um Medizin zu studieren. Er hat das Ordenskleid abgelegt und trägt die Tracht des Weltpriesters. In Paris läßt er zwei natürliche Kinder, Junie und François, zurück.

1526–29 »Zweiter Krieg« zwischen Franz I. und Karl V. Das kaiserliche Heer unter dem Connétable Karl von Bourbon plündert Rom (»Sacco di Roma«); der Papst wird in der Engelsburg belagert. Vergeblicher Einfall der Franzosen in Neapel. Der Connétable, Todfeind Franz' I., fällt.

1528 Baldassare Castiglione, *Il libro del cortegiano (Das Buch vom Hofmann).*

1529 Damenfriede von Cambrai. Margarete von Österreich, Tante Karls V., und Louise von Savoyen, Mutter Franz' I., schließen Frieden. Franz I. zahlt 2 Mill. Kronen Reparationen und erhält seine Söhne zurück. Er verzichtet auf Italien. Der Kaiser verspricht, seine Ansprüche auf Burgund »für jetzt« nicht geltend zu machen. Frankreich verliert die Lehnshoheit über Flandern und Artois.

1529 Zweiter Reichstag zu Speier, festigt die Stellung der Katholiken, wogegen die evangelischen Stände protestieren (daher »Protestanten«). Luther und Zwingli führen das Marburger Religionsgespräch, das keine Einigung über den Abendmahlsstreit bringt.

1526–32 Türkenkrieg.

1530 Karl V. in Bologna gekrönt. Dies ist die letzte Krönung eines deutschen Kaisers durch den Papst. Auf dem Reichstag zu Augsburg überreicht Melanchthon die »Confessio Augustana«, das Glaubensbekenntnis der Lutheraner. Als der Reichstag alle Neuerungen im religiösen Bereich aufhebt, schließen sich die Protestanten im Schmalkaldischen Bund zusammen.

1530 Franz I. gründet das Collège Royal, Keimzelle des Collège de France und Stätte humanistischer Studien im Unterschied zur Sorbonne, die bis zum Ende des Jahrhunderts ein Hort des Konservatismus bleibt.

1530, 17. Sept. Rabelais schreibt sich in Montpellier als Student der Medizin ein, wird am 1. Dez. bereits Baccalaureus und hält von April–Juni 1531 Kurse über Galen und Hippokrates.

1532 Rabelais ist in Lyon, wo er am 1. Nov. zum Stadtarzt ernannt wird. Er ediert medizinische und juristische Schriften, *Giovanni Manardi, Epistolarum medicinalium tomus secundus, nunquam antea in Gallia excusus* (Lyon, S. Gryphe); *Hippocratis ac Galeni libri aliquot ...* (Lyon, S. Gryphe); *Ex reliquiis venerandae antiquitatis. Cuspidii testamentum. Item, contractus venditionis antiquis Romanorum temporibus initus* (Lyon, S. Gryphe), und unter dem Pseudonym Alcofribas Nasier den *Pantagruel* sowie einen astrologischen Kalender, die *Pantagrueline Prognostication* (Lyon, F. Juste). Er schreibt einen Brief an Erasmus, der erhalten ist.

1533, Okt. Die Sorbonne zensiert den *P.* wegen Obszönität.

1534, Febr./April Rabelais begleitet Jean Du Bellay, Botschafter des Königs, als Leibarzt nach Rom. Zurück in Lyon gibt er die *Topographia antiquae Romae, Ioanne Bartholomaeo Marliano patritio mediolanensi autore* (Lyon, S. Gryphe) heraus und, unter einem Pseudonym, den *Gargantua.*

1534 Tod Antoine Rabelais'.

1534/35 Jacques Cartier entdeckt Kanada.

1534 17./18. Okt. Affaire des Placards, Anbringung antikatholischer Pamphlete in Paris und sogar an der Schlafzimmertür des Königs in Amboise; als Folge verschärfte Maßnahmen Franz' I. gegen die Protestanten.

1535, 13. Febr. Rabelais verläßt überstürzt Lyon und reist vermutlich ins Poitou. Dies ist eine Folge der Affaire des Placards.

1535 Karl V. erobert Tunis und Algier und befreit 20 000 Christensklaven. Frankreich verliert Mailand endgültig an Habsburg.

1535, Juli Zweite Romreise Rabelais' mit Jean Du Bellay, der zum Kardinal ernannt worden ist.

1536–38 »Dritter Krieg« zwischen Frankreich und Habsburg.

1536, Januar Rabelais erhält vom Papst eine Indulgenzerklärung für seine Apostasie. Er darf wieder die Kutte der Benediktiner anziehen, ohne Entgelt die Medizin ausüben und in ein Kloster seiner Wahl eintreten.

1536, Februar Rabelais wird Mönch im Kollegialstift Saint-Maur-des-Fossés, dessen Kommendatarabt Jean Du Bellay ist. Er darf hinfort legal das Kleid des Weltklerikers tragen.

1536, Juli Tod des Erasmus; Calvin veröffentlicht in Basel die *Institutio religionis christianae.*

1536 Petrus Ramus verteidigt die These, »Alles, was Aristoteles gesagt hat, ist falsch!«

1537, Februar Rabelais nimmt mit Marot, Budé u. a. an einem Symposion teil, das der wegen seiner religiösen Positionen verfolgte Etienne Dolet veranstaltet.

1537, 22. Mai Rabelais wird in Montpellier in das Kollegium der approbierten Doktoren aufgenommen; den Sommer verlebt er in Lyon.

1537 Bonaventure Des Périers, *Cymbalum mundi.*

1537, Sept. – 1538, April Rabelais hält in Montpellier medizinische Vorlesungen.

1538, Juli Treffen zwischen Karl V. und Franz I. in Aigues-Mortes, an welchem Rabelais teilnimmt. Danach verhärtet sich die Position Franz' I. gegenüber den Protestanten noch mehr.

1540 Rabelais steht vermutlich seit Anfang des Jahres in Turin im Dienst von Guillaume Du Bellay, Seigneur de Langey, Gouverneur von Piemont.

1540 Tod von Guillaume Budé; Bestätigung des von Ignatius von Loyola gegründeten Jesuiten-Ordens durch Paul III.

1541 Die Reformation in Genf unter Calvin hat Erfolg, seine Kirchenverfassung wird angenommen.

1541/42 In Lyon erscheint bei F. Juste die definitive Ausgabe des *Gargantua* und *Pantagruel*. Bruch Rabelais' mit Dolet, der ebenfalls eine, allerdings nicht von Angriffen auf die Sorbonne gereinigte Ausgabe des gleichen Werkes veröffentlicht hatte.

1542–44 »Vierter Krieg« Karls V. gegen Franz I., der wiederum mit Soliman II. verbündet ist. Eine türkisch-französische Flotte erobert Nizza.

1542 In Rom wird zur Ketzerbekämpfung die Inquisition (Heiliges Offizium) gegründet.

1542 In Lyon erscheint eine heute verschollene Schrift Rabelais' (von Cl. Massuau aus dem lat. übersetzt), *Stratagèmes c'est-à-dire prouesses et ruses de guerre du pieux et très-célèbre Chevalier de Langey dans la tierce guerre Césarienne.*

1542, März Rabelais ist in Saint-Ayl bei Orléans im Haus des Etienne Laurens, eines Freundes von Guillaume Du Bellay. Am 13. Nov. erwähnt ihn Du Bellay in seinem Testament.

1543, 9. Jan. G. Du Bellay stirbt auf der Rückreise nach Frankreich in Saint-Symphorien bei Lyon. Rabelais balsamiert seinen Leichnam ein und begleitet ihn wahrscheinlich bis nach Le Mans, wo Du Bellay am 5. März feierlich beigesetzt wird.

1543, 30. Mai Geoffroy d'Estissac stirbt. Noch im gleichen Jahr verdammt die Sorbonne *Gargantua* und *Pantagruel*.

1543 Kopernikus veröffentlicht *De revolutionibus orbium coelestium (Über die Umläufe der Himmelskörper);* das geozentrische Weltbild beginnt das ptolemäische zu verdrängen.

1544 Tod Clément Marots und Bonaventure Des Périers'.

1544 Friede von Crépy: Mailand bleibt Reichslehen, Neapel bei Spanien.

1545–63 Kirchenversammlung zu Trient (Concilium Tridentinum) leitet den Beginn der Gegenreformation ein.

1546 Der *Tiers Livre* erscheint und wird sofort von der Sorbonne als »farci d'hérésies« verdammt.

Jahr auf der Place Maubert in Paris verbrannt.

1546 – März 47 Rabelais flüchtet nach Metz und tritt in den Dienst der Stadt.

1546, 18. Febr. Tod Luthers in Eisleben. Dolet wird im gleichen der Stadt.

1546–47 Schmalkaldischer Krieg: Karl V. will die reichsständische Selbständigkeit in Deutschland brechen.

1547, Juli (?) Dritte Romreise Rabelais'.

1547/48 Bei P. de Tours in Lyon erscheinen die ersten 11 Kapitel des *Quart Livre*. – Das Parlament von Paris untersagt die Aufführung von Mysterienspielen.

1549, 14. März *La Sciomachie* (Lyon, S. Gryphe), die Beschreibung der Feierlichkeiten zur Geburt des zweiten Sohnes Heinrichs II. aus der Feder Rabelais' erscheint. Wenig später kehrt Rabelais nach Frankreich (Paris?) zurück.

1549 Joachim Du Bellay, *Deffence & Illustration de la langue françoise*. Gabriel Du Puy-Herbaut aus Fontevrault greift Rabelais mit seinem *Theotimus* an. Marguerite de Navarre, Gönnerin Rabelais', der der *Tiers Livre* gewidmet ist, stirbt.

1550 Calvin greift Rabelais in *De Scandalis* an.

1551, Januar Dank Kd. Du Bellay erhält Rabelais die Pfründen von Meudon und Saint-Christophe-de-Jambet, Diözese Mans.

1552, Februar Der vollständige *Quart Livre* erscheint (Paris, M. Fazondat) und ist Odet de Coligny, Kd. de Châtillon, gewidmet.

1552 Karl V. zieht gegen Heinrich II., der als Verbündeter von Moritz von Sachsen, einem der erbittersten Gegner des Kaisers, die lothringischen Bistümer Metz, Toul und Verdun besetzt hält. Vergebliche Belagerung von Metz, das von Franz von Guise mit Erfolg verteidigt wird.

1553, 7. Jan. Rabelais verzichtet auf seine Pfründen.

1553, 9. April Rabelais stirbt in Paris im Sprengel St. Paul.

1562 Die *Isle Sonnante* erscheint, 16 Kapitel einer Rabelais zugeschriebenen Fortsetzung des *Quart Livre*.

1562, 1. März Massaker von Vassy (Champagne), Beginn der Religionskriege in Frankreich.

1564 In Lyon erscheint das vollständige *Cinquiesme Livre*.

AUSWAHLBIBLIOGRAPHIE

I. Europäische Geschichte und Geistesgeschichte des 16. Jhdts.

1 *J. W. Allen:* A History of Political Thought in the Sixteenth Century. London [3]1961.

2 *B. Bennassar* und *J. Jacquart:* Le XVIe siècle (= Coll. U, Série »Histoire moderne«). Paris 1972.

3 *A. Chastel* und *R. Klein:* Die Welt des Humanismus. Europa 1480–1530. München 1963.

4 *P. Chaunu:* Le Temps des réformes I: La crise de la chrétienneté. L'éclatement, 1250–1550. Paris 1975.

5 *J. Engel:* Von der spätmittelalterlichen respublica christiana zum Mächte-Europa der Neuzeit. In: Handbuch der europäischen Geschichte III, hg. von *Th. Schieder.* Stuttgart 1971, S. 1–338.

6 *P. Faure:* La Renaissance (Que sais-je 345). Paris [3]1962.

7 *E. Hassinger:* Das Werden des neuzeitlichen Europa 1300–1600. Braunschweig 1959.

8 *H. Hauser* und *A. Renaudet:* Les Débuts de l'âge moderne (= Peuples et Civilisations). Paris [3]1946; [4]1964.

9 *H. Hauser:* La Modernité du XVIe siècle (= Cahiers des Annales 21). Paris 1963.

10 *E. Iserloh:* Die protestantische Reformation. In: Handbuch der Kirchengeschichte IV: Reformation, Katholische Reform und Gegenreformation, hg. von *E. Iserloh, J. Glazik* und *H. Jedin.* Freiburg/Basel/Wien 1967, S. 3–216.

11 *H. Lapeyre:* Les Monarchies européennes du seizième siècle. Les relations internationales (= Nouvelle Clio 31). Paris 1967.

12. *H. G. Koenigsberger* und *G. L. Mosse:* Europe in the Sixteenth Century. New York 1968.

13 *F. Mauro:* Le Seizième siècle européen, aspects économiques (= Nouvelle Clio 32). Paris 1966.

14 *P. Mesnard:* Essor de la philosophie politique au seizième siècle. Paris 1952.

15 *I. Mieck:* Europäische Geschichte der Frühen Neuzeit. Eine Einführung (= Reihe Kohlhammer). Stuttgart/Berlin/Köln/Mainz 1970.

16 *J. Touchard:* Histoire des idées politiques, Bd. I: Des origines au XVIIIe siècle. Paris 1959.

II. Politische, Religiöse und Geistesgeschichte Frankreichs im 16. Jhdt.

17 *J. Babelon:* La Civilisation française de la Renaissance (= Lumières de l'Histoire). Tournai 1961.

18 *D. Bitton:* The French Nobility in Crisis, 1560–1640. Stanford Cal. 1969.

19 *A. Bourde* und *E. Témine:* Frankreich vom Ende des Hundertjährigen Krieges bis zum Beginn der Selbstherrschaft Ludwigs
XIV (1453–1661). In: B. 5, S. 719–850.

20 *P. Chaunu* und *R. Gascon:* Histoire économique et sociale de la
France, Bd. I: De 1450 à 1600, L'Etat et la Ville. Paris 1977.

21 *R. Doucet:* Les Institutions de la France au XVIᵉ siècle, 2 Bde.
Paris 1948.

22 *G. Duby (Hg.):* Histoire de la France, Bd. II: Dynasties et révo-
lutions. De 1348 à 1852. Paris, Larousse, 1970–72.

23 *G. Duby* und *R. Mandrou:* Histoire de la civilisation française,
Bd. I: Moyen âge – 16ᵉ siècle (= Coll. U). Paris ⁸1977.

24 *J. Ellul:* Histoire des Institutions, Bd. IV: XVIᵉ–XVIIIᵉ siècle.
Paris, P. U. F. ⁶1969.

25 *P. Imbart de la Tour:* Les Origines de la Réforme, 2 Bde. hg.
von Y. Lanhers. Melun ²1948/46.

26 *H. Köller* und *B. Töpfer:* Frankreich. Ein historischer Abriß,
Bd. I: Von den Anfängen bis zum Tod Heinrichs IV. Berlin,
VEB-Verlag ³1976.

27 *A. Latreille, E. Delaruelle, J. R. Palanque (Hgg.):* Histoire du
Catholicisme en France, Bd. II: Sous les rois très chrétiens. Paris 1963.

28 *E. G. Léonard:* Histoire générale du Protestantisme, Bd. I: La
Réformation. Paris 1961.

29 *E. Le Roy Ladurie* und *M. Morineau:* Histoire économique et sociale de la France, Bd. II: Paysannerie et croissance. Paris 1977.

30 *S. Mours:* Le Protestantisme en France au XVIᵉ siècle. Paris
1959.

31 *A. Renaudet:* Préréforme et Humanisme à Paris pendant les
premières guerres d'Italie. Paris ²1953.

32 *L. Romier:* Les Origines politiques des guerres de religion, 2 Bde.
Paris ³1925.

33 *H. Sée:* Esquisse d'une histoire économique et sociale de la France depuis les origines jusqu'à la guerre mondiale. Paris 1929.

34 *H. Sée:* Französische Wirtschaftsgeschichte, 2 Bde. (= Handbuch
der Wirtschaftsgeschichte). Jena 1930.

35 *F. Simone:* Il Rinascimento francese. Studi e ricerche (= Bibl. di
Studi Francesi 1). Torino 1961.

36 *J. Toussaert:* Le Sentiment religieux en Flandre à la fin du Moyen-Age. Préface de *M. Mollat* (= Civilisation d'hier et d'au-
jourd'hui). Paris 1963.

37 *G. Zeller:* Les Institutions de la France au seizième siècle. Paris
1948.

III. Französische Sprach- und Literaturgeschichte im 16. Jhdt.

38 *P. Abraham* und *R. Desné (Hgg.):* Manuel d'histoire littéraire de
la France, Bd. I: Des Origines à 1600. Paris, Ed. Sociales 1971.

39 *P. Brunel u. a.:* Histoire de la Littérature Française. Stuttgart 1973.

40 *F. Brunot:* Histoire de la langue française des origines à 1900, Bd. II: Le XVI⁰ siècle. Paris ³1967.

41 *H. Chamard:* Les Origines de la poésie française de la Renaissance. Paris 1920, Reprint Genève 1973.

42 *M. Françon:* Leçons et notes sur la littérature française du XVI⁰ siècle. Cambridge Mass. ⁴1965.

43 *Y. Giraud* und M.-R. Jung: La Renaissance, Bd. I: 1480–1548 (= Litt. Française 3). Paris 1972.

44 *J. Herman:* Précis d'histoire de la langue française. Budapest 1967.

45 *L. Pollmann:* Geschichte der französischen Literatur. Eine Bewußtseinsgeschichte, Bd. II: Zeitalter der absoluten Monarchie (Von 1460–1685). Wiesbaden 1975.

46 *V. L. Saulnier:* Littérature française de la Renaissance (= Que sais-je 85). Paris 1967.

IV. Bibliographische Hilfsmittel zur Kenntnis von Werk und Leben Rabelais'

47 Revue des Etudes Rabelaisiennes (1903–1912), zit. als: RER.

48 Revue du Seizième Siècle (1913–1932/33), zit. als: RSS.

49 Humanisme et Renaissance (1934/37–40), zit. als: HR.

50 Bibliothèque d'Humanisme et Renaissance (1941 ff.), zit. als: BHR.

51 Etudes Rabelaisennes (im Rahmen der Reihe Travaux d'Humanisme et Renaissance), zit. als: ER ... (THR).

52 François Rabelais. Ouvrage publié pour le Quatrième Centenaire de sa mort, 1553–1953, THR VII, Genève-Lille 1953.

53 Rabelais, hg. von *A. Buck* (= Wege der Forschung 284). Darmstadt, Wiss. Buchgesellschaft 1973.

54 *P.-P. Plan:* Les Editions de Rabelais de 1532 à 1711. Catalogue raisonné descriptif et figuré, illustré de cent-soixante-dix facsimilés (titres, variantes, pages de texte, portraits) (= Bibliographie rabelaisienne). Paris 1904, Reprint Nieukoop 1965.

55 Rabelais. Notices bibliographiques et iconographiques par *J. Porcher*, avec une préface de *A. Lefranc* (= Rabelais. Exposition organisée à l'occasion du quatrième centenaire de la publication de Pantagruel, Ed. des Bibliothèques Nationales). Paris 1933.

56 *A. Tchemerzine:* Bibliographie d'Editions Originales et Rares d'Auteurs Français des XV⁰, XVI⁰, XVII⁰ et XVIII⁰ siècles. Contenant environ 6000 fac-similés de titres et de gravures, Bd. IX. Paris 1933, S. 242–326 (basiert auf B. 54).

57 Œuvres de Maître François Rabelais, publiées sous le titre de Faits et Dits du géant Gargantua et de son fils Pantagruel, avec la Prognostication Pantagrueline ... Nouvelle édition (par *J. Le Duchat*). Où l'on a ajouté des Remarques Historiques et Critiques, sur tout l'ouvrage ..., 6 Bde., Amsterdam 1711; ²1725; ³1741.

58 Œuvres ... Edition variorum, augmentée de pièces inédites, des Songes drôlatiques de Pantagruel, ouvrage posthume avec l'explication en regard, des remarques de Le Duchat, de Bernier, de Le Motteux, de l'abbé de Marsy, de Voltaire, de Ginguené, etc., et d'un nouveau commentaire historique et philologique par *Esmangart* et *Eloi Johanneau*, 9 Bde. Paris 1823–26.

59 Œuvres de Rabelais, collationnées pour la première fois sur les éditions originales, accompagnées de notes nouvelles et ramenées à une orthographe qui facilite la lecture, par MM. *Burgaud des Marets* et *Rathery*. Paris 1857.

60 Dasselbe, accompagnées d'une notice sur sa vie et ses ouvrages, d'une étude bibliographique, de variantes, de commentaires, d'une table des noms propres et d'un glossaire, 6 vols. par *Ch. Marty-Laveaux*. Paris 1868–1903.

61 Dasselbe. Edition critique publ. par A. Lefranc u. a., Bd. I–V (*Gargantua-Tiers Livre*), Paris 1912–31; Bd. VI (*Quart Livre*, Kap. 1–17) (= THR XIX), Genève-Lille 1955.

62 Œuvres complètes. Texte établi et annoté par *J. Boulenger*, revu et complété par *L. Schéler*. Paris, Bibl. de la Pléiade, 1955; 1970.

63 Gargantua, Pantagruel, Le Tiers Livre, Le Quart Livre, Le Cinquiesme Livre, Lettres et écrits divers. Texte établi et présenté par *J. Plattard* (= TF), 5 Bde. Paris 1938 f.; Reprint 1948–59.

64 Œuvres complètes. Introduction, notes, bibliographie et relevé de variantes par *P. Jourda*, 2 Bde. (= Classiques Garnier). Paris 1962.

65 Dasselbe. Texte établi et annoté par *M. Guilbaud*, 5 Bde. Paris, Imprimerie Nationale 1957.

66 Dasselbe. Edition établie, annotée et préfacée par *G. Demerson*. Paris, L'Intégrale, Seuil 1973.

67 L'Abbaye de Thélème, publiée par *R. Morçay* (= TLF 26), Genève-Lille ²1949.

68 Pantagruel. Ed. critique sur le texte original par V. L. Saulnier (= TLF 2), Paris 1946.

69 Gargantua. Ed. critique faite sur l'Editio princeps par *R. Calder*, hg. von *M. A. Screech* und *V. L. Saulnier* (= TLF 163), Paris-Genève 1970.

70 Le Quart Livre de Pantagruel. Edition dite partielle, Lyon 1548. Texte critique avec une introduction par *J. Plattard*. Thèse complémentaire, Paris 1909.

71 Le Quart Livre. Ed. critique commentée par *R. Marichal* (= TLF 10). Genève-Lille 1947.

72 Le Tiers Livre. Ed. critique commentée par *M. A. Screech* (= TLF 102), Genève-Paris 1964.

73 Pantagrueline Prognostication pour l'an 1533. Avec les Almanachs pour les ans 1533, 1535 et 1541. La grande et vraye Pronostication nouvelle de 1544. Textes établis, avec introduction, commentaires, appendices et glossaires par *M. A. Screech* u. a. (= TLF 215), Genève 1974.

74 Meister Franz Rabelais der Arzney Doctoren Gargantua und Pantagruel aus dem Französischen, mit Einleitung und Anmerkungen, den Varianten des zweyten Buches von 1533, auch einem noch unbekannten Gargantua, von *Gottlob Regis*, Leipzig 1832–41.

75 Dasselbe, hg. mit Anmerkungen und einem Nachwort versehen von *L. Schrader*. Textbearbeitung von *K. Pörnbacher*. Mit den 120 Holzschnitten der »Songes Drolatiques de Pantagruel« von 1565. München, C. Hanser 1964.

76 Rabelais' Gargantua und Pantagruel. Aus dem Franz. von *F. A. Gelbcke* (= Bibliothek deutscher und ausländischer Klassiker), 2 Bde. Leipzig 1880.

77 Dasselbe. Mit Illustrationen von G. Doré. Hg. von *H.* und *E. Heintze*. Erläuterungen von *H. Heintze* und *R. Müller*, Ffm. Insel 1974.

78 Des François Rabelais ... Gargantua und Pantagruel, verdeutscht von *E. Hegauer* und *Dr. Owlglass*. München 1905–09; 1922.

79 F. Rabelais, Gargantua und Pantagruel. Aus dem Französischen übertragen von *W. Widmer* und *K.-A. Horst*. Mit 682 Illustrationen von G. Doré. München, Winkler 1968.

VI. Bibliographien und Forschungsberichte

80 *D. C. Cabeen:* A Critical Bibliography of French Literature, Bd. II: The Sixteenth Century, ed. by *A. H. Schutz.* Syracuse Univ. Press 1956, Nrr. 817–916.

81 *A. Cioranesco:* Bibliographie de la littérature française du seizième siècle. Collaboration et préface de *V. L. Saulnier.* Paris 1959, Nrr. 17934–18789.

82 *H. Schneegans:* Der heutige Stand der Rabelaisforschung I. In: GRM 2, 1910, 555–567. II ibid. 603–616.

83 *J. Plattard:* Etat présent des études rabelaisiennes (= Etudes Françaises 12). Paris 1927.

84 *P. Rackow:* Der gegenwärtige Stand der Rabelaisforschung. In: GRM 18, 1930, 198–211; 277–290.

85 *R. R. Bezzola:* Rabelais im Lichte der neueren Forschung. In: ZfSL 54, 1931, 257–280.

86 *V. L. Saulnier:* Dix années d'études sur Rabelais, 1939–1948. In: BHR XI, 1949, 105–128.

87 *L. Schrader:* Die Rabelais-Forschung der Jahre 1950–60. Tendenzen und Ergebnisse. In: RJb XI, 1960, 161–201.

88 *C. Cordié:* Recenti studi sulla vita e sulle opere di François Rabelais, 1939–1950. In: Letterature Moderne I, 1950, 107–120.

89 *M. A. Screech:* Some recent Rabelais studies. In: ER VI, (= THR LXXI), 1965, 61–71.

90 *M. Tetel:* Trends in Italian Criticism of Rabelais. In: RLC 40, 1966, 541–551.

VII. Primärtexte anderer Autoren

91 *H. de Balzac:* Les Cent Contes Drolatiques, colligez ez abbaïes de Touraine, et miz en lumiere par le sieur de Balzac, pour l'esbattement des Pantagruelistes et non aultres, hg. von *R. Chollet.* In: Œuvres complètes XX. Paris 1969.

92 *J.-L. Barrault:* Rabelais. Jeu dramatique en deux parties tiré des cinq livres de F. Rabelais. Paris, NRF 1968.

93 *Ioannis Calvini* Opera quae supersunt omnia, edd. *W. Baum, Ed. Cunitz, Ed. Reuss,* 59 Bde. (= Corpus Reformatorum 29–87). Braunschweig/Berlin 1863–1900.

94 *Desiderii Erasmi Roterodami* Opera omnia . . ., 10 Bde. Lugduni Batavorum (Leiden) 1703–1706, Reprint Hildesheim 1962.

95 *D. Erasmi Roterodami* Opera omnia recognita et adnotatione critica instructa notisque illustrata, Bd. I, 1–5; IV, 1–2; V, 1. Amsterdam 1969 ff.

96 *Erasmus von Rotterdam:* Ausgewählte Schriften. Ausgabe in acht Bänden lat. und dt., hg. von *W. Welzig,* Darmstadt (bisher 7 Bde.) 1968–72.

97 *Ders.:* Ausgewählte Werke, hg. von *H.* und *A. Holborn.* München 1933; 1964.

98 *Ders.:* The »Adages« of Erasmus. A Study with translations, by *M. Mann Philips.* Cambridge 1964.

99 *Ders.:* Briefe (Epistolae), deutsch. Verdeutscht und hg. von *W. Köhler* (= Sammlung Dietrich 2). Leipzig 1938.

100 *Ders:* Opus Epistolarum, ed. *P. S. Allen,* Bd. X. Oxford ²1963.

101 *Ders.:* Fürstenerziehung. Institutio Principis Christiani. Die Erziehung eines christlichen Fürsten. Einführung, Übersetzung und Bearbeitung von *A. J. Gail* (= Sammlung Schöningh). Paderborn 1968.

102 *Ders.:* Eloge de la folie. Trad. par *P. de Nolhac.* Paris 1964.

103 *Ders.:* Querela pacis undique gentium ejectae profligataeque (Basel, Joh. Froben 1517), mit einem Nachwort von . . . *F. Geldner* (= Quellen zur Geschichte des Humanismus und der Reformation in Faksimile-Ausgaben 1). München o. J.

104 *J. Fischart:* Geschichtsklitterung (Gargantua). Text der Ausgabe letzter Hand von 1590. Mit einem Glossar hg. von *U. Nyssen,* 2 Bde. Düsseldorf 1963/64.

105 *Ders.:* Geschichtsklitterung (Gargantua) hg. von *A. Alsleben.* Synoptischer Abdruck der Bearbeitungen von 1575, 1582, und 1590, 2 Bde. (= Neudrucke deutscher Litteraturwerke des XVI. und XVII. Jhdts. 65–67 u. 68–71). Halle a. d. S. 1891.

106 D. Martin Luthers Werke. Kritische Gesamtausgabe, 58 Bde. Weimar 1883–1948.

107 G. *Du Puy-Herbault (Putherbeus):* Theotimus, sive de tollendis et expungendis malis libris. Paris, J. Roigny 1549.

108 La Seconde Chronique de Gargantua et de Pantagruel, précédée d'une notice par *M. P. Lacroix (Bibliophile Jacob).* Paris 1872.

109 C. *de Seyssel:* La Monarchie de France et deux autres fragments politiques. Textes établis et présentés par *J. Poujol* (= Bibliothèque Elzévirienne N.S., Etudes et Documents). Paris 1961.

110 Le vroy Gargantua. Réimprimé d'après l'exemplaire unique de la Bibl. Nationale par *M. Françon.* Préface de *Henri Peyre.* Paris 1949.

VIII. Sekundärliteratur zu Leben und Werk Rabelais'

111 R. *Antonioli:* Rabelais et la médecine, ER XII (= THR CXLIII). Genève 1976.

112 R. H. *Armitage:* Is *Gargantua* a Reworking of *Pantagruel I?* In: PMLA 39, 1944, 944–951.

113 N. *Aronson:* Les reines et le »Cinquième Livre« de Rabelais. In: StF 16, 1972, 324–329.

114 N. *Aronson:* Les Idées politiques de Rabelais. Paris 1973.

115 E. *Auerbach:* Die Welt in Pantagruels Mund. In: Mimesis. Dargestellte Wirklichkeit in der abendländischen Literatur. Bern ²1959, 250–270.

116 M. *Bakhtine:* L'Œuvre de François Rabelais et la culture populaire du Moyen-Age et sous la Renaissance. Paris 1970.

117 *Ders.:* Rabelais and His World. Cambridge Mass. 1968.

118 O. *Bamann:* Die burlesken Elemente in Rabelais's Werk. Phil. Diss. Würzburg 1904.

119 M. *Bambeck:* Epistemons Unterweltsbericht im 30. Kapitel des Pantagruel. In: ER I (= THR XXIII), 1956, 29–47; auch in B. 53, 184–212.

120 *Ders.:* Zur Geburts des Gargantua. In: ZfSL 79, 1969, 49–59.

121 M. *Baraz:* Le sentiment de l'unité dans l'œuvre de Rabelais. In: Études Françaises 8, 1972, 3–53.

122 B. F. *Bart:* Aspects of the Comic in Pulci and Rabelais. In: MLQ 11, 1950, 156 ff.

123 M. *Bastiaensen:* La rencontre de Panurge. In: Rbph 52, 1974, 544–565.

124 M. *Beaujour:* Le Jeu de Rabelais. Paris, L'Herne 1969.

125 Ch. A. *Béné:* Erasme et le chapitre VIII du premier »Pantagruel« (Novembre 1532). In: Paedagogica Historica 1, 1961, 39–66; auch in B. 53, 315–343.

126 *E. Benson:* Rabelais' developing historical consciousness in his portrayal of the Dipsodean and Picrocholine wars. In: ER XIII (= THR CXLIV), 1976, 147–161.

127 *A. F. Berry:* Apollo versus Bacchus: The Dynamics of Inspiration (Rabelais's Prologues to *Gargantua* and to the *Tiers Livre*). In: PMLA 90, 1975, 88–95.

128 *W. Berschin:* Rabelais' »Schülerdialog« (Zu Pantagruel, c. 6). In: Acta Conventus Neo-Latini Lovaniensis. Proceedings of the First International Congress of Neo-Latin Studies. Louvain 23–28 August 1971 (= Humanist. Bibliothek I, 20). München 1973, 95–99.

129 *E. U. Bertalot:* Rabelais et la Bible d'après les quatre premiers livres. In: ER V (= THR LXV), 1964, 19–40.

130 *J. Bichon:* Rabelais et »la vie oeconomique«. In: ER VII (= THR XC), 1967, 106–117.

131 *Ders.:* Derechef la »vie oeconomique« dans Rabelais. In: BHR XXXII, 1970, 115–118.

132 *M. Bloch:* Les Rois thaumaturges. Etude sur le caractère surnaturel attribué à la puissance royale particulièrement en Franc et en Angleterre (= Publ. de la Faculté des Lettres de l'Univ. de Strasbourg 19). Strasbourg 1924.

133 *A. Bonnard:* L'humanisme de Rabelais éclairé par Aristophanes. In: Etudes de Lettres III, 3, 1970, 23–44.

134 *J. Boulenger:* Rabelais à travers les âges. Compilation suivie d'une Bibliographie sommaire de l'œuvre de Maître François, comprenant les éditions qu'on en a données depuis le XVIᵉ siècle jusqu'à nos jours, d'une étude sur ses portraits et d'un examen de ses autographes. Paris 1925.

135 *V. L. Bourrilly:* Guillaume du Bellay, seigneur de Langey (1491–1543). Paris 1905.

136 *B. C. Bowen:* The Age of Bluff: Paradox and Ambiguity in Rabelais and Montaigne. Urbana Ill. 1972.

137 *G. J. Brault:* »Ung abysme de science.« On the interpretation of Gargantua's letter to Pantagruel. In: BHR XXVIII, 1966, 615–632.

138 *St. T. Brent:* Concerning the resurrection of Epistemon. In: RoNo 12, 1971, 392–396.

139 *H. Brown:* Rabelais in Englisch Literature. Cambridge 1933.

140 *Cl. Bru:* Sur la vie rurale dans le »Gargantua«. In: Littératures, 13, 1966, 7–26.

141 *A. Buck:* François Rabelais. Das Romanwerk. In: Der französische Roman. Vom Mittelalter bis zur Gegenwart, Bd. I, hg. von *K. Heitmann.* Düsseldorf 1975, 63–94.

142 *H. Busson:* Le Rationalisme dans la littérature française de la Renaissance (1533–1601). De Pétrarque à Erasme Bd. 1. Paris ²1957.

143 *Ders.:* Les Dioscures de Fontenay-le-Comte, Pierre Amy – François Rabelais. In: ER VI (= THR LXXI), 1965, 1–50.

144 *Ders.:* Les Eglises contre Rabelais. In: ER VII (= THR XC), 1967, 1–81.

145 *M. Butor:* Les Compagnons de Pantagruel (= The Zaharoff Lecture for 1975). Oxford 1976.

146 *M. Butor* und *D. Hollier:* Rabelais ou c'était pour rire (= thèmes et textes, Larousse). Paris 1972.

147 *Ch. Camproux:* Du Pantagruélisme: à propos de la »Couppe Testée«. (En hommage à Abel Lefranc et à Leo Spitzer). In: StF 6, 1962, 19–30.

148 *G. Caputo:* Rabelais e il diritto canonico. Ancora sulla religione di Rabelais. Milano 1967.

149 *N. C. Carpenter:* Rabelais and Music (= Univ. of North Carolina, Studies in Comparative Literature 8). Chapel Hill 1954.

150 *J. Carpentier:* Rabelais et le génie de la Renaissance. Paris 1941.

151 Catalogue de la Bibliothèque de l'Abbaye de Saint-Victor au seizième siècle par François Rabelais, commenté par le bibliophile Jacob (= *Paul Lacroix*) et suivi d'un essai sur les bibliothèques imaginaires par *G. Brunet.* Paris 1862.

152 *J. Chatelux:* Le bois de Gaïac au XVIe siècle ou de Hutten au Pantagruélion. In: ER VIII (= THR XCIX), 1969, 27–50.

153 *E. Chesney:* The theme of the folly in Rabelais and Ariosto. In: The Journal of Medieval and Renaissance Studies 7, 1977, 67–93.

154 *C. Claude:* Rabelais. Paris 1972.

155 *N. H. Clement:* The Influence of Arthurian Romances on the Five Books of Rabelais (= Univ. of California Publications in Modern Philology 12,3) 1926, 147–257.

156 *R. J. Clements:* The Chess Ballett. A faraway vision of Pantagruel and Polifilio (= The Peregrine Muse. Studies in Comparative Renaissance Literature). Chapel Hill 1969, 168–186.

157 *D. G. Coleman:* The Prologues of Rabelais. In: MLR 62, 1967, 407–419.

158 *Dies.:* Rabelais: Menippean Satirist or Comic Novelist? (= The French Renaissance and its Heritage. Essays presented to *Alan M. Boase* by colleagues, pupils and friends). London 1968, 29–42.

159 *Dies.:* Rabelais. A critical study in prose fiction (= Companion Studies). Cambridge 1971.

160 *R. C. Colie:* Paradoxia epidemica. Princeton 1966.

161 *R. Cooper:* Rabelais et l'occupation française du Piémont. In: Culture et Politique en France à l'Époque de l'Humanisme et de la Renaissance, Convegno di Torino, Turin 1971, 325–339.

162 *Ders.:* Nouveaux aperçus sur la *Sciomachie* de Rabelais. In: Actes du Colloque sur l'Humanisme Lyonnais au XVIe siècle, Pu-

bliés avec le concours de l'Université de Lyon II, Mai 1972. Grenoble 1974, 87–113.

163 G. *Defaux:* Rabelais et les cloches de Notre-Dame. In: ER IX (= THR CXVII), 1971, 1–28.

164 *Ders.:* Pantagruel et les Sophistes. Contribution à l'Histoire de l'Humanisme Chrétien au XVIᵉ siècle (= Archives Internationales d'Histoire des Idées). La Haye 1973.

165 *Ders.:* Les Dates de composition et de publication du *Gargantua.* In: ER XI (= THR CXXXIX), 1974, 136–142.

166 *Ders.:* A, cœur du »Pantagruel«. Les deux chapitres IX de l'édition Nourry. In: KRQ 21, 1974, 59–96.

167 *Ders.:* Rabelais et son masque comique. Sophista loquitur. In: ER XI (= THR CXXXIX), 1974, 89–135.

168 *Ders.:* De *Pantagruel* au *Tiers Livre:* Panurge et le pouvoir. In: ER XIII (= THR CXLIV), 1976, 163–180.

169 *Ders.:* De Gorgias à Socrate: l'itinéraire de Pantagruel. In: TLL XIV, 2, 1976, 7–20

170 M. *de Grève:* Les Contemporains de R. découvrirent-ils la »substantifique mouelle«? In: B. 52, 74–85; B. 53, 167–183.

171 *Ders.:* De la légende de Gargantua en Angleterre au 16ᵉ siècle. In: Rbph 38, 1960, 765–794.

172 *Ders.:* L'interprétation de Rabelais au XVIᵉ siècle. In: ER III (= THR XLVII), 1961.

173 *Ders.:* Les variantes de »Pantagruel« et de »Gargantua« et l'évolution de la pensée rabelaisienne. In: Fin du Moyen Age et Renaissance. Mélanges de Philologie Française offerts à *Robert Guiette.* Antwerpen 1961, 249–269.

174 P. *de la Juillière:* Les Images dans Rabelais (Bh. zur ZrP 37). Halle a. d. S. 1912.

175 L. *Delaruelle:* Ce que Rabelais doit à Erasme et Budé. In: RHLF 11, 1904, 220–264.

176 J. D. *Derrett:* Rabelais' Legal Learning and the Trial of Bridoye. In: BHR XXV, 1963, 111–171.

177 F. *Desonay:* En relisant l'Abbaye de Thélème, Gargantua LI ss. In: B. 52, 93–103.

178 M. *de Diéguez:* Rabelais par lui-même (= Coll. Ecrivains de toujours 48). Paris 1960.

179 W. *Distelbarth:* François Rabelais. Aspekte seiner Erzählkunst. Phil. Diss. Tübingen 1974.

180 H. *Dontenville:* La Mythologie française. Paris 1948.

181 M. *Downes:* Panurge, Ulysse et les »Gens curieux«. In: ER XI (= THR CXXXIX), 1974, 139–145.

182 S. *Dresden:* Erasme, Rabelais et la »Festivitas« humaniste. In: Colloquia Erasmiana Turonensia. Douzième Stage International d'Etudes Humanistes, Tours 1969 (= De Pétrarque à Descartes XXIV). Paris 1972, II, 463–479.

183 E. *Droz:* Frère Gabriel Du Puyherbault, l'agresseur de Fr. Rabelais. In: StF 10, 1966, 401–427.

184 *F. Dumont:* Territoires et tenures chez Rabelais. In: Etudes en souvenir de *G. Chevrier* I (= Monuments de la Soc. de Droit des Pays Bourguignons 1972 [1968/69] fasc. 29) 215–230.

185 *St. G. Eskins:* Physis and Antiphysis: The Idea of Nature in Rabelais and Calcagnini. In: Comparative Literature 14, 1962, 167–173.

186 *L. Febvre:* Le Problème de l'incroyance au XVI° siècle. La religion de Rabelais (= L'Evolution de l'Humanité 33, Synthèse collective III, 1, 4). Paris ²1962.

187 *D. M. Frame:* Interaction of Characters in Rabelais. In: MLN 87, 1972, 13–23.

188 *Ders.:* François Rabelais. A study. New York 1977.

189 *K. Francis:* Rabelais and Mathematics. In: BHR XXI, 1959, 85–97.

190 *M. Françon:* Sur la genèse de »Pantagruel«. In: PMLA 62, 1947, 45–61; auch in B. 53, 112–135.

191 *Ders.:* Rabelais et les chroniques gargantuines. In: B. 52, 53–59.

192 *Ders.:* Francesco Colonna's »Poliphili Hypnerotomachia« and Rabelais. In: MLR 50, 1955, 52–55.

193 *Ders.:* Quand »Pantagruel« et »Gargantua« furent-ils publiées pour la première fois? In: StF 17, 1973, 276–282.

194 *R. L. Frautschi:* The »Enigme en Prophetie« (*Gargantua* LVIII) and the question of authorship. In: FSt 17, 1963, 331–340.

195 *Th. P. Fraser:* Le Duchat. First Editor of Rabelais (= Etudes de Philologie et d'Histoire 21). Genève 1971.

196 *W. M. Frohock:* Panurge as Comic Character. In: YFSt 23, 1959, 71 ff.

197 *S. M. Gauna:* De genio Pantagruelis: An examination of Rabelaisian Demonology. In: BHR XXXIII, 1971, 557–570.

198 *A. Gendre:* Le Prologue de »Pantagruel«, le prologue de »Gargantua«: Examen comparatif. In: RHLF 74, 1974, 3–19.

199 *E. Gilson:* Rabelais franciscain. In: *ders.:* Les Idées et les lettres. Essais d'art et de philosophie. Paris 1932, 197–241.

200 *A. Glauser:* Rabelais créateur (= Les Classiques d'Oc 2), Paris 1966.

201 *Ders.:* Le Faux Rabelais ou de l'inauthenticité du Cinquième Livre. Paris 1975.

202 *N. L. Goodrich:* The Dream of Panurge. In: ER VII (= THR XC), 1967, 91–104.

203 *F. Gray:* Structure and Meaning in the Prologue to the *Tiers Livre*. In: EsCr 3, 1963, 57–62.

204 *Ders.:* Ambiguity and point of view in the prologue to Gargantua. In: RoR 65, 1965, 12–21; auch in B. 53, 397–410.

205 *Th. M. Greene:* Rabelais. A study in comic courage (= Landmarks in Literature). Englewood Cliffs 1970.

206 *R. Griffin:* The Devil and Panurge. In: StF 16, 1972, 329–336.

207 *J. Guiton:* Le Mythe des paroles gelées (Rabelais, QL LV–LVI). In: RoR 31, 1940, 3–15; auch in B. 53, 233–247.

208 *A. R. Harden:* The coins in Rabelais (= French and Provençal Lexicography, ed. *U. T. Holmes* and *K. R. Scholberg.* Essays presented to honor *A. H. Schutz).* Ohio 1964, 257–271.

209 *M. Hardt:* Julia Kristeva. In: Französische Literaturkritik der Gegenwart, Kröner TB 445, Stuttgart 1975, 309–325.

210 *K. H. Hartley:* Rabelais and Pulci. In: AUMLA 9, 1958, 71 ff.

211 *H. Hatzfeld:* François Rabelais (= Philosoph. Reihe 68). München/Leipzig 1923.

212 *O. E. Haupt:* Luther und Rabelais in ihren pädagogischen Beziehungen. Phil. Diss. Leipzig, Langensalza 1890.

213 *H. Heintze:* Rabelais (= Biografien und Dokumente). Leipzig, Reclam Ost 540, 1974.

214 *A. Heulhard:* Rabelais, ses voyages en Italie, son exil à Metz. Paris ²1891.

215 *H. Huguet:* Etude sur la syntaxe de Rabelais comparée à celle des autres prosateurs de 1450 à 1550. Paris 1894.

216 *G. Ianziti:* Rabelais and Machiavelli. In: RoNo 16, 1975, 460–473.

217 *H. Janeau:* La Pensée politique de Rabelais. In: B. 52, 15–35.

218 *M. Jeanneret:* Les Paroles dégelées (Rabelais, *Quart Livre,* 48–65). In: Litt. 17, 1975, 14–30.

219 *L. Jordan:* Goethe und Rabelais. In: GRM 3, 1911, 648 ff.

220 *S. Jüttner:* Rezension zu B. 116; 117. In: RJb 23, 1972, 243–249.

221 *W. Kaiser:* Praisers of Folly. Erasmus – Rabelais – Shakespeare (= Harvard Studies in Comparative Literature). London 1964.

222 *A. C. Keller:* Anti-War Writing in France, 1500–60. In: PMLA 67, 1952, 240–250.

223 *Ders.:* Pace and Timing in Rabelais' Stories. In: Studies in the Renaissance 10, 1963, 108–125; auch in B. 53, 356–376.

224 *Ders.:* The Telling of Tales in Rabelais. Aspects of His Narrative Art (= Analecta Romanica 12). Ffm. 1963.

225 *Ders.:* The Geophysics of Rabelais' Frozen Words. In: Renaissance and other studies in honor of *W. L. Wiley,* ed. by *G. B. Daniel, Jr.* (= Univ. of North Carolina Studies in the Romance Languages and Literatures 72). Chapel Hill 1968, 150–189.

226 *M. B. Kline:* Rabelais and the Age of Printing (= ER IV; THR LX), 1963.

227 *G. Kocks:* Das Bürgertum in Johann Fischarts Werk. Phil. Diss. Köln 1965.

228 *E. Köhler:* Die Abtei Thélème und die Einheit des Rabelais'schen Werkes. In: GRM 40, 1959, 105–118; auch in B. 53, 296–314.

229 *E. W. Kohls:* Die Theologie des Erasmus, 2 Bde. (= Theolog. Zeitschrift, Sonderband I). Basel 1966.

230 *B. Könneker:* Wesen und Wandlung der Narrenidee im Zeitalter des Humanismus. Brant – Murner – Erasmus. Wiesbaden 1966.

231 *W. v. Koppenfels:* Thomas Nashe und Rabelais. In: AnS 207, 1970/71, 277–291.

232 *A. J. Krailsheimer:* The Significance of the Pan Legend in Rabelais' Thought. In: MLR 56, 1961, 13–23.

233 *Ders.:* Rabelais (= Les Ecrivains devant Dieu). Desclée de Brouwer 1967.

234 *Ders.:* Rabelais and the Franciscans. Oxford 1969.

235 *J. Kristeva:* Bakhtine, le mot, le dialogue et le roman. In: Critique 23, 1967, 438–465; auch in *dies.:* Séméiotikè. Paris 1969.

236 *A. Krüper:* Rabelais' Stellung zur volkstümlichen Literatur. Phil. Diss. Heidelberg 1909.

237 *G. Kummer:* Das Nachwirken der antiken komischen Dichtung in den Werken von Rabelais (= Romanische Studien 44. Denkform und Jugendreihe 21). Berlin 1937.

238 *R. La Charité:* An Aspect of Obscenity in Rabelais. In: B. 225, 167–189.

239 *Ders.:* The Unity of Rabelais's »Pantagruel«. In: FSt 26, 1972, 257–265.

240 *R. Lamont:* Jean Louis Barrault's Rabelais. In: YFSt 46, 1971, 1971, 125–138.

241 *J. Larmat:* La Vigne, et le vin chez Rabelais. In: RSH 31, 1966, 179–192.

242 *Ders.:* Picrochole est-il Noël Béda? In: ER VIII (= THR XCIX), 1969, 13–25.

243 *Ders.:* Rabelais (= Connaissance des Lettres 63). Paris 1973.

244 *Ders.:* Le Moyen Age dans le Gargantua de Rabelais (= Publ. de la Faculté des Lettres et Sciences Humaines de Nice 12). Paris 1973.

245 *R. Lebègue:* L'Ecolier limousin. In: Revue de Cours et de Conférences 1938/39, 303–314.

246 *Ders.:* Rabelais, the last of the French Erasmians. In: Journal of the Warburg and Courtauld Institutes 12, 1949, 91–100; auch in B. 53, 136–151.

247 *Ders.:* Rabelais et la parodie. In: BHR XIV, 1952, 193–204; auch in B. 53, 152–166.

248 *Ders.:* Le Personnage de Pantagruel dans le Tiers et Quart Livres. In: B. 52, 164–170.

249 *Ders.:* Rabelais et les Grands Rhétoriqueurs. In: LR 12, 1958, 5–18.

250 *M. Lécuyer:* Balzac et Rabelais. Paris 1956.

251 *H. Lefebvre:* Rabelais (= Grandes Figures). Paris 1956.

252 *A. Lefranc:* Les Navigations de Pantagruel. Etude sur la géographie rabelaisienne. Paris 1904; Reprint Genève 1967.

253 *Ders.:* Les Traditions populaires dans l'œuvre de Rabelais II. Les Origines de Pantagruel. In: RER 10, 1912, 481–489.

254 *Ders.:* Etudes sur Gargantua, Pantagruel, le Tiers Livre. Avant-propos de R. Marichal. Paris 1953.

255 *A. Leonarduzzi:* F. Rabelais et la sua prospettiva pedagogica (= Università degli Studi di Trieste, Facoltà di Lettere e Filosofia). Trieste 1966.

256 *J. Lesellier:* L'Absolution de Rabelais en cour de Rome. Ses circonstances. Ses résultats. In: HR III, 1936, 237–270.

257 *Ders.:* Deux enfants naturels de Rabelais légitimés par le Pape Paul III. In: HR V, 1938, 549–570.

258 *G. Levi della Vida:* Un'aporia rabelaisiana (= Studi in onore di Italo Siciliano II, Bibl. dell' »Archivum romanicum« I, 86). Firenze 1966, 651–656.

259 *D. B. W. Lewis:* Doctor Rabelais. London/New York 1957.

260 *G. Lote:* La Vie et l'œuvre de F. Rabelais (= Bibl. de l'Univ. d'Aix-Marseille. Série I. Droit, Lettres 1). Aix-en-Prov./Paris 1938.

261 *H. de Lubac:* Exégèse Médiévale. Les quatre sens de l'Ecriture (= Théologie. Etudes publiées sous la direction de la Fac. de Théologie S. J. de Lyon-Fourvière 41–42 u. 59). Lyon 1959–61.

262 *E. Marcu:* Eine Episode bei Rabelais in Form eines Themas mit Variationen. In: GRM 12, 1962, 366 ff.

263 *R. Marichal:* Rabelais fut-il maître de requêtes? In: BHR X, 1948, 169–178.

264 *Ders.:* René Dupuy, Seigneur de Basché et les Chicanous. In: BHR XI, 1949, 129–166.

265 *Ders.:* Le dernier séjour de Rabelais à Rome. In: Association G. Budé. Congrès de Tours et Poitiers 53. Paris 1954, 104–132.

266 *Ders.:* Rabelais et la réforme de la justice. In: BHR XIV, 1952, 176–192.

267 *Ders.:* L'Attitude de Rabelais devant le néoplatonisme et l'italianisme (Quart Livre IX à XI). In: B. 52, 181–209.

268 *Ders.:* Messer Gaster (ch. LVII–LXII). In: ER I (= THR XXIII), 1956, 183–202.

269 *Ders.:* Le *Quart Livre* de 1548. In: ER IX (= THR CXVII), 1971, 131–174.

270 *G. M. Masters:* The Hermetic and Platonic Tradition in Rabelais' »Dive Bouteille«. In: StF 10, 1966, 15–29.

271 *Ders.:* Rabelais and Renaissance figure poems. In: ER VIII (= THR XCIX), 1969, 53–68.

272 *J.-Cl. Margolin:* Le Cercle humaniste lyonnais d'après l'édition des »Epigrammata« (1537) de Jean Visagier. In: B. 162, 151–183.

273 *C. A. Mayer:* The Genesis of a Rabelaisian Character: Menippus and Frère Jean. In: FSt 6, 1952, 219–229.

274 *C. A. Mayer* und *C. M. Douglas:* Rabelais poète. In: BHR XXIV, 1962, 42 ff.

275 *D. O. McNeil:* Guillaume Budé and Humanism in the Reign of Francis I (= THR CXLII). Genève 1975.

276 *H. Meyer:* Das Zitat als Strukturelement in Rabelais' Erzählwerk. In: B. 53, 229–256.

277 *H. Militz:* F. Rabelais: Vom Volksbuch zum Weltbuch. In: *R. Weimann (Hg.),* Realismus in der Renaissance. Aneignung der Welt in der erzählenden Prosa. Berlin/Weimar 1977, 437–521.

147

278 *U. Mölk:* Das Rätsel auf der Bronzetafel. (Zu Gargantua 58). In: ZrP 83, 1967, 1–13; auch in B. 53, 473–488.

279 *G. Mombello:* Rabelais lecteur de Lorenzo Abstemio? In: B. 162, 63–86.

280 *M. Chr. Mühlemann:* Die Geschichtsklitterung als manieristisches Kunstwerk. Verwirrtes Muster einer verwirrten Welt (= Europäische Hochschulschriften I, 63). Phil. Diss. Zürich, Bern u. Ffm. 1972.

281 *E. Nardi:* Rabelais e il diritto romano (= Seminario giuridico della Università di Bologna XXXIV). Milano 1962.

282 *Ders.:* Seigny Joan le Fol e il fumo dell'arrosto. In: Studi in onore di *Biondo Biondi* II, Milano 1965, 243–267.

283 *Ders.:* Rabelais e Accursio. In: Atti del Convegno internazionale di studi accursiani, Bologna 1963, III, 1143–1154.

284 *J. C. Nash:* Rabelais and stoic portrayal. In: Studies in the Renaissance 21, 1974, 63–82.

285 *P. Naudon:* Rabelais Franc-maçon. Essai sur la philosophie de Pantagruel. Paris 1954.

286 *Ders.:* La Tradition et la connaissance primordiale dans la spiritualité de l'Occident, les silènes de Rabelais (= Collection Histoire et Traditions). Paris 1973.

287 *F. Neubert:* François Rabelais' Briefe. In: ZfSL 71, 1961, 154–185.

288 *P. Nykrog:* Thélème, Panurge et la Dive Bouteille. In: RHLF 65, 1965, 385–397; auch in B. 53, 411–427.

289 *J. Paris: Jacques Roubaud.* La destruction. Paris 1969, 149–180.

290 *Ders.:* Rabelais au futur (= Collection Change). Paris 1970.

291 *Ch. Perrat:* Autour du juge Bridoye: Rabelais et le *De nobilitate* de Tiraqueau. In: BHR XVI, 1954, 41–57.

292 *Ders.:* Le Polydore Virgile de Rabelais. In: BHR XI, 1949, 167–204.

293 *G. A. Petrossian:* The Problem of the Authenticity of the *Cinquiesme Livre de Pantagruel.* A Quantitative Study. In: ER XIII (= THR CXLIV), 1976, 1–64.

294 *F.-M. Plaisant:* Le Sens du mot »politicq« chez Rabelais à la lumière d'un titre de la librairie Saint-Victor: »Le mortier de vie politicq«. In: BABudé 1971, fasc. 2, 395–399.

295 *Ders.:* Rabelais maître ou disciple de Guillaume Du Bellay? In: BABudé 1971, fasc. 1, 95–102.

296 *Ders.:* La Guerre et la paix selon Rabelais. In: LH 33, 1974, 467–492.

297 *J. Plattard:* L'Invention et la composition dans l'œuvre de Rabelais. Thèse Lettres, Paris 1909.

298 *Ders.:* L'Œuvre de Rabelais. (Sources, Invention et Composition). Paris 1910.

299 *Ders.:* La Vie de François Rabelais. Paris 1928.

300 *Ders.:* François Rabelais. Paris 1932.

301 *Ders.:* La Vie et l'œuvre de Rabelais (= Connaissance des Lettres 2). Paris 1939; 1952.

302 *M. Pfister:* Parodie der französischen Gelehrtensprache bei Geoffroy Tory und François Rabelais. In: Renatae Litterae. Studien zum Nachleben der Antike und zur europäischen Renaissance. *August Buck* zum 60. Geburtstag am 3. 12. 1971 dargebracht von Freunden und Schülern, hg. von *K. Heitmann* und *E. Schröder.* Ffm. 1973, 189–205.

303 *Abbé A. D. Poirier:* La Langue de Rabelais dans ses rapports avec le Bas-Poitou. In: FM 12, 1944, 109–171.

304 *E. Pons:* Les Langues imaginaires dans le voyage utopique. Les »jargons« de Panurge dans Rabelais. In: Rlc 11, 1931, 185–218.

305 *J.-Y. Pouilloux:* Notes sur deux chapitres du *Quart Livre* LV–LVI. In: Litt. 5, 1972, 88–94.

306 *P. Radtke:* Das Problem »Brüchigkeit«. Eine Untersuchung zu Rabelais, Diderot und Claudel. Phil. Diss. Regensburg 1976.

307 *M. E. Ragland:* Rabelais and Panurge. A psychological approach to literary character. Amsterdam 1976.

308 *W. Raible:* Der Prolog zur »Gargantua« und der Pantagruelismus. In: RF 78, 1966, 253–279.

309 *J. Rentsch:* Lucianstudien. (Lucian und Voltaire. Eine vergleichende Charakteristik; Das Totengespräch in der Litteratur; Anmerkungen). In: Programm des Kgl. Gymnasiums zu Plauen i.V. 1895, 518–564.

310 *F. Rigolot:* Rabelais et l'éloge paradoxal. In: KRQ 17, 1970, 191–198.

311 *Ders.:* Rabelais présentateur de ses œuvres. In: RSH 37, 1972, 325–337.

312 *Ders.:* Les Langages de Rabelais. In: ER X (= THR CXXI), 1972.

313 *F. C. Roe:* Sir Thomas Urquhart and Rabelais (= The Taylorian Lecture 36). Oxford 1957.

314 *V. Roloff:* Zeichensprache und Schweigen. Zu Rabelais, Pantagruel XVIII–XX und Tiers Livre XIX–XX. In: ZrP 90, 1974, 99–140.

315 *M. Roques:* Aspects de Panurge. In: B. 52, 120–130.

316 *D. Russell:* A Note on Panurge's »Pusse en l'Aureille«. In: ER XI (= THR CXXXIX), 1974, 83–87.

317 *L. Sainéan:* Les Sources modernes du roman de Rabelais. In: RER 10, 1912, 375 ff.

318 *Ders.:* L'Histoire naturelle et les branches connexes dans l'œuvre de Rabelais. Paris 1921; Reprint Genève 1972.

319 *Ders.:* La Langue de Rabelais, 2 Bde., Paris 1922/23.

320 *Ders.:* Problèmes littéraires du seizième siècle. Le Cinquième livre – Le Moyen de parvenir – Les Joyeux Devis. Paris 1927, 1–98.

321 *Ders.:* L'Influence et la réputation de Rabelais. Interprètes, lecteurs et imitateurs. Paris 1930.

322 *J. Sareil:* Voltaire juge de Rabelais. In: RoR 56, 1965, 171–180.

323 *V.-L. Saulnier:* François Rabelais, patron des pronostiqueurs. (Une pronostication retrouvée). In: BHR XVI, 1954, 124–138.

324 *Ders.:* Pantagruel au large de Ganabin ou la peur de Panurge. In: BHR XVI, 1954, 58–81.

325 *Ders.:* L'Enigme du Pantagruelion ou: du *Tiers* au *Quart Livre.* In: ER I (= THR XXIII), 1956, 48–72.

326 *Ders.:* Le Dessein de Rabelais. Paris 1957.

327 *Ders.:* Pantagruel et sa famille de mots. In: Inf. Litt. 12, 1960, 47–57.

328 *Ders.:* L'Utopie en France: Morus et Rabelais. In: Les Utopies à la Renaissance. Colloque International (Avril 1961). Bruxelles/Paris 1963, 135–162.

329 *Ders.:* Aspects et motifs de la pensée rabelaisienne. In: B. 53, 377–396.

330 *H. Schmitt:* Die Satire des Erasmus von Rotterdam und ihre Ausstrahlung auf François Rabelais, Alfonso de Valdés und Cristóbal de Villalón. Phil. Diss. Ffm. 1963, Rimbach/Odw. 1965.

331 *H. Schneegans:* Geschichte der grotesken Satire. Straßburg 1894.

332 *L. Schrader:* Panurge und Hermes. Zum Ursprung eines Charakters bei Rabelais. Bonn 1958.

333 *P. Schultze:* Lucian in der Literatur und Kunst der Renaissance (= Herzogl. Friedrichsgymnasium in Dessau. Bericht über das Schuljahr Ostern 1905 bis Ostern 1906). Dessau 1906.

334 *J. Schwartz:* Panurge's impact on Pantagruel (*Pantagruel* Ch. IX). In: RoR 67, 1976, 1–8.

335 *M. A. Screech:* A Further Study of Rabelais's Position in the Querelle des femmes (Rabelais, Vivès, Bouchard, Tiraqueau). In: B. 52, 131–146.

336 *Ders:* The Death of Pan and the Death of Heroes in the Fourth Book of Rabelais. A Study in Syncretism. In: BHR XVII, 1955, 36–55.

337 *Ders.:* Some Stoic Elements in Rabelais's Religious Thought, The Will – Destiny – Active Virtue. In: ER I (= THR XXIII), 1956, 73–97.

338 *Ders.:* The Sense of Rabelais' »Enigme en prophétie« (Garg. LVIII). A Clue to Rabelais' Evangelical Reaction to the Persecutions of 1534. In: BHR XVIII, 1956, 392–404; auch in B. 53, 213–228.

339 *Ders.:* The Rabelaisian Marriage. Aspects of Rabelais's Religion, Ethics and Comic Philosophy. London 1958.

340 *Ders.:* L'Evangélisme de Rabelais. Aspects de la satire religieuse au XVIᵉ siècle. In: ER II (= THR XXXII), 1959.

341 *Ders.:* The Meaning of Thaumaste (A double-edged satire of the Sorbonne and of the *Prisca theologica* of Cabbalistic Humanists). In: BHR XXII, 1960, 62–72.

342 *Ders.:* The Legal Comedy of Rabelais in the Trial of Bridoye in the »Tiers Livre« de Pantagruel. In: ER V (= THR LXV), 1964, 175–195.

343 *Ders.:* Eleven-Month Pregnancies: A Legal and Medical Quarrel a propos of Gargantua, ch. III, Rabelais, Alciati and Tiraqueau. In: ER VIII (= THR IC), 91–106.

344 *Ders.:* Emblems and Colours. The Controversy over Gargantua's Colours and Devices (Gargantua 8, 9, 10). In: Mélanges d'Histoire du XVIe siècle offerts à *H. Meylan.* Bibliothèque Historique Vaudoise XLIII, Lausanne 1970, 65–80.

345 *Ders.:* Comment Rabelais a exploité les travaux d'Erasme, quelques détails. In: B. 182, 453–461.

346 *Ders.:* Folie érasmienne et folie rabelaisienne. In: B. 182, 441–452.

347 *Ders.:* Some reflexions on the problem of dating »Gargantua A« and »B«. In: ER XI (= THR CXXXIX), 1974, 9–56.

348 *Ders.:* Some further reflexions on the dating of Gargantua (A) and (B) and on the possible meaning of some of the episodes. In: ER XIII (= THR CXLIV), 1976, 79–111.

349 *D. Seitz:* Johann Fischarts Geschichtsklitterung. Zur Prosastruktur und zum grobinianischen Motivkomplex (= New York University Ottendorfer Series N.F. 6). Ffm. 1974.

350 *G. Seiver:* Cicero's »De oratore« and Rabelais. In: PMLA 59, 1944, 655–671; auch in B. 53, 88–111.

351 *R. H. Simons:* Les Prologues du *Quart Livre* de Rabelais. In: FR, Special Issue 6, 1974, 5–17.

352 *W. F. Smith:* Rabelais et Erasme. In: RER 6, 1908, 215–264; 375–378.

353 *M. Spanos:* The Function of Prologues in the Works of Rabelais. In: ER VIII (= THR CXVII), 1971, 29–48.

354 *W. E. Spengler:* Johann Fischart gen. Mentzer. Studie zur Sprache und Literatur des ausgehenden 16. Jahrhunderts (= Göppinger Arbeiten z. Germanistik 10). Göppingen 1969.

355 *L. Spitzer:* Die Wortbildung als stilistisches Mittel, exemplifiziert an Rabelais (= Beihefte zur ZrP 29). Halle a. d. S. 1910.

356 *Ders.:* Zur Auffassung Rabelais. In: Romanische Stil- und Literaturstudien I. Marburg a. d. L. 1931, 109–134; auch in B. 53, 26–52.

357 *Ders.:* Rabelais et les »rabelaisants«. In: StF 4, 1960, 401–423.

358 *Ders.:* Ancora sul prologo al *Garganta.* In: StF 9, 1965, 423–434.

359 *J. v. Stackelberg:* Von Rabelais bis Voltaire. Zur Geschichte des französischen Romans. München 1970.

360 *P. Stapfer:* Rabelais – sa personne, son génie, son œuvre. Paris ²1889; ⁵1918.

361 *L. C. Stevens:* Rabelais and Aristophanes. In: StPh 55, 1958, 24 ff.

362 *E. V. Telle:* L'Ile des alliances (*Quart Livre*, ch. IX) ou l'anti-Thélème. In: BHR XIV, 1952, 159–175.

363 *Ders.:* Thélème et le paulinisme érasmien: le sens de l'énigme en prophétie, Gargantua LVIII. In: B. 52, 104–119.

364 *Ders.:* A propos de la lettre de Gargantua à son fils (*Pantagruel*, ch. VIII). In: BHR XIX, 1957, 208–233.

365 *M. Tetel:* Rabelais and Folengo. In: Comparative Literature 15, 1963, 357–364.

366 *Ders.:* La Valeur comique des accumulations verbales chez Rabelais. In: RoR 53, 1962, 96–104; auch in B. 53, 344–355.

367 *Ders.:* Etude sur le comique de Rabelais (= Bibliotheca dell' »Archivum Romanicum«, Ser. I, 69). Firenze 1964.

368 *Ders.:* Pulci and Rabelais: a Revaluation. In: StF 25, 1965, 89–93.

369 *Ders.:* Rabelais et l'Italie (= Bibl. dell' »Archivum Romanicum«, Ser. I, 102). Firenze 1969.

370 *Ders.:* La Fin du *Quart Livre*. In: RF 83, 1971, 517–527.

371 *M. Thomas:* Odet de Chastillon et la prétendue disgrâce de Jean du Bellay. In: B. 52, 253–263.

372 *D. H. Thomas:* Rabelais in England: John Eliot's »Ortho-Epia Gallica« (1593). In: ER IX (= THR CXVII), 1971, 97 ff.

373 *L. Thuasne:* Etudes sur Rabelais. Sources monastiques du Roman de Rabelais – Rabelais et Erasme – Rabelais et Folengo – Rabelais et Colonna – Mélanges (= Bibl. Littéraire de la Renaissance). Paris 1904; Reprint 1969.

374 *P. Toldo:* L'Arte italiana nell'arte di F. Rabelais. In: AnS 100, 1898, 103–148.

375 *A. Tournon:* La *Briefve Declaration* n'est pas de Rabelais. In: ER XIII (= THR CXLIV), 1976, 133–138.

376 *G. A. Vachon:* Rabelais tel quel. Montreal 1977.

377 *N. Vallet:* Rabelais, le livre et le vin. In: RLaR 78, 1969, 197–211.

378 *P. Villey:* Marot et Rabelais (= Les Grands Ecrivains du XVIᵉ Siècle 1, Bibl. Littéraire de la Renaissance N.S.). Paris 1923.

379 *F. M. Weinberg:* Frère Jean, Evangelique: His Function in the Rabelaisian World. In: MLR 65, 1971, 298–305.

380 *Dies.:* The Wine and the Will. Rabelais's Bacchic Christianity. Detroit Mich. 1972.

381 *Dies.:* Francesco Colonna and Rabelais's Tribute to Guillaume du Bellay. In: RoNo 16, 1974, 178–182.

382 *F.-J. Wickler:* Rabelais und Sterne. Phil. Diss. Bonn 1962.

383 *E. B. Williams:* The Observations of Epistemon and Condign Punishment. In: EsCr 3, 1963, 63–67.

384 *G. Goebel:* Zwei Versuche zur Architekturbeschreibung in der Dichtung der Renaissance. In: RF 78, 1966, 280–313.

Mythologische Namen, Namen der Handlungsträger der Pentalogie, die Autorennamen der bibliographischen Hinweise an den Kapitelenden und im laufenden Text sowie die Namen der Zeittafel wurden nicht in das Namensregister aufgenommen!

J. B. METZLER

Printed in the United States
By Bookmasters